Theo Klick

Peter J. Kraus
Blues-Highway

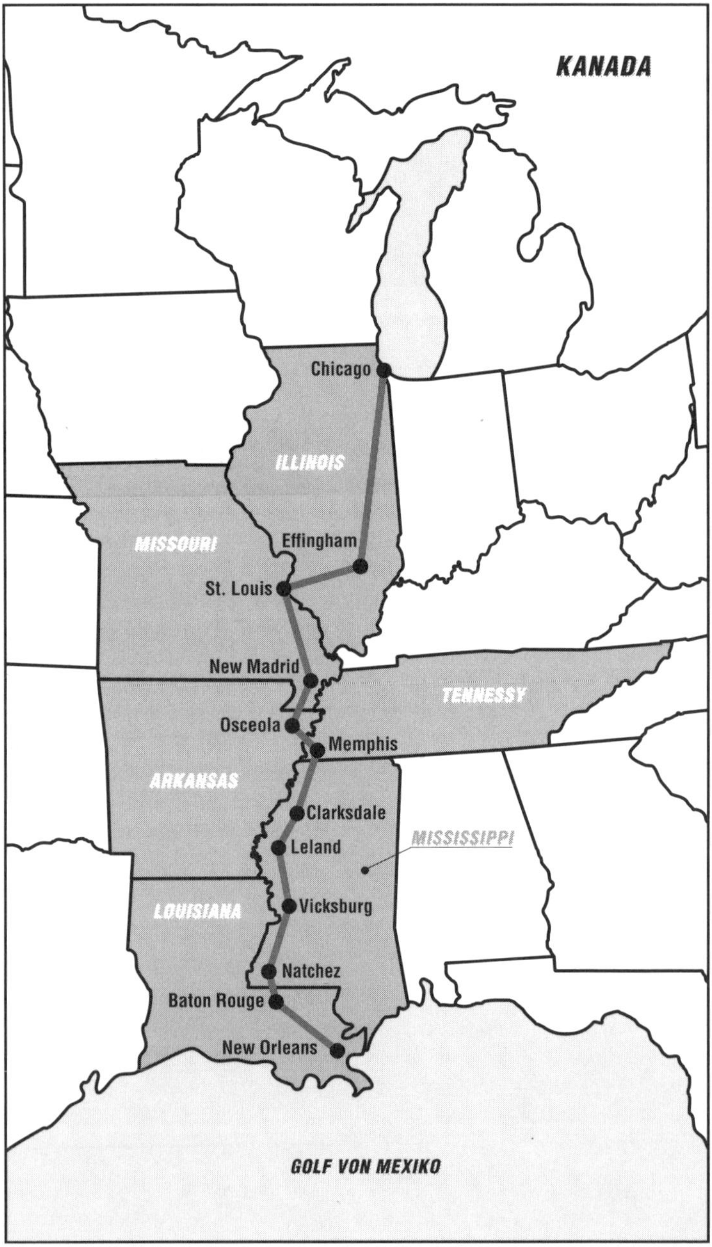
KANADA
ILLINOIS
Chicago
MISSOURI
Effingham
St. Louis
New Madrid
TENNESSY
Osceola
Memphis
ARKANSAS
Clarksdale
Leland
MISSISSIPPI
LOUISIANA
Vicksburg
Natchez
Baton Rouge
New Orleans
GOLF VON MEXIKO

Peter J. Kraus

Blues-Highway

Musik-Geschichten zwischen New Orleans und Chicago

Ch. Links Verlag, Berlin

Fotonachweis
Archiv Josh Sellhorn: S. 8, 13, 21, 73, 99, 223, 225, 231
Archiv Peter J. Kraus (alle weiteren Fotos)

Die Deutsche Bibliothek – CIP-Einheitsaufnahme

Kraus, Peter J.:
Blues-Highway : Musik-Geschichten zwischen
New Orleans und Chicago / Peter J. Kraus. –
1. Aufl. – Berlin : Links, 1998
ISBN 3-86153-158-5

1. Auflage, März 1998

Zehdenicker Straße 1, 10119 Berlin, Telefon: (030) 44 02 32-0
Umschlaggestaltung: KahaneDesign, Berlin
unter Verwendung eines Fotos von Franz Marc Frei
Satz und Lithos: LVD GmbH, Berlin
Schrift: New Century Schoolbook
Druck- und Bindearbeiten: Wagner GmbH, Nördlingen
ISBN: 3-86153-158-5

Inhalt

Anhang

Crossroads: Faust im Delta

Die Kreuzung war im fahlen Mondlicht nur schwer auszumachen. Robert nahm die Gitarre von der Schulter, legte sie ins ausgedörrte Gras am Wegesrand und setzte sich. Er hätte sich zu gern eine Zigarette gedreht, aber er wagte es nicht. Der Unbekannte, auf den er wartete, flößte ihm Respekt ein, Angst sogar.

Hier, am staubigen Schnittpunkt der beiden Hauptverkehrsstraßen des Coahoma County, sollte er den Gentleman treffen. Ike hatte das arrangiert, sein Mentor Ike Zinneman, der sich in solchen Dingen auskannte. Ike Zinneman war Gitarrenspieler wie Robert, aber ungleich talentierter, um Welten besser als der junge Schwarze. Das ganze Delta lag ihm zu Füßen, wenn er die Gitarre von der Schulter nahm, ihr den schweren Segeltuchsack abstreifte und sie liebevoll anspielte. Keiner brachte wie Ike die Saiten zum Klingen, niemand schrieb so herzzerreißende Texte wie er, und erst, als Robert ihm geschworen hatte, alles zu tun, um auch so spielen zu können, lüftete er sein Geheimnis. Ike war nämlich erst dann zu einem Ausnahmegitarristen geworden, als er jeden Abend auf den Friedhof ging, sich auf einen Grabstein setzte und übte. Ein freundlicher dunkler Herr hatte ihm hier auf der Kreuzung bei Clarksdale den Rat gegeben und ihm die Gitarre gestimmt, als er eines Nachts von einem erfolglosen Gig heimwanderte. Und seither klappte die Karriere.

Ike hatte Robert eingebleut, ja pünktlich zu sein. Um Mitternacht würde der Herr eintreffen. Wolken zogen vom Mississippi her vor den hochsommerlichen Vollmond, und den Musiker fröstelte in der plötzlichen Dunkelheit.

Die frühen Dreißiger waren nicht nur für schwarze Amerikaner harte Jahre. Kaum hatte Präsident Herbert Hoover großspurig versichert, die amerikanische Wirtschaft stehe geschlossen hinter seiner Politik, als die Aktienkurse ins Bodenlose stürzten. Der 29. Oktober 1929 begann schon anders als der übliche Dienstag an der Wall Street; wer Aktien hatte, wollte plötzlich verkaufen. Der völlig überhitzte Aktienmarkt, unbeaufsichtigt und seit Jahren von Kreditspekulationen getrieben, implodierte. Innerhalb der nächsten zwei Wochen wurden der US-Wirtschaft 30 Milliarden Dollar entzogen, ein gutes Drittel des Jahresbruttosozialproduktes. Die daraus resultierende Massenarbeitslosigkeit traf die Ärmsten zuerst und zutiefst. Die Schwarzen Mississippis bildeten das breite Fundament der Leidenspyramide.

Zum Glück hielt die amerikanische Politik noch immer am Alkoholverbot fest. Da konnte eine schnapsbrennende Familie ein ordentliches Einkommen erzielen, wenn der Fusel einigermaßen taugte und ihn zuverlässige Familienmitglieder verkauften. Badewannen und Hinterwalddestillen lieferten Hooch, Stoff, der in Chicken Shacks* und zu Kneipen umfunktionierten Privatwohnungen serviert wurde. Wer säuft, braucht Musik. Troubadoure sorgten also für Unterhaltung, fahrende Musikanten, die Selbstkomponiertes vortrugen und Standards zum Besten gaben.

Auch der junge Robert Johnson nahm Aufmunterndes ins dünne Repertoire, Tageshits wie »Yes Sir, That's My Baby« und die Cowboyballade »Tumblin' Tumbleweeds«, denn mit seinem deprimierenden Blues hätte er die Kundschaft vertrieben. Er saß manchmal hinter Charley Patton oder »Son« House in einer Ecke, trank Gin und Whisky, dessen Hauptzutat Lackverdünner war, und blies Mundharmonika oder zupfte seine Songs.

Für Robert L. Johnson war eine Welt zusammengebrochen, als seine junge Frau Virginia im Kindbett starb. Knapp 18 Jahre alt war er damals, hatte seine Jugend auf den Baumwollfeldern Mississippis verbracht und abends auf der Gitarre geübt, wenn er von der Schinderei nicht völlig erschöpft war. Er spielte zwar recht passabel Mundharmonika, doch mit der Gitarre stand er noch immer auf

* Siehe Glossar am Schluß des Buches.

Robert Johnson, der Gitarrist, dem der Teufel die Saiten stimmte.

Kriegsfuß. Dem großen Son House hatte er bei dessen Auftritten in den Chicken Shacks entlang des Mississippi einiges abgeguckt, Charley Patton und Willie Brown zugehört, und trotzdem kam er über eine rudimentäre Spieltechnik nicht hinaus.

Son behandelte den Jungen mit Verachtung; obwohl er,

Son House, in seinem tiefsten Inneren immer wußte, daß ihn seine Bluesmusik in die Hölle bringen würde, weil sie im höchsten Maß gotteslästerlich war, so war er doch auf seine handwerklichen Fähigkeiten stolz. Nur Wenige brachten wie er eine Gitarre dazu, ihre Geheimnisse preiszugeben, kaum jemand schaffte diese perfekte Harmonie von Instrument und Stimme, und schon gar nicht dieser hübsche Taugenichts neben ihm. Robert konnte mit Mühe und Not eine einfache Melodie spielen, zu mehr reichte es nicht.

Das hinderte ihn jedoch nicht daran, stramm von einem Gig zum nächsten durch ganz Mississippi zu ziehen. In regelmäßigen Abständen machte er immer wieder bei seiner zweiten Frau Caletta in Hazelhurst Station. Dort hatte er den fabelhaften Ike kennengelernt, über den es die tollsten Stories gab. Und jetzt saß Robert kurz vor Mitternacht im Gras an der Straßenkreuzung und wartete auf seine Muse.

Ohne Ankündigung stand er da. Groß war er, schlank und dunkel, in einen langen Staubmantel gekleidet. Den Hut hatte er tief in die Stirn gezogen, er warf keinen Schatten, doch das weißliche Mondlicht schien sich in seinen Augen zu spiegeln. Er streckte fordernd die Hand nach der Gitarre aus. Robert reichte sie dem Fremden, der sie liebevoll streichelte und Saite für Saite stimmte. Nie hatte Robert Johnson solche Töne gehört.

Mit flinken Fingern spielte der Mann ein Riff, nickte zufrieden und reichte dem fröstelnden Robert das Instrument. Dann verbeugte er sich, grinste hämisch und stellte sich vor. »Legba«, knurrte er, »und manche nennen mich Esu. Ich habe viele Namen, aber du weißt, wer ich bin. Geh jetzt; du wirst mich hier immer finden, wenn du mich suchst.«

Robert Johnson stieß einen langgezogenen Heulton aus, der an die uralten Klagelaute erinnerte, die zurückreichten bis in die graue afrikanische Vorzeit.

Geschichten wie diese erzählt man sich im blueströchtigen Süden der USA auch über manch anderen Musicman. Und in der Tat fällt es oft schwer, zu glauben, daß es bei soviel Talent mit rechten Dingen zugeht.

Zwischen Predigt und Blues: Son House

Son House schwor bis zu seinem Tod im Jahr 1988, daß Robert Johnson mit dem Teufel unter einer Decke steckte. Als ordinierter Baptistenprediger war er immerhin Fachmann für solche Fragen, und als renommierter Frühblueser – gegen Ende seines Lebens erfuhr Son House sogar, daß ihn Musikwissenschaftler zur Blues-Urheberclique zählten – wußte Son um die verkaufsfördernden Qualitäten eines solchen geheimnisvollen Nimbus.

Seit seinem 15. Lebensjahr predigte der hochaufgeschossene, spindeldürre Eddie James House Junior. Mit der gleichen Hingabe, die seine Sonntagsgemeinde auf die Beine brachte und manch eine heftig schwitzende Tiefgläubige mitten im Kirchengestühl ohnmächtig zu Boden sinken ließ, unterhielt der Preacher als Son House wochentags Huren, Tagediebe und Säufer. Denn auch der feurig-fromme Gottesmann brauchte Brot, und Son teilte die Abneigung seiner Schäfchen gegen den lästerlichen Blues nicht. Anfangs klopfte er mit den Händen einen Hambone-Rhythmus auf Brust und Oberschenkel und sang dazu mit seiner sonoren, tragenden Predigerstimme Selbsterlebtes oder zumindest gut Erdachtes. Der Preacher in ihm wetterte gegen den Verderber Alkohol, der Entertainer dagegen hatte eine Vorliebe für Maiswhisky entwickelt, also ließ er allmählich seine religiösen Vorbehalte gegen das Gitarrenspiel fallen und wurde zu einem gerngehörten Alleinunterhalter.

Daß Gottesfurcht und Jähzorn einander nicht ausschließen, wurde dem bluesenden Preacher zu Beginn des Jahres 1928 klar. Der whiskygetränkte Son, 26 Jahre alt, hatte sich mit einem Schwergewicht angelegt, dem mit bloßen Händen nicht beizukommen war. Also griff er zum Colt und schoß. Die Hitzköpfigkeit brachte dem 26jährigen 15 Jahre ein, 15 harte Jahre im brutalen Parchman-Farm-Zuchthaus, von denen er allerdings nur zwei absitzen mußte, aber immerhin. Daß es überhaupt so weit mit ihm gekommen war, hatte er einer milchschokoladenbraunen, vom Zahn der Zeit leicht angenagten Schönheit zu verdanken, die mit sicherem Instinkt für Unverbrauchtes den jungen Pfarrer becirct und nach Louisiana entführt hatte. So endete die Theologenkarriere von Eddie James House, doch zeitlebens würden die Songs seines alter ego von Sünde und Suff handeln, von Hurerei, Tod und Verderben, von Hölle und Verdammnis, selten allerdings, ohne die erlösende Hand zu preisen, die Gott auch dem hoffnungslosesten Sünder reicht.

Der abtrünnige Prediger wurde zum Ausnahmegitarristen, spielte jahrelang mit Koryphäen wie Charley Patton, Willie Brown und – nach dessen plötzlicher Wandlung vom Stümper zum Gitarrengott – mit Robert Johnson.

Son House wußte, auf welch verlorenem Posten er kämpfte, kannte den unseligen Einfluß des Blues, der »Devil's Music«, und er wehrte sich redlich dagegen, indem er lange Jahrzehnte einer gottgefälligen, geregelten Arbeit als Zugschaffner und Koch nachging, aber irgendwann kassiert der Teufel doch die alten Schulden.

Als sich 1964 junge weiße Collegestudenten aufmachten, um in den Dörfern des Mississippideltas und den Ghettos des heruntergekommenen nordöstlichen Industriegebietes nach alten, vergessenen Blueslegenden zu fahnden, stießen sie auf Son House. Der wohnte zwar, wie sie herausfanden, schon seit 1943 im Staat New York, aber er war zweifellos der legendäre Bluesmann aus Mississippi, mit seinem damaligen Kollegen Charley Patton Schöpfer überlieferter Klassiker wie »My Black Mama«, »Dry Spell Blues«, »Pony Blues« und »Preachin' The Blues«. Ein Bekannter, wenn nicht gar Freund und Vorbild verstorbener schwarzer Heroen wie Willie Brown, Houston Stackhouse und Robert Johnson.

Sehr gegen seinen Willen zerrten ihn seine »Wiederentdecker« auf Bühnen, von denen herab der arme alte Son House, reuiger Ex-Preacher und zunehmend um seine Seele bangend, in ein Meer weißer Gesichter starrte. Da fiel ihm

Son House – Vater des Folk Blues.

die Story mit der Straßenkreuzung und Robert Johnson wieder ein, und als er merkte, wie sehr die Geschichte auf das Interesse der Musikjournalisten stieß, die ihn interviewten und damit einer riesigen Schar weißer Plattenkäufer vorstellten, schmückte er sie aus und gab sie überall gern zum besten.

Son House war nur einer der Nutznießer des Bluesrevival, der Wiederentdeckung dieser einheimischen Musikform durch Angehörige der tonangebenden Bevölkerungsschicht. Weiße kannten den Blues schon einige Jahrzehnte, aber erst in der zweiten Jahrhunderthälfte wurde die Musik der schwarzen Unterschicht von ihnen endlich ernstgenommen. Und ausgerechnet zu der Zeit, als Gleichberechtigung fordernde »Students for a Democratic Society« in den Südstaaten von White-Power-Reaktionären umgebracht wurden, fuhren ihre völlig apolitischen Kollegen unbehelligt durch die gleichen Ghettos auf der Suche nach vergessenen Schätzen der schwarzen Kultur. Sie wurden auf Baumwollfeldern und in Holzfällercamps fündig, in den Slums des Rust Belt, des Rostgürtels*, auf den Werften Oaklands und in gottverlassenen osttexanischen Baptistenkirchen.

Afroamerikanische Musik und Literatur wurden in Windeseile hip, denn Jung-Amis übernahmen dankbar die musikalischen Entdeckungen der englischen Rockbands, deren Amerikabild durch die Black Music geprägt war. *Beatles, Stones* und *Animals* hatten sich eng an das Schaffen Muddy Waters', Slim Harpos und Elmore James' angelehnt und formten aus den europäisierten Sounds der verachteten Südstaatenneger eine weltumspannende Jugendkultur.

Da traf es sich gut, daß die altgewordenen Schöpfer des Blues auf sonnenüberfluteten Südstaatenveranden in wakkeligen Schaukelstühlen aufbewahrt worden waren, denn sie eigneten sich großartig als Leitfiguren. Sie waren durch die Bank schwarz, also sah man ihnen die Unterdrückung schon von weitem an, sie waren meist etwas altersobstinat, also revolutionär – ebenfalls eine hochwillkommene Eigenschaft. Das romantische junge Amerika preßte die alte Südstaatenunterschicht an die Brust, gab ihr erstmals Gelegenheit, mit ihrem musikalischen Können an relativ viel Geld heranzukommen, und freute sich gleichzeitig diebisch über die entsetzten Bürger, denen die Verbrüderung sicheres Indiz der Auflösung überkommener Werte war.

Die Blueser galten nicht nur als ungepflegte Jugendverderber, sondern ihre Herkunft aus den Baumwollfeldern

* Rust Belt steht für die verfallende Schwerindustrie, die noch aus dem 19. Jahrhundert stammt.

des zurückgebliebenen Südens war aufrechten Amerikanern höchst peinlich. Daß dieses Landproletariat nun seine Gepflogenheiten als amerikanische Volkskultur verkaufte, durfte einfach nicht sein. Dennoch mußten sie mit ansehen, wie sich weltweit Sympathien für Mississippi- und Louisiana-Bauern mit ihren Gitarren und Mundharmonikas entwickelten und sich das Interesse der Ausländer sogar auf das Leben der nichtmusikalischen Mehrheit amerikanischer Schwarzer ausdehnte. Der Alltagsrassismus wurde plötzlich von Menschen verurteilt, die noch nie im Süden gewesen waren oder jemals Umgang mit Schwarzen gehabt hatten – von Leuten also, die keine Ahnung hatten. Und die eigenen Kids schürten noch diese amerikafeindliche Haltung. Fromme Amerikaner verstanden die Welt nicht mehr. Daß sich einige Gouverneure mit schlagenden Cops, schießenden Sheriffs und scharfen Polizeihunden ihrer reaktionären Haut gegen protestmarschierende Schwarze wehrten, das galt vielen verwirrten Amis als nur gerecht, denn wo kam man hin, wenn sich Anarchie breitmachte.

Die Bluesmen interessierten sich für das Tagesgeschehen; seit Urzeiten sind schwarze Musiker Chronisten, ob man sie wie ihre afrikanischen Vorfahren und Kollegen *griot* nennt oder – falsch, aber zutreffend – *musicianer*. Chronisten erzählen und verbrämen, und die zu Bluesmelodien spontan entstandenen Bürgerrechtskampfberichte brachten schwarze Blueser und weiße Folkies endlich auf die gleichen Bühnen, vor das gleiche Publikum. Dort fanden sie ihren angemessenen Platz, denn der Blues ist eine der wenigen echten amerikanischen Musikformen, aus afrikanischen Elementen im tiefen Süden zur Reife gebracht. »The Blues had a baby, and they called it Rock and Roll«, stellte Blues-Übervater Muddy Waters fest, und Rock hat die Welt im Sturm erobert.

Wer also den Rock liebt, der sollte sich über den Blues informieren. Das kann man am allerbesten, indem man in seine Heimat fährt, nach Louisiana und Mississippi, auf dem legendären Highway 61 immer am »Father of all Rivers« entlang, und den Weg des Black Blues von den Feldern des tiefen Südens bis in die Bluesbruchbuden der Chicagoer South Side verfolgt.

Beginnen wir also stilgerecht dort, wo die lustigste Variante des Urblues entstand, in den plüschverklebten Salons Storyvilles, in den »Cat Houses« des Puffviertels von New Orleans, im halbdunklen Parterre eines dreistöckigen reichverzierten ehemaligen Patrizierhauses, in dessen guter Stube ein dicklicher Klavierspieler Ragtime spielt. Ein halbes Kind ist er noch, der Pianomann, doch er schaut schon wissend zu, wie zugeknöpfte Herren leichtbekleidete Damen taxieren, und nickt bei getroffener Wahl zustimmend.

Der »Erfinder des Blues«: Jelly Roll Morton

Die Gentlemen sind zum »Jazzen« hier, zum Bumsen; und Madame reicht Champagner, um sie in die richtige Stimmung zu bringen, während der 17jährige Klaviervirtuose immer kräftiger in die Tasten greift. »Jelly Roll« nennt er sich, Ferdinand Jelly Roll Morton. Eigentlich ist das die Bezeichnung für eine marmeladengefüllte Gebäcktasche, aber in derben Kreisen wird damit das weibliche Geschlechtsteil umschrieben.

Jelly Roll gilt als Koryphäe seines Instrumentes – seines musikalischen wie des gottgegebenen, natürlich, denn im rauhen Bordellgewerbe muß sich ein Mann hervortun, sonst gerät er allzuleicht in den Verdacht, ein Waschlappen zu sein. Ein prahlerisches Gehabe und ein großmäuliger Spitzname verschaffen Ansehen.

Jelly Roll wie sein drei Jahre älteres Vorbild Buddy Bolden und ein später »Papa« Tio genannter Knabe mexikanisch-kreolischer Abstammung spielten seit frühester Kindheit die Musik ihrer Heimatstadt New Orleans. Zusammen folgten sie den Paraden und freuten sich auf Begräbnisse, denn dort spielten die besten Musiker der Stadt. Sie lernten früher synkopieren als buchstabieren. Alle drei machten Karriere: Buddy als Trompeter und Leader der bekanntesten Jazzkapelle des New Orleans der Jahrhundertwende, Papa Tio als unerreichbarer Klarinettist und Jelly Roll als immer fröhlicher, immer zum Aufschneiden geneigter Klavierspieler.

Die drei Jugendfreunde symbolisierten das New Orleans ihrer Zeit; wie ihre Heimatstadt waren sie leichtlebig, dem Vergnügen zugetan, sorgten sich nicht um die Zukunft, sondern feierten den Tag, so gut es ging.

Jelly Roll kam aus einer katholischen Kreolenfamilie,

einer der 600 000 farbigen Kreolen der Stadt, erzogen von einer halb französisch parlierenden Großmutter, der die musikalischen Ambitionen des kleinen Ferdinand gegen den Strich gingen. Doch was soll man machen, wenn ein Kreolenkind in New Orleans unbedingt Musiker werden will? Eine große Auswahl an Berufen hatte der farbige Knabe kaum: Handlanger konnte er werden, Friseur oder Werftarbeiter. Mit Glück arbeitete sich ein Schwarzer zum Ladenbesitzer hoch, oder er übernahm ein Begräbnisinstitut.

Theoretisch galt seit Ende des Bürgerkrieges die Schulpflicht auch für Afroamerikaner, aber die Not zwang die meisten doch, früh auf Arbeitsuche zu gehen, damit die Familie durchkam. Da half, daß die Volksschulen von New Orleans Musikklassen boten, die mit Blechinstrumenten gut bestückt waren. Eine Stadt, die abwechselnd in spanischem, französischem und amerikanischem Besitz war, deren Hauptbevölkerungsgruppen aus Frankreich und England, Deutschland und Kroatien, Spanien und Afrika, den USA und der Karibik stammten, erlebt zwangsläufig ein buntes Gemisch musikalischer Stile, und wenn ein Schwarzer lernte, die dazu notwendigen Instrumente zu spielen, konnte er immer Arbeit finden, denn Geburten und Begräbnisse, Kirchenfeiern und Nachbarschaftspicknicks gingen nicht ohne Musik ab.

Die Marching Band wurde Teil des Straßenbildes, und wenn die Jungen spielen wollten und keine Feier anstand, veranstalteten sie eben eine Jazz Parade aus dem Stegreif. Daß die Rhythmusvorgabe dazu von ganz besonderer Güte war, ist auf eine Eigenheit Louisianas zurückzuführen: Der Agrarstaat, von den Amerikanern erst zu Beginn des 19. Jahrhunderts der französischen Regierung abgekauft beziehungsweise den verkaufsunwilligen Spaniern einfach entrissen, hatte nie ein Perkussionsverbot für Schwarze eingeführt, dessen Zuwiderhandlung in allen anderen sklavenhaltenden Teilen Nordamerikas mit Verstümmelung oder Tod bestraft wurde. Louisiana, und somit New Orleans, hatte als einziges Gebiet der Vereinigten Staaten eine Trommlertradition, die ununterbrochen bis ins Herz Afrikas zurückreichte.

Verstorbene Bürger der Hafenstadt am Mississippi wurden also bald mit Pauken und Trompeten in die ewigen Jagdgründe geleitet, Verliebte in den Hafen der Ehe. Spirituals und deutsche Märsche, irische Reels und Jigs, französische Chansons und Romanzen, südamerikanische Canciones, sogar die spanische Zarzuela mußten herhalten, um, mit afrikanisch-karibischen Rhythmen locker gemischt, einen neuen Sound abzugeben. Ein flotter, tanzbarer Stil entwickelte sich. Je nach Bedarf zusammengewürfelte Kapellen übertönten mit hellklingender Trompete und Kornett mühelos den Straßenlärm, und weil New Orleans die Bedeutung des Überseehafens auf die lokale Wirtschaft erkannte, durfte sich das Nachtleben ungehindert ausbreiten.

Der Stadtverordnete Sidney Story wollte die anständigen Bürger des wilden New Orleans vor dem Anblick anschaffender Gunstgewerblerinnen und angetrunkener Matrosen schützen, als er 1896 vorschlug, die Gegend hinter der Canal Street für die Prostitution freizugeben. Er konnte ja nicht ahnen, daß der Volksmund seinen schönen Nachnamen mit seiner sozialhygienischen Schöpfung verknüpfen würde und das entstehende Storyville in den folgenden Jahrzehnten einen fast mythischen Klang bekommen sollte. Denn die Stadt war wirklich weltoffen; was in Storyville nicht angeboten wurde, war noch nicht erfunden.

Die »Sporting Houses« Storyvilles standen dicht an dicht auf 38 Straßenblocks zwischen Canal, Basin und Robertson Street. Fast 2000 »Sporting Ladies« bedienten dort die Kundschaft, Tag und Nacht war Hochbetrieb, unzählige Barkeeper schenkten Schnaps aus, Musiker spielten Heißes, Luden lauerten und hielten ihre Zahnzwischenräume mit rasierklingenscharfen Bowiemessern sauber, und anständige Bürger machten einen großen Bogen um ihr selbstgeschaffenes Sperrgebiet.

Besonders das zweite Jahrzehnt des neuen Jahrhunderts festigte den üblen Ruf Storyvilles in der Welt der Nachtmenschen. Matrosen waren nun in der Minderzahl; Abenteurer aus aller Herren Länder kamen nach New Orleans, um sich richtig auszutoben. Die tolerante Stadtverwaltung kannte keine Sperrstunde, und wenn's im Vergnügungsviertel hoch her ging, schaute sie weg, solange Weiße nicht zu Schaden kamen. Die seit 1885 bestehende *Papa Jack Laine's Reliance Brass Band* spielte dort, obwohl sie als »weiße« Gruppe galt, das *Original Creole Orchestra* jazzte, die schwarze *Excelsior Brass Band*, das *Manuel Perez Imperial Orchestra* und die Überreste der 1895 gegründeten *Buddy Bolden Band* um Kornettist Bunk Johnson. Freddie Keppard leitete die *Olympia Brass Band* – Joe Oliver spielte in ihr, Sidney Bechet und Alphonse Picou –, »Papa« Celestin stellte 1910 das *Original Tuxedo Orchestra* zusammen, und »Kid« Ory hatte seine *Brownskin Band*, in der Louis Armstrong seinen ersten Gig bekam.

Hunderte Gruppen und Solisten unterhielten Storyville, Musiker fanden rund um die Uhr Arbeit.

Also saß Jelly Roll im nobelsten Puff der Stadt am Klavier und hielt die Freier bei Stimmung.

Das Jahr 1902 war ein Ausnahmejahr für Jelly Roll Morton. Es war das Jahr, in dem er den Jazz erfand. So hatte er's beschlossen. Das war die Story, die er fortan überall erzählte, und die gesellschaftliche Stellung seiner Zuhörer wuchs mit jedem Jahr seines Lebens. Erst waren es Kollegen und Strichbienen, denen der Aufschneider mit dem Protznamen eigentlich gestohlen bleiben konnte. Doch mit zunehmendem Renommee belog Jelly Roll bald Journalisten, Bandleader und gegen Ende seines Lebens, im Jahr 1939, sogar den Ethnomusikologen Alan Lomax, der ihn anläßlich einer gewaltigen Aufnahmesession für das Nationalarchiv der Library of Congress interviewte. Das Verblüffende war, daß ihm die Fachleute seine Geschichte abnahmen. Jelly Roll hatte sich als Komponist hervorgetan, schrieb 1915 den »Jelly Roll Blues«, spielte sein Klavier von Küste zu Küste, nicht mehr im Bordell, sondern im Konzertsaal und Konservatorium, und hatte sich sogar mit dem »Vater des Blues« angelegt, mit W. C. Handy, in dessen Band er eine Zeitlang arbeitete. Er, Jelly Roll, habe neben dem Jazz auch den Blues erfunden, ließ er Handy und den Rest der Welt wissen. Den vornehmen Dandy Handy traf ob der Dreistig-

Jelly Roll Morton, der Mann, der neben dem Jazz auch den Blues erfunden haben will.

keit der Behauptung fast der Schlag. Dann legte er mächtig und mit wohlfundierten Gegenbeweisen los, aber es half nichts. Sein Ruf als Blueserfinder war ins Wanken geraten, und je länger der Urheberschaftsstreit dauerte – immerhin fast zwei Jahrzehnte –, um so mehr Fachleute tendierten dazu, Usurpator Jelly Roll als eigentlichen Schöpfer anzuerkennen. Jelly war ein bombiger Pianist, aber er war ein noch besserer Verkäufer, ein glattzüngiger Schmeichler ohne jede Scham.

Jelly Roll Morton festigte in der Ferne seinen Ruf, wie die meisten anderen New-Orleans-Musiker seiner Generation auch, denn nach den glanzvollen Jahren Storyvilles und des Jazz kam es zum massiven Umbruch.

Bereits 1907 hatte es Buddy Bolden getroffen. Der Kornettist, der einen solchen Groove vorlegte, daß Zuhörerinnen zuhauf in Trance verfielen, war zum beliebtesten Jazzer der Stadt geworden. Frauen und Musik liebte er; wenn er in einer der vielen Dutzend Tanzhallen spielte, scharten sich immer Groupies um die Bühne, um Buddy zur Hand zu gehen, wenn es etwas zu tun gab. Der gelernte Friseur galt als King of New Orleans, er spielte mit seinem Orchester sogar auf Feten im noblen weißen Wohngebiet, sein Stil wurde immer gewagter, immer »hotter«, und dann, mitten in einer Parade auf den Straßen der Stadt, hielt Buddy Bolden plötzlich an, warf sein Kornett in hohem Bogen über die Groupies und schrie sich aus schäumendem Mund die Seele aus dem Leib. Natürlich griff sich die Obrigkeit den *crazy nigger*, egal, ob King oder nicht, und warf ihn in die Irrenanstalt von Jackson, wo er ein Vierteljahrhundert als menschliches Wrack in der Ecke kauerte.

Doch erst als der Ausgang des Ersten Weltkrieges absehbar war und die Vereinigten Staaten am 6. April 1917 den Alliierten zu Hilfe eilten, begann der Niedergang wirklich. Die Kriegsmarine konnte nun nicht mehr dulden, daß Jazz und Kreolinnen die Wehrkraft ihrer jungen Rekruten anzapften, und forderte die Schließung des Lotterviertels. Man protestierte, aber am 12. November 1917 rückten Polizei und Militär an, umzingelten das Gebiet und drohten, es anzuzünden, wenn nicht sofort geräumt wurde.

Damit begann eine unselige New-Orleans-Tradition, denn der Erfolg der radikalen Maßnahme sollte fortan Politikerträume beflügeln – und sich fast ein halbes Jahrhundert später wiederholen.

Es gab keine Arbeit mehr. Storyville lag verlassen da, das Alkoholverbot war schon etwas früher in Kraft getreten, und noch hatte sich kein weitblickender Gangster gefunden, der Nutzen aus dem Angebotsvakuum ziehen würde. New Orleans stand trocken und gelangweilt, die Touristen hatten sich verzogen, die triste graue Kriegsmarine lag im Fluß vor Anker, und nur aus den Kirchen hörte man jubelnden Siegesgesang. Jazztrompeten setzten allmählich Grünspan an.

Nach und nach verließen die vielen Jazzorchester Louisiana. New Orleans, mitten im Sumpf zwischen Mississippi und dem gewaltigen Pontchartrain-See gelegen, war am bequemsten per Flußschiff zu erreichen. Die Musiker bestiegen Mississippidampfer und fuhren stromauf, um in Memphis, St. Louis, Kansas City oder Chicago ihr Glück zu versuchen. Ganz Mutige gingen gleich nach Kalifornien oder New York. Die Stadt, die den Jazz in seiner reinsten Form hervorgebracht hatte, war verstummt. So weit man auch in ihrer Geschichte zurückblickte, so etwas war noch nie vorgekommen.

New Orleans im Banne des Voodoozaubers

»The Big Easy« nennt sich die Großstadt am Mississippibogen, aber sie zu erreichen war lange Jahre alles andere als easy. New Orleans wurde an denkbar ungünstiger Stelle gegründet, mitten im Sumpf, einige Meter unterhalb des Meeresspiegels, eingeklemmt zwischen Mississippi und Lake Pontchartrain, dem siebtgrößten Binnengewässer der Vereinigten Staaten. Erst seit 1935, als endlich eine Brücke über den Mississippi gebaut wurde, ist die Stadt auf sicherem Landweg erreichbar, bis dahin führten nur der Fluß selbst und zwei schmale, stets von Erosion bedrohte Sträßchen nach New Orleans – und wieder hinaus.

Es gehört zu jeder ordentlichen amerikanischen Geschichte, daß eine Stadtgründung mit einem gewaltigen Landbetrug einhergeht. Die Story von New Orleans begann damit, daß sich der Schotte John Law den französischen Regenten Philippe Duc d'Orleans zum Freund machte und über ihn Zugang zum noch jugendlichen Louis XV. erhielt. Hoheit wurden von den Kumpanen bedrängt und erließen 1717 wunschgemäß ein Edikt, das Law praktisch die weitere Entwicklung Louisianas überließ. Daß der intrigante Schotte vorschlug, die neue Stadt in der fernen Kolonie La Nouvelle Orleans zu nennen, schmeichelte dem gräflichen Regenten, der daraufhin schützend seine fast allmächtige Hand über Law und dessen Besiedlungspläne hielt. Der Schotte lockte Siedler aus ganz Europa, indem er die paradiesischen Zustände der herrlichen neuen Kolonie schilderte und dabei zu erwähnen vergaß, daß die versprochenen Felder von einer knietiefen Frischwasserschicht bedeckt waren und die Malariasümpfe alljährlich von Wirbelstürmen aufgewühlt wurden. Die vielen Neusiedler beugten sich der unerwarteten Realität – wie sollten sie auch wieder nach

Frankreich zurückkehren? – und gingen daran, die Mangrovensümpfe mit ihren moosbehangenen Wäldern und hungrigen Alligatoren trockenzulegen.

Im Laufe der Zeit machte sich jedoch durch natürlichen Abgang ein schmerzhafter Frauenmangel breit, also ließ Law 88 notorische weibliche Strafgefangene aus Paris nach Louisiana verfrachten und bot sie den Siedlern an. Aus diesem zweifelhaften genetischen Grundstock erwuchs die Weltstadt.

Da das Sumpftrockenlegen schwere Arbeit ist, freuten sich die Louisianer über die Möglichkeit, das Joch kräftigeren Schultern aufzubürden. Die gehörten schwarzen Sklaven, die aus der Karibik herbeigeschafft wurden. An die 4000 Menschen kamen aus Martinique, Guadeloupe und San Domingo, aber sie erwiesen sich als renitente Voodoogläubige, die lieber Zaubersprüche klopften als arbeiteten. Also verbot die Kolonialregierung die weitere Menscheneinfuhr aus den nahen Inseln und griff auf bekannt verläßliche »Ware« aus Afrika und den nördlich liegenden englischen Kolonien zurück. Selbst als das Gebiet an Spanien abgetreten wurde und der neue Gouverneur jede Sklaveneinfuhr verbot, landete nachts noch immer menschliche Konterbande in den Sümpfen des südlichen Louisiana an. Die Baumwoll- und Zuckerrohrpflanzer waren ohne Sklavenarbeit nicht konkurrenzfähig, feine Haushalte konnten ohne leibeigene Köchinnen, Gärtner, Kutscher und Haussklaven nicht funktionieren. Reichgewordene Kolonisten hatten also immer weniger zu tun, nahmen Hofmanieren an, schickten ihre Kinder auf französische Schulen, feierten französische Feste und nannten sich »Creole« nach dem spanischen Ausdruck *criollo*, der einen in der Kolonie Geborenen bezeichnet. Die Kreolen waren und blieben reinweiß; jede Rassenmischung wäre undenkbar gewesen. Heute noch wird sich der Kreole beleidigt bedanken, wenn man mutmaßt, er habe schwarzes Blut im Familienstammbaum, ein Zustand, der verächtlich *café au lait* heißt. Sie seien *sorti de la cuisse de Jupiter*, die echten Kreolen, dem Oberschenkel Jupiters entsprungen, sie sprechen von ihrem

Stand als *les bonnes familles*, und ihre Sklaven teilten den Dünkel; wer sich heute Black Creole nennt, entstammt gewöhnlich der Familie eines Haussklaven, seltener einer freien schwarzen Ahnenreihe.

Eine Viertelmillion Sklaven wurde bei der Volkszählung von 1850 allein im dünnbesiedelten Louisiana erfaßt. Da war das Gebiet schon seit 47 Jahren Teil der Vereinigten Staaten. Banker und Glücksritter aus dem Norden hatten sich im leichtlebigen Louisiana breitgemacht, dealten mit allem, was einen schnellen Dollar abwarf, und rissen Plantagen und ganze Handelszweige an sich. Es hatte sich gezeigt, daß die heimische Baumwolle im nördlich gelegenen Mississippigebiet erheblich ergiebiger wuchs als in Louisiana, also hatten viele Pflanzer auf Zuckerrohr umgestellt – und ihre Plantagen an den Rand des Ruins gebracht. Man müsse ein reicher Baumwollpflanzer sein, hieß es, um als armer Zuckerpflanzer anfangen zu können. Weil nur Wenige in das kapitalintensive Geschäft einsteigen konnten, war der Gewinn einer Zuckerrohrplantage so horrend hoch. Das Szenario war für Yankeekapitalisten wie geschaffen.

New Orleans konnte den Einzug der neuen Herren nicht verkraften; als Napoleon, der die Kolonie wieder für Frankreich zurückgewonnen hatte, sie für 15 Millionen Dollar an die Amerikaner weiterverscherbelte – der schnelle Immobiliendeal scheint zu Louisiana zu gehören wie Flöhe zum Hund –, teilte sich die Stadt New Orleans entlang der Canal Street. Südwestlich des breiten Boulevards siedelten die Americains, nordöstlich die Franzosen. Damit die häufigen Schießereien zwischen Angehörigen beider Gruppen nicht allzu oft tödlich verliefen, erklärte man den 30 Meter breiten Mittelstreifen der Canal Street zu »neutralem Grund« – und so heißt er noch heute.

Alteingesessene waren über die Prunksucht der neureichen Amerikaner entsetzt und zogen sich in die offenen, mit filigranem Schmiedeeisen verzierten Innenhöfe ihre Stadtvillen zurück; sie waren es, die den als Mardi Gras bekannten Karneval ins Leben riefen, immer dem Vorbild der

»echten« Franzosen folgend. Katholisch-fromm waren und sind sie und lassen Außenseiter nicht in ihr Leben blicken. Die Kreolen beider Hautschattierungen sind noch immer eine geschlossene Gesellschaft. Fein abgestuft, wohlgemerkt, denn nach wie vor wohnt man seiner Hautfarbe entsprechend. Zuzugssperren gibt es nicht mehr, aber Tradition. Und die kann noch nachhaltiger als Vorschriften trennen.

Schwarze durften im erstaunlich liberalen Louisiana frei leben, falls sie das Glück hatten, niemandem zu gehören. Selbst wenn sie als »bewegliches Eigentum« eingetragen waren, standen ihnen einige Freiheiten zu. Auf dem Congo Square, einem befestigten Platz an der Ecke Rampart-, Orleans- und St. Peter Street, durften sie sich am Sonntag treffen und trommeln. Und hier, im Herzen der Stadt, wurde Voodoo praktiziert. Von den aus der Karibik importierten Sklaven eingeführt, verwurzelte sich die afrikanische Naturreligion tief in der Kultur der Stadt.

Voodoo stammt aus dem Königreich Dahomey, dessen König stets am Rande der Staatspleite lavierte. Opfergaben an mächtige Götter wie Zombi und Damballah-wedo brachten keine Besserung der Staatsfinanzen, also schaute sich der King um und entdeckte im Sklavenhandel eine einfache, ordentliche Einkommensquelle. Er sandte seine besten Krieger in den Urwald, um die Schwarzen einzufangen, steigerte Häufigkeit und Umfang der Raubzüge, als er sah, wie lohnend der Menschenraub war, und hatte um 1700 seine Volkswirtschaft auf den Verkauf von jährlich 20 000 Nachbarn eingestellt. Weit über hundert Jahre betrieben die Nachfahren des westafrikanischen Herrschers das Geschäft, verschickten Hunderttausende, von denen allzuviele mitten im Atlantik dem psychologischen Streß oder den an Bord grassierenden Krankheiten erlagen. Alte Akten belegen, daß das Sklavenschiff L'Aurore 1726 seinen senegalesischen Verladehafen mit 350 Angeketteten an Bord verließ und zwei Monate später mit 290 Überlebenden in New Orleans anlegte – eine typische Verlustquote.

Die Sitten im Sklavenhandel waren unglaublich; wer Bob

Marleys wunderschönes »Survival«-Album hat, kennt die Strichmännchengrafik unter dem Titel. Erst bei näherem Hinschauen erkennt der Fan entsetzt, daß es sich bei der Zeichnung um den Ladeplan eines Sklavenschiffes handelt.

Voodoo half Vielen, die grauenvolle Reise zu überstehen. Einige Voodoopriester waren immer Teil der Ladung, und sie legten im Mittelteil der Passage, als die Angst am größten war, einen Takt vor, mit Arm- und Fußfesseln auf die Schiffsplanken geschlagen, unaufhörlich, im gleichbleibenden Rhythmus. Die Verzweifelnden mußten mittrommeln, schlugen tage- und nächtelang den langsamen, dröhnenden Abschied von ihrer afrikanischen Freiheit, bis die gefürchtete *middle passage* überwunden war. Die Tradition setzt sich heute in Jamaika fort; dort heißt sie *Nyabinghi drumming*, und sie transportiert den überzeugten Rastafarian aus dem modernen Leben in eine höhere Sphäre. In New Orleans lebte sie ebenfalls weiter, aber auf andere Art. Hier entwickelte sie sich zu den Voodoorhythmen, mit denen die religiöse Handlung eingeleitet und begleitet wird.

Die afrikanische Religion selbst integrierte nach ihrer Ankunft in der neuen Welt katholische Riten und Heilige; das den Sklaven eingebleute Christentum bot ebensoviele mystische Handlungen und Abbildungen wie das hergebrachte Voodoo. Zusammen ergaben die beiden Glaubenslehren eine unschlagbare dritte Weltanschauung, die für jede Lebenslage eines Armen den richtigen Heiligen, Gott und Ritus parat hielt und damit in jeder Situation Trost und Ausweg bot. Voodoogläubige sind gleichberechtigt; auch die Priesterschaft besteht aus Männern und Frauen, die sich in ihren Wohngebieten oft zu zauber- und heilkundigen Respektspersonen gemausert haben. Sie praktizieren »weiße Magie«, positive, hilfreiche Zauberei also, aber in New Orleans hat sich eine recht breite Schicht auf das Gegenteil spezialisiert. Die Voodoopuppe ist eine Erfindung der *black magic women*; steckt man Nadeln in das Flickenpüppchen, leidet der durch die Puppe personifizierte Feind.

Einige der *root doctors* oder *reverend mothers* genannten Kultführer erzauberten sich außerordentlichen Einfluß; die bekanntesten Vertreterinnen des New-Orleans-Voodoo waren zweifellos die beiden Mulattinnen Marie Laveau, Mutter und Tochter. Die ältere Marie heiratete einen wohlhabenden Mann, doch der verschwand unter mysteriösen Umständen. Marie nannte sich fortan »Witwe Laveau«, nahm sich einen Liebhaber und richtete eine Voodoopraxis ein. Sie hielt am Congo Square hof, tanzte am Johannisabend mit einer Pythonschlange zu wilden Trommelrhythmen am Lake Pontrarchain den Priesterinnentanz, während Tausende Gläubige monoton »li grand zombi« murmelten, und soll ihre Konkurrentinnen mittels eines besonders starken *gris-gris* leergesaugt, ausgeblutet haben. Ihr Haus auf der St. Ann Street, zwischen der Rampart- und Burgundy Street, war in der Stadt gefürchtet; zwei Altäre soll sie dort gehabt haben, einen herrlich geschmückten für »guten«, einen noch prächtigeren für »bösen« Zauber. Mumifizierte Säuglinge und allerlei Kriechgetier sollen sich die Zimmer geteilt haben, und Mutige traten zu horrend teuren Privatbesprechungen ein; die Witwe Marie zauberte nicht nur, sie weissagte und gab allerlei Rat. Ihre Tochter lernte fleißig; sie galt Eingeweihten als noch zauberkräftigere *Obeahwoman*, gebot über ein noch wirkungsvolleres *gris-gris* als die Mama.

Deren Gruft auf dem innerstädtischen St.-Louis-Friedhof ist noch heute ständig blumenüberhäuft, mit brennenden Kerzen geschmückt, und an die Außenwände des kleinen Steingebäudes werden stets neue Bittgebete geschrieben.

Von New Orleans aus verbreitete sich die afrikanische Religion in alle Teile Amerikas. Ob Voodoo, Wodu, Vodun, oder gar Hoodoo; die Schreibweise mag sich ändern, aber die Praxis bleibt gleich. Besonders unter ländlichen Schwarzen ist der »Hoodoo« recht verbreitet, und selbst wenn man sich auch nicht mehr als Gläubigen bezeichnet, kann so ein kleines Zaubermittelchen, in der Tasche oder um den Hals getragen, sicher nicht schaden: eine Mojo Hand zum Beispiel, die Vorderpfote eines Kaninchens, oder eine John-The-Conqueror-Root, eine Wurzel, die sicherstellen soll, daß der Partner treu bleibt. Liebestränke werden angeboten und Folge-mir-Tropfen, die Mitglieder des anderen Geschlechts unwiderstehlich anziehen. Kaufen kann man den *gris-gris* inzwischen fast überall; je unerschwinglicher Absicherungen gegen die Unwägbarkeiten des täglichen Daseins werden, desto mehr Umsatz macht der *hoodoo man*.

Fat Man Domino

Aus der Voodookultur Haitis und New Orleans' stammt der Backbeat, dieser hypnotische Rhythmus, der zwangsläufig Bewegung auslöst. Die Marching Bands spielten ihn, die Brass Bands, und er wurde Teil des Musikgeschehens der Hafenstadt, prägte ihre Sounds und verbreitete sich durch ganz Südlouisiana. Jeder kennt diesen Second-line-Rhythmus, aber man beobachtet ihn am besten auf der Bühne. Der Drummer betont die ersten und dritten Viertel eines Taktes durch kräftige Kick-Drum-Schläge, während er einen Zwei-und-vier-Begleitrhythmus auf der Snaredrum klopft und die Hi-Hats mit Sechzehnteln oder Achteln vibrieren. Schon die exilierten Jazzer spielten den ungewöhnlichen Stolperbeat, der im Gegensatz zum »zwei – vier« beim Blues das »falsche« Viertel hervorhebt. Die Musik des Big Easy verbrachte ja die Jahre zwischen 1920 und 1945 in der Diaspora, wo gebürtige New Orleanser wie Louis Armstrong, Sidney Bechet und Ella Fitzgerald weltberühmt wurden. »Satchmo« Armstrong tourte schon vor dem Zweiten Weltkrieg durch Europa, Sidney begann damals seine Liebesaffäre mit Paris, und Ella zog 16jährig nach Chicago; zu Hause, in der Hütte in der Water Street, die sie mit fünf Geschwistern und ihren Eltern teilte, wäre sie Wäscherin geblieben, was ihr schon früh klar wurde. In der »Crescent City« New Orleans spielte nach wie vor hübsche Musik, aber die Zeit der großen Orchester, der feinen Gigs, der unbegrenzten innovativen musikalischen Freiheit war mit der Schließung Storyvilles vorüber.

Mit einem unförmigen, ewig grinsenden Pianisten begann die Renaissance der Crescent City. Antoine Domino stammte aus der Jourdain Avenue im Schwarzenviertel Ninth Ward. Sein Vater spielte Geige in verschiedenen Orchestern, und

Musik beschäftigte schon den Erstkläßler Antoine, denn er war bei weitem der dickste unter seinen vielen Geschwistern, wollte daher vom Sport nichts wissen und hatte sowieso den Spitznamen »Fats« weg. Schon als Elfjähriger verdiente Fats mit, trug Lebensmittel aus und schleppte vom Pferdewagen Eis für Kühlschränke ins Haus, und nebenher spielte der kräftige Knabe für Trinkgeld Klavier in Eckkneipen des Viertels.

Irgendwo, durch das Fenster eines der wenigen Häuser mit Radio, hörte Fats den schwarzen Bandleader Louis Jordan, dessen *Tympany Five* gerade begonnen hatte, für Decca Schallplatten zu machen. 1939 war das, und weil Louis Jordan einen ganz frischen Sound hatte – meist sieben oder acht Spieler, die elektrifiziert soviel Krach machen konnten wie eine herkömmliche Big Band –, bekam er Gelegenheit, seine Songs auf einem »weißen« Label einzuspielen. Die *Tympany Five* hatten den Swing raus; durch die wenigen Instrumente dieser *little big band* kam jedes einzelne viel mehr zur Geltung als in der Harmonie einer 30köpfigen Gruppe. Das war kaum noch Jazz, schon eher Jump Blues, fast ein moderner Rhythm and Blues. Louis hatte durch seine Arbeit mit den *Rabbit Foot Minstrels*, »Ma« Rainey und Louis Armstrong den Blues von Grund auf gelernt, und am hektischen Rhythmus fehle es Jordan nicht, meinten viele ältere Menschen, die ihn und seinen neuartigen Krach zum Teufel wünschten.

Diesen Louis Jordan hörte Antoine Fats Domino, und er verliebte sich in den swingenden Jump-Blues-Stil. Er spielte ihn auf dem Piano nach, mit der Linken den Boogie, rechts die Melodie, und der junge Mann sang dazu auch noch sehr angenehm. Im Al's Starlight Inn bekam er einen festen Sologig, im Crystal Gazer's Club und im Hideaway Club trat Fats abwechselnd mit einer kleinen Combo auf. Gerade 19 war er da, hatte neun Jahre Bühnenerfahrung und schon ewig keine Schule mehr von innen gesehen. Zum Lokalhelden war er avanciert, der Fats, galt als sagenhafter Pianist, der auch als Solounterhalter mühelos eine ganze Kneipe bei Laune hielt.

Als Saxophonspieler, Bandchef und Komponist Dave Bartholomew Besuch von einem Labelbesitzer aus Los Angeles bekam, nahm er den Musikmann von der Westküste mit ins Hideaway, um ihm zu zeigen, was in New Orleans alles los war. Der Plattenfirmenboß, Mister Lew Chudd, war platt. Fats spielte den volkstümlichen »Junker's Blues«, war hundemüde, denn er hatte bei seinem Tagesjob in der Matratzenfabrik Frühschicht gearbeitet, und sah etwas abgerissen aus, obwohl er seine einzige gute Jacke trug. Lew Chudd nahm seit 15 Jahren Jazzplatten auf und verkaufte sie mit ordentlichem Aufschlag weiter, aber so ein mitreißender Sound war ihm noch nie untergekommen – und er wollte den Klavierspieler sofort haben.

Bartholomew und Domino schrieben für den »Junker's Blues« einen neuen Text, denn ein Junkerman ist ein Drogensüchtiger, und darüber machte man gegen Ende der Vierziger keine Schallplattentexte, auch nicht für eine schwarze Käuferschicht. »The Fat Man« nannten sie das Stück und buchten Cosimo Matassas J&M-Aufnahmestudio in der North Rampart Street. Die *Dave Bartholomew Band* legte ein irres Tempo vor. Ein manischer Schlagzeuger hatte zu tun, Fats' linker Boogiehand zu folgen, ein ungewohnt stampfender Rhythmus trieb den alten Blues vorwärts, mit endlosen Wiederholungen untermalten furiose Saxophone die eleganten Klavierfiguren, und der dicke Domino aus dem Ninth Ward war im Handumdrehen ein amerikanischer Underground-Superstar.

Fats Domino hatte das, was man gemeinhin unter *personality* versteht. Wie ein gewaltiger, an die Dehnungsgrenze herangefressener Gartenzwerg hockte er vor der Tastatur, freundlichst grinsend und mit dem massigen Kopf den Takt nickend, das Ebenbild eines friedfertigen Menschen, seltsam geschlechtslos wirkend und daher nicht bedrohlich. Junge Männer konnten sich auf die Musik konzentrieren, anstatt eifersüchtig auf ihre Freundin aufzupassen. Junge Frauen liebten den lockeren New-Orleans-Dialekt, den der Dicke draufhatte, eine legatohafte laszive Betonung, die seine Songs noch melodischer machte.

Er hatte seine Nische gefunden, der Antoine Domino. Wie

der stadtbekannte Roy Brown nahm er Blues und Vaudeville-Songs und machte aus ihnen Rhythm and Blues. Seine erste Single verkaufte sich im Jahr ihres Erscheinens 800 000mal, für das Jahr 1950, als Plattenspieler noch relativ teuer und rar waren, eine gewaltige Liebeserklärung des überwiegend schwarzen Publikums an den Fat Man.

Mit Hilfe seines genialen Partners Dave Bartholomew arrangierte er alte, ausgelutschte Standards wie »Blue Monday«, »Red Sails In The Sunset«, »Blueberry Hill« und die Guy-Lombardo-Vorkriegsschnulze »What's The Reason I'm Not Pleasing You« und hauchte ihnen neues, rockiges Leben ein. Als Fat Man kannte ihn allmählich ganz Amerika, aber seine Arrangements waren schlank, sauber, kamen ohne Schnörkel rockend zur Sache. Bandleader und Pianist schrieben fleißig neue Hits, lehnten sich an Songs an, die schon Standhaftigkeit bewiesen hatten, und trugen sich, so oft es angebracht war, als Komponisten und Texter ein.

Dave Bartholomew wußte, womit auf Dauer das Geld im Musikgeschäft zu verdienen war, und er sorgte dafür, daß sich die Komponiererei für beide lohnte.

Der Erfolg Fats Dominos, dessen »Fat Man« im April 1950 auf den sechsten Rang der R&B-Charts geschossen war und dort wie festgenagelt stehenblieb, zeigte seinen Zeitgenossen, daß man in New Orleans sehr wohl Musik für das ganze Land machen konnte. Der musikalische Dornröschenschlaf der schwer zugänglichen Stadt brach mit den ersten national erfolgreichen Sounds aus Cosimos Studio jäh ab.

Als nächster kam Lloyd Price. Der 17jährige Sänger einer High-School-Gruppe hatte mit »Lawdy Miss Clawdy« einen kurzen Song geschrieben, der bei den Kids in der Nachbarschaft großartig ankam.

Lloyd ging Specialty-Label-Besitzer Art Rupe um den Bart, und der ließ den dürren Knaben bei Cosimo vors Mikro, die Band Dave Bartholomews hinter sich und Fats Domino am Klavier. Zwei Jahre später wurde Lloyd mit dem Song »Cash Box Magazine« »Best new R&B Artist of 1952«, danach in schwindelerregendem Tempo Hitkomponist, Frauenschwarm und nicht zuletzt selber Labelbesit-

Fats Domino: 800 000 mal verkaufte sich seine erste Single.

zer. Er gründete mit einigen Freunden die Plattenfirma Kent, deren damaliger Erfolg Lloyd noch heute in feinem Tuch und bestem Ernährungszustand hält. »Mister Personality« heißt er seit seinem gewaltigen Hit »Personality«.

20 Jahre später tat er sich mit dem Boxpromoter Don King zusammen und zog nach Nigeria.

Obwohl Lloyd Price als Hitmacher und Rockpionier beim breiten Publikum in Vergessenheit geriet, festigte sich sein Ruhm bei nachwachsenden Rockern; der emeritierte Popstar, Vorbild einiger Generationen zunehmend wohlhabender Unterhalter, wurde im Januar 1998 in die Rock 'n' Roll Hall of Fame aufgenommen. Wenn er heutzutage Lust hat, spielt er eine Oldies-Show oder tritt beim New Orleans Jazz and Heritage Festival auf, noch immer der Herzensbrecher im Maßanzug, mit der samtenen Stimme, die auf gewisse Damen wie Schnaps auf Säufer wirkt.

Henry Roeland Byrd schlenderte ab und zu in Cosimos Studio hinüber, um wieder mal ein paar Dollar zu verdienen. Er spielte Klavier, spielte es gern und gut, aber die Klavierspielerei in den Kneipen war ziemlich harte Arbeit, mit Pünktlichkeit und Zuverlässigkeit verbunden, weshalb Henry es oft vorzog, seine paar Kröten mit der Zockerei zu verdienen. Die langen, schlanken Pianistenfinger waren auch fürs Kartenspiel wie geschaffen.

Er mischte, teilte aus, nahm auf, fächerte, alles mit großer Verehrung für die bunten Karten, mit hingebungsvoller Liebe zum Spiel, mit der Sachkenntnis des Süchtigen. Und wehe, seine Spielpartner ließen sich mal ablenken. Dann zauberten die flinken Finger, und der immer gelangweilt aussehende Henry mit den traurigen Augen gewann die Hand. So kam man schneller zu Geld als mit der Musik. Man konnte sich in einer guten Nacht gesundstoßen, wenigstens für eine Weile, und irgendwo lief immer ein Spielchen, so daß der Zauber nie aufhörte. Byrd liebte das Profispielerdasein.

Zum Glück gab er das Musizieren nicht auf. Wenn ihn wieder die Lust packte, setzte sich Henry Roeland Byrd an das nächste Klavier und legte los. Sein Stil war unnachahmlich, denn er hatte nicht nur die schnellsten Finger der Stadt, sondern auch einen metronomenhaft taktklopfenden Fuß. Mit dem Absatz gab der Pianist den Rhythmus vor, und wenn ihn die Schönheit der Melodie und des Spielens übermannte, begann er mit dem gestiefelten Fuß gegen das Klavier zu treten, erst zaghaft, dann mutiger, lauter, daß es sich anhörte, als klopfe ein versteckter Schlagzeuger mit, ein dumpfes »Bumm« pro Vierteltakt, nur manchmal durch ein helles Splittern aufgelockert, wenn die Holzabdeckung des Pedalgestänges den Geist aufgab. Dann bollerte Henry an den Klavierbeinen weiter, denn er ging ganz in der Sache auf, angefeuert von begeisterten Kneipengästen, verflucht vom haareraufenden Klavierbesitzer.

Der 1918 geborene Henry Roeland Byrd, der sich auch gern Roy Byrd nannte, hatte schon als Kind auf den Straßen von New Orleans für Pennies getanzt. Die Volksschule schmiß er, um einem fahrenden Kurpfuscher und Medizinverkäufer zur Hand zu gehen. Der Achtjährige turnte, sang, tanzte, drosch auf Trommeln und Tamburins herum, bis sich eine Menschenmenge angesammelt hatte. Dann kam der Scharlatan mit seinem umgeschnallten Bauchladen wie zufällig daher und drehte den kulleräugigen Bauerntrampeln Schlangenöl und potenzfördernde Geheimtinkturen an, deren Hauptbestandteil immer Alkohol war.

Henry lernte Bühnenpräsenz bei dieser *medicine show*, und er erkannte den Wert eines akademischen Titels. Seine Arbeitgeber nannten sich immer »Doctor«, also machte sich der inzwischen perfekt Gitarre und Poker spielende Roy Byrd zum »Professor«, locker-liebenswert »Fess« abgekürzt. Er kam im Land herum, nahm dörflichen Kartenhelden die Kohle ab, tat sich mit Champion Jack Dupree zusammen und übernahm für den Puff-Pianisten die Gitarrenbegleitung. Von dem berühmten Bordell-Klaviervirtuosen Kid Stormy Weather ließ er sich über die letzten Geheimnisse des Pianos aufklären.

Doch dann mußte Fess eine Zeitlang als Waldarbeiter beim Civilian Conservation Corps malochen, und 1942 wurde er nach Shreveport zur Armee gebeten. Die meinten wohl, ohne Fess gegen Hitler nicht viel ausrichten zu können, aber knapp ein Jahr später hatte die Heeresführung erkannt, daß es sich genau umgekehrt verhielt; die meisten Kompanieangehörigen schuldeten Fess ihren Sold auf Jahre hinaus und zeigten daher stark geschmälerten Wehrwillen.

Henry setzte seine Gewinnsträhne im Zivilleben fort, und erst gegen Ende des Jahrzehnts zog es ihn wieder mit Gewalt zur Musik. Fess bekam einen festen Gig im Caldonia Inn, einer etwas zweifelhaften Pinte im dunkelsten Teil von New Orleans. Er besorgte sich einige Musiker, denn der Kneipier wollte eine Band, keinen besoffenen Zocker, der nur das Klavier kaputttrat. Die Gruppe, bestehend aus einem Schlagzeuger, einem Gitarristen und ihm selbst nannte Fess *Cha-Paka-Shaweese*, denn er hatte sich das Rotwelsch der Kiffer zu eigen gemacht, diesen Unsinnsjargon, der daraus bestand, daß der Sprechende einfach Wortanfänge mit beliebigen, oft reimenden Vokalen fortsetzte: Poker wurde zu Pomawomalomaokerbroker, Cop zu Colomopomopop. Henrys Songs bestanden oft aus solchen Buchstabenschlangen, zumal er sich angewöhnt hatte, nie ohne einen ordentlichen Joint vor der Show aufzutreten, was bekanntlich die Unfugsbereitschaft ungemein erhöht.

Als er einige seiner Songs aufnehmen sollte, wurde aus den *Cha-Paka-Shaweese* erst *Professor Longhair and the Four Hairs*, dann die *Shuffling Hungarians*. Der seltsame Name kam daher, daß sein damaliger Gitarrist Ägypter war, erzählte Fess später, und Ägypter stammen, wie jeder weiß, aus Ungarn. Daß er allerdings den Sinti *(gypsy)* für einen Ägypter *(egyptian)* hielt, war wohl eher auf die ähnlich lautenden Herkunftsbezeichnungen zurückzuführen.

Auf Schallplatte machte Fess sofort Furore. In New Orleans wollte jeder eine Platte haben, und sogar bis nach New York drang die Kunde. Dort hatten die Söhne des türkischen Botschafters mit einigen Partnern das Jazz-Label Atlantic gegründet. Ahmet und Nesuhi Ertegun waren Fans schwarzer Musik, seit ein afroamerikanischer Botschaftshausmeister die Knaben in die Geheimnisse seiner Kultur eingeweiht hatte. Unter den 187 Singles, die das Label 1949 herausbrachte, sind Klassiker wie »Hey, Little Girl« und »Mardi Gras In New Orleans«, kubanisch-lateinamerikanisch beeinflußte Bluessounds, Rumbamambocalipso, der ganze Golf von Mexiko durch 88 Elfenbein- und Ebenholztasten gefiltert.

Der Schrecken aller Zocker: Professor Longhair.

Auf einer Reise nach New Orleans fanden sie tatsächlich den »Professor«. Den wollten sie sofort aufnehmen, aber er hatte gerade einige Scheiben für die örtlichen Labels Star Talent und Mercury eingespielt und war Mercury noch vertraglich verbunden. Doch Bares lockte, also ließ sich Fess überreden, noch mal – wenn auch unter Pseudonym – ins Studio zu gehen und seine ersten Atlantic-Platten aufzunehmen.

Fess legte auf seinen nächsten Atlantic-Sessions mit Spielern wie Alvin »Red« Tyler und Lee Allen auf Saxophon, Schlagzeuger Earl Palmer und dem Wundergitarristen Walter »Papoose« Nelson einen Sound vor, der seither von allen Pianisten New Orleans' nachgeahmt wird, einen mitreißenden, grundsoliden Boogie, der sich jedoch an keine Regel hält. Wer Allen Toussaint hört, James Booker und Dr. John, der hört ein Fess-Echo. Von ihm haben sie's alle gelernt.

Er wurde nie ein großer Star, der Henry Roeland Byrd. Nach seiner ergiebigen Atlantic-Periode zu Beginn der Fünfziger – und der Schwarzarbeit für eine Reihe anderer Labels während seiner Exklusivgebundenheit – nahm die Zockerei wieder überhand. Fess widmete sich dem Glückspiel, soff und kiffte sich durch die Sechziger, arbeitete zeitweilig sogar als Hausmeister, und erst als sich weiße Studenten gegen Ende des Jahrzehnts an ihn erinnerten, konnte er wieder mit einer Neuauflage der *Shuffling Hungarians* auf Tournee gehen.

Diesmal ging's auf die großen Festivals. Professor Longhair rauchte plötzlich seine zigarrengroßen Aufwärmjoints in europäischen Konzertsälen und amerikanischen Fernsehstudios, sang seine Unsinnslyrics mit den Schluckauf-Jodlern vor begeisterten Open-Air-Besuchern und kam sich vor wie einer, der sich immer kneifen muß, um ganz sicher zu sein, daß er nicht träumt.

Fess starb 1980, ausgemergelt und ausgespielt. Er hatte noch schnell ein Live-Album für die junge Firma Alligator in Chicago eingespielt.

Mardi Gras mit Tami Lynn und Dr. John

Carrollton, der schwärzeste Stadtteil von New Orleans, bot einem jungen Mädchen mit gewaltigen Träumen, wie Tamiyah Lynn es war, zu Beginn der zweiten Jahrhunderthälfte einen guten Startplatz. Innerhalb der Gemeinde hielten die Leute wie Pech und Schwefel zusammen, Kinder konnten sich ihre »Familien« aussuchen, denn die *young ones* stehen bei Afroamerikanern in hohem Ansehen, für die nicht genug getan werden kann, was sich in Tamis Nachbarschaft auch auf die Schulen bezog. Schon die Kleinsten bekamen Musikunterricht, was Tami sehr recht war, denn sie sang seit ihrem dritten Lebensjahr im Kirchenchor. Achtjährig gründete sie mit ihren Klassenkameradinnen Natalie Collins und Eva Smith ein Gesangstrio, dessen Erfolg ihnen vier Jahre später einen ersten Auftritt in der Musiksendung des New-Orleans-Kultmoderators Doctor Daddy-O einbrachte.

Spaß hat's gemacht, sagt sie heute, aber an eine Karriere als Sängerin habe sie nie gedacht.

Auf der Beerdigung eines Knaben, der während einer Party erstochen worden war, hatte Tami mit dem alten Spiritual »The Days Have Passed And Gone« einen Soloauftritt; der tosende Applaus am Grabesrand festigte ihre Stellung im Chor und mehrte ihren Ruhm bei den Nachbarn in Carrollton.

Tami war ein ausnehmend schlaues Kind; zwölfjährig hatte sie schon zwei Schulklassen übersprungen und wechselte auf die High School über. Das war Macdonald 35, eine heruntergekommene Schule in einer heruntergekommenen Straße, der Rampart Street. Damals, sagt Tami, gehörte die berühmte Jazzstraße den »Nutten und Luden«, die dort ihrem Geschäft nachgingen. Im Gegensatz zu den vergammelten Gebäuden und antiquierten Lehrmitteln waren Lehrkörper und Schüler jedoch vom Feinsten.

Macdonald war eine Begabtenschule, die ungewöhnlich großen Wert auf Kunsterziehung legte, und ihr Musikprogramm konnte sich mit denen der besten weißen Schulen messen. Musiklehrer Edwin Hogan, selbst einer der führenden Pianisten der Stadt, erkannte das außergewöhnliche Talent der ewig singenden Schülerin; Tami bekam nach kurzer Einübung die Hauptrolle im Musical »Showtime«, mit dessen Aufführung die Schule einige ihrer Programme finanzierte. Im zarten Alter von 13 wechselte Tamiyah Lynn also ins – noch unbezahlte – Profilager.

Ihre Stimme machte sie bekannt, und ihr Talent zog Gleichaltrige und Gleichartige an. Der junge Aaron Neville sah sich Tami genauer an, der schon als Kind verkiffte, unglaublich talentierte Gitarrist Mac Rebennack, später als Dr. John weltbekannt, machte seine Aufwartung, und bald war Tami der Mittelpunkt einer Gruppe musizierender Jugendlicher. Aaron und sie tanzten gern, also begannen die beiden, an Tanzwettbewerben teilzunehmen. Im San Jacinto Club gab's immer 20 Dollar für das Siegerpaar. Und zusammen gründeten sie auch eine Band, mit der sie auftraten. Spärlich beleuchtete Nachtklubs ließen die Kids auf die Bühne, Schlagzeuger David Lee und den als Gitarristen und Saxophonisten Doppeldienst versehenden George R. Davis, der später mit seinem Schreibpartner Lee Diamond für Aaron Neville den Karrierehit »Tell It Like It Is« schrieb, Wilson Turbington, der sich der Einfachheit halber »Willie Tee« nannte, Aaron und Tami. Sie wurden alle berühmt, machten die Musik zum Lebensinhalt, und der Anfang für alle waren die Gigs in der Szenekneipe Gloria's Living Room, wo sie jeden spätabendlichen Auftritt mit »Goodnight, Sweetheart, It's Time To Go« beendeten.

Acht Jahre Grundschule und vier Jahre High School genügten damals den meisten Amerikanern, um dem Leben frontal zu begegnen. Das mag europäischen Lesern völlig ausreichend erscheinen, man muß jedoch wissen, daß erst der Collegeabschluß mit dem europäischen Abitur verglichen werden kann. Amerikanische High Schools sollten auf ein Leben als Salz der Erde vorbereiten und den wenigen, denen ein Studium vorschwebte, die fürs College nötigen Kenntnisse einbleuen. So verhielt es sich landesweit, und so sollte es sich besonders in überwiegend schwarzen Wohngebieten bewähren. Minderheiten sollten in den Fünfzigern nicht unbedingt studieren.

Das war Tami zu wenig. Sie wollte Sprachtherapeutin werden, wollte Menschen mit körperlichen oder geistigen Gebrechen helfen, sich verständlich zu machen und sich dadurch besser in die Gesellschaft einfügen zu können. Also schrieb sie sich nach ihrem High-School-Abschluß im örtlichen schwarzen College ein und freute sich auf den Semesteranfang.

Hier lohnt sich ein Blick auf das New Orleans der späten Fünfziger. Was Roy Brown, Dave Bartholomew und Fats Domino nach Kriegsende schufen, hatte sich zu einem Lebensstil ausgewachsen. Rhythm and Blues und Rock 'n' Roll waren rund um die Uhr zu hören, lockten Touristen aus ganz Amerika ins südliche Louisiana und verschafften New Orleans nach vielen Jahrzehnten erzwungener Langeweile wieder einen Ruf als sündiges Pflaster. Cosimo hatte die Bude voll, denn aus sämtlichen Winkeln Amerikas reisten Popmusiker an, nur um in seinem J&M-Studio aufzunehmen und mit etwas Glück von der dort seit einem Jahrzehnt breitärschig sitzenden Rockmuse geküßt zu werden. Wer in der Crescent City Musik machen konnte, war gefragt.

George Clark betrieb die Joy Tavern in der Pine Street. Seine Sängerin war eine schwergewichtige Busenqueen namens Angelface, die von Allen Toussaint und Alvin Red Tyler begleitet wurde. Angelface war wenig zuverlässig, kam nur zur Arbeit, wenn ihr danach zumute war. Das verdarb den Ruf der Kneipe recht gründlich, also forderte der traurige Barbesitzer eines Tages Tami auf, seiner Band vorzusingen, und sie gab »Old Man River« aus ihren »Showboat«-Tagen zum besten, warf noch einen Song von Sam Cooke in den Ring und hatte den Gig.

Sie arbeitete jede Nacht, schlief bis in den Nachmittag hinein, und als das Herbstsemester begann, hatte sie sich an die betuliche Zeiteinteilung gewöhnt. Ein Jahr konnte man ja aussetzen, dann wäre noch immer Zeit fürs Studium – und dabei blieb's.

Alvin Red Tyler hatte schon für Professor Longhair und Fats Domino Saxophon gespielt. Red war unschlagbar; jede Musik lag ihm, er war Meister jedes Genres und wollte vom Schicksal nur möglichst viele Jahre, um sein Saxophon perfekt beherrschen zu lernen. Hauptsächlich arbeitete er im Studio; als langjähriger Angehöriger der J&M-Studioband konnte er seine Fertigkeit fast täglich zu Brot machen. Für seinen Zweitjob als Chef einer Kneipenband gab's nebenher noch mal gute Kohle, und Red hatte dadurch den Kontakt zum Publikum. So wußte er immer, wie der Hase demnächst laufen würde, was ihm wieder bei seinem Tagesjob zugute kam. Red war sofort von seiner neuen Sängerin begeistert, erst recht, als sie Gelegenheit bekam, das von ihm geschriebene Lied »Baby« als Single aufzunehmen, und als er sich mit den Kollegen seines dritten Erwerbszweiges traf, berichtete er überschwenglich von ihr.

Red hatte nämlich einige Jahre zuvor mit Jazzmusikern aus seiner Nachbarschaft die Gruppe *AFO* (*All For One*) gegründet, mit der er gelegentlich auftrat. Ellis Marsalis und Harold Battiste waren das, Melvin Lastie und Chuck Badie, Roy Montrell, Red Tyler und John Boudreaux. Sie hatten 1961 eine Plattenfirma ins Leben gerufen, um ihre eigene Musik auch selbst zu vermarkten. Jeder der Spieler war ein anerkannter Meister seines Instrumentes, und sie sind alle erstmals in dem Riesenhit »I Know« von Barbara George zu hören, der auf dem AFO-Label erschien. Die Jazzer waren zu Funkern geworden, hatten mit dem Popsong ihre kommerzielle Nische gefunden und wollten darauf aufbauen.

Nun hatte Red die heranwachsende Tami Lynn kennengelernt. Sie würde in die Gruppe passen, sie hatte die richtige Stimme, um sowohl Pop als auch Jazz zu singen. Er schleppte sie also mit ins *AFO*-Hauptquartier. Die Jungs staunten über die Stimmgewalt dieser doch noch so jungen Dame. Hitmacherin Barbara George war nach ihrem Durchbruchsong sofort zu einem der Multis gelaufen, und die hier würde bestens ihre Stelle einnehmen. Tami Lynn wurde Frontfrau der schärfsten Jazz- und Funkband von New Orleans.

Harold Battiste, der Allroundmusiker, auf dessen Initiative *AFO* zurückging, hatte seit Jahren als Artist and Repertoire Man, als Talentsucher, für Specialty Records gearbeitet, doch trotz seines Popjobs bewahrte er die Liebe zum Jazz. Harold griff das Beste aus Funk und traditioneller New-Orleans-Musik, mischte fleißig und konnte sich darauf verlassen, daß seine Ideen fehlerfrei umgesetzt wurden.

Die neue Sängerin fand sich schnell zurecht. »AFO Executives & Tami Lynn: A Compendium« hießen die ersten Aufnahmen, die als Dreierbox auf den Markt kamen und zu den schönsten Hoffnungen berechtigten. Die Gruppe hatte schon auf der alljährlich stattfindenden DJ-Tagung gastiert, war von den amerikanischen Rundfunkmoderatoren begeistert aufgenommen, Sängerin Tami von Atlantic-Records-Repertoirechef Jerry Wexler heftig, aber vergeblich umworben worden, und jetzt beschlossen sie, mit ihrem Compendium in Los Angeles groß herauszukommen. Filmarbeit lockte, große Labels waren in Südkalifornien beheimatet, und die Live-Musikszene ernährte in Los Angeles schon immer ihren Mann. Dort jetteten sie ein, zum DJ-Treffen des Jahres 1962, mit einigen von New Orleans aus besorgten Gigs im Terminkalender und einem prallen Telefonverzeichnis von Musikindustriemachern und Konzertveranstaltern.

Schiefgehen konnte also nichts.

Die Band quartierte sich im El Reposo Motel am Washington Boulevard ein, nahe der West-Coast-Jazz- und Bluesszene entlang der Central Avenue. Sie spielten ihre vorgebuchten Gigs, lernten den Einen oder Anderen kennen, aber außer viel Lob und Ermunterung tat sich nichts.

Selbst Entertainmentfachleute müssen sich an den Hollywooder Sprachgebrauch gewöhnen, wenn sie endlich im Zentrum der Unterhaltungsindustrie sind. Hier will niemand verletzen, will sich jeder alle Optionen offenhalten, denn aus dem Nobody, der vorspricht, könnte ja eines Tages ein Weltstar werden, und den will man daran erinnern, wie lange man sich schon kennt und gut befreundet ist. Also verspricht man freundlichst, demnächst zusammen essen zu gehen, auch wenn man den Menschen nie wiedersehen will.

Die Gruppe löste sich langsam auf. Man lebte seit Monaten vom Ersparten, bekam kaum neue Gigs und spielte aus lauter Verzweiflung als Studioband auf fragwürdigen Phil-Spector-Popproduktionen. Allerdings bekamen die *AFO-Executives* gelegentlich auch angemessene Studioarbeit, bei dem Klassiker »Shake« von Sam Cooke etwa oder hinter Bobby Womack und seinen Brüdern, die sich gerade mit sagenhaften R&B-Originalen wie »It's All Over Now« als *Valentinos* einen Namen machten.

Drummer John Boudreaux war gefragt; er hatte seine eigene Schlagzeugsignatur, schlug gelegentlich alle vier Viertel eines Taktes anstatt nur den in New Orleans üblichen Zwei-vier-Backbeat auf der Snaredrum, ein Trick, der plötzlich auf den ersten Hits der *Supremes* auftauchte. Die Motowner wollten zwar von ihren südlichen Kollegen nichts wissen, aber sie übernahmen skrupellos, was die Leute zum Tanzen brachte.

Trotz seltener Lichtblicke war der Elan bald futsch. Als erster kaufte sich Red Tyler eine Fahrkarte zurück nach New Orleans, gefolgt von Chuck Badie. Battiste blieb, denn er hatte sich einen Ruf als Popproduzent und Studio-Bandleader erarbeitet, bekam immer mehr zu tun und verbrachte zunehmend Zeit mit einem jungen Artist-&-Repertoire-Kollegen vom Specialty-Label, der ihn für die Spector-Sessions buchte.

Sonny Bono hieß der Knabe, galt als kommender Mann im Popgeschäft und hatte Hits wie »Needles and Pins« geschrieben. Dieser Sonny hatte auf dem Sunset Boulevard ein Mädchen aufgelesen, eine 16jährige, die zu seinem Erstaunen eine von jeder Ausbildung unberührte Stimme hatte, eine Röhre, ein vollmundiges Traumorgan. Dazu sah sie noch recht gut aus, diese Cherilyn Sakisian LaPierre, und der kleine Sonny mit den großen Ambitionen heiratete sie auf der Stelle.

Damit das auch legal blieb, machte sich Cher um zwei Jahre älter, bei ihrem Aussehen keine Schwierigkeit, und die beiden bezogen ein Haus im Musikersträßchen Laurel Canyon. Dort schrieb Sonny nach einigen Fehlstarts »I Got You, Babe« für Cher, und Harold Battiste leitete die Session. Der Hit machte Sonny and Cher zum kalifornischen Pop-Phänomen – und Harold zum überbeschäftigten Produzenten.

Tami Lynn hatte sich derweil mit *AFO*-Trompeter Melvin Lastie zusammengetan. Man wohnte und arbeitete sowieso zusammen, und das milde kalifornische Wetter, gepaart mit jugendlicher Neugierde, tat den Rest. Sie hatte also erstmals zugleich eine feste Beziehung und ziemlich regelmäßige Arbeit. Mit Louis Prima sang sie Sessions, machte Aufnahmen mit Jackie DeShannon, mit Sam Cooke und, nach Cookes Ermordung im Dezember 1964, mit Sonny and Cher. Sam Cooke hatte sowieso einen Narren an der jungen Sängerin gefressen; eines seiner Markenzeichen war ein Londoner Taxi, und er ließ Tami und Mel ständig darin durch Los Angeles kurven.

Harold und Sam hatten im Stadtteil Watts einen Übungsraum finanziert, die Soul Station, die als Teststrecke für junge Entertainmenttalente aus dem South-Central-Ghetto gedacht war. Sie verbrachten einen Gutteil ihrer knappen Freizeit dort, ließen Kids vorsingen und vorsprechen, gaben guten Rat und leiteten Talent in die richtigen Kanäle. Nicht nur Kids hingen dort herum; Tami erinnert sich an die Womacks, an Mel Carter, an Ike und Tina Turner, die dort ein- und ausgingen.

Im Juni 1964 war die Girl Group *The Dixie Cups* aus New Orleans die einzige amerikanische Gruppe, die in der ersten Hälfte des *Beatles*-Jahres einen Top Hit hatte. Die Mädchen aus Tamis Heimatstadt kamen aus dem Nichts, sahnten mit ihrem Teenysong über eine bevorstehende Hochzeit, »Chapel Of Love«, auf dem kleinen Red-Bird-Label mächtig ab, und plötzlich brauchte die den beiden Hitmachern Jerry Leiber und Mike Stoller gehörende Plattenfirma Material und Musiker.

Dixie-Cups-Manager Joe Jones rief Mel Lastie in Los Angeles an und bot ihm einen Superjob mit der Gruppe und dem Label, wenn er nur sofort nach New York käme. Der überlegte nicht lange.

Kurze Zeit später folgte ihm Tami, denn New York erlebte gerade einen steilen Jazzaufschwung. Lastie hatte sich mit Latin-Jazz-Perkussionist Willie Bobo zusammengetan, und mit beiden trat Tami in der berühmtesten aller Jazzkneipen, Birdland, auf, sang mit John Coltrane, »King« Curtis, Ornette Coleman und den Adderleys. Zwei Jahre blieb sie an der Ostküste und erneuerte ihren Branchenruf als exquisite Jazzsängerin. Atlantic-Records-Mitbesitzer Jerry Wexler, der sich an Tami von ihrem ersten DJ-Gig mit *AFO* erinnerte, traf sie dort wieder und schleppte sie diesmal gleich ins Studio. Er hatte einen von Bert Berns geschriebenen Song, »I'm Gonna Run Away«, und sie sang ihn mit ihrer Mischung aus Rhythm-and-Blues-Energie und Jazzphrasierung. Aber ehe Atlantic die Scheibe fertig bearbeitet hatte, war sie schon wieder in Los Angeles. Wer einmal im kalifornischen Nirwana wohnte, der trennt sich selten für immer.

Sie kam in einen Freundeskreis zurück, der sich gewaltig verändert hatte. *AFO* hatte sich in alle Winde aufgelöst, dafür waren einige Bekannte aus New Orleans an die Westküste gekommen. New Orleans hatte nämlich zum zweiten Mal im gleichen Jahrhundert eine Säuberung über sich ergehen lassen müssen, und die besten Musiker waren zwangsläufig ins Exil gezogen.

Bekannlich werden amerikanische Staatsanwälte von den Wählern ihres Wirkungskreises ins Amt gewählt, was dem siegreichen Kandidaten einiges an vorausschauender Taktik abverlangt, wenn er wiedergewählt werden will. Der Oberstaatsanwalt des Kreises New Orleans war Jim Garrison, und der hatte versucht, aus der Tatsache, daß Kennedy-Killer Lee Harvey Oswald in seinem Bezirk gewohnt

Von der Begabtenschule auf die Bühne der Joy Tavern: Tami Lynn.

hatte, Wahlkapital zu schlagen. Seine Komplotttheorien waren im Sand verlaufen, und Big Jim brauchte etwas Zugkräftiges. Er wickelte sich also in die Kriegsflagge der Moralisten, denen das Treiben in der Partystadt am Mississippi zu bunt war. Garrison schwor, der Beamtenbestechung den Garaus zu machen, und anstatt die käuflichen

Staatsdiener zu verhaften, hob er die Kneipen und Bordelle aus, denen die regelmäßige Schutzgeldzahlung jahrzehntelang einen friedlichen Geschäftsverlauf garantiert hatte. Innerhalb kurzer Zeit war das Nachtleben der Stadt erloschen, und New Orleans sah sich plötzlich mit einer gewaltigen Kriminialitätswelle konfrontiert. Die Puffbosse hatten nämlich dafür gesorgt, daß Touristen in Ruhe gelassen wurden, weil nur eine friedliche Stadt Besucher anlockt. Nun war die Stadt offen, und wer keine Arbeit im Nachtleben fand, mußte sich irgendwie ernähren. Für die Musiker der Stadt war's ein Deja-vu; die Generation ihrer Väter hatte nach einer ähnlichen Säuberung in Jahr 1917 die Stadt und den Staat verlassen, und sie hatte damals ihren Jazz nach Kansas City, Chicago, Los Angeles und New York mitgenommen. Wieder hatte ein Politiker zugeschlagen, und wieder war Exodus angesagt.

Jazzer zogen nach Norden und Osten, R&Ber und Funker gingen nach Los Angeles, und wer sich nicht verjagen ließ, der spielte in Louisiana-Dörfern und -Kleinstädten für Trinkgeld.

Mac Rebennack, der's vom Studiogig zur eigenen Band gebracht hatte, verließ zwar nur ungern die Heimat, aber er mußte seine seit Jahren blühende Heroinsucht bedienen, also ging auch er sporadisch auf Tour. Doch die Abhängigkeit führte ihn immer wieder in die Dopertreffs seiner Heimatstadt, und eines Tages griffen ihn die Narco-Cops. Zwei Jahre gab's, denn er hatte sich schon allzuoft erwischen lassen, und das neue Law-and-Order-Klima ließ dem Richter keine andere Wahl.

Malcolm John Rebennack kehrte 1965 nach seiner Entlassung aus dem Zuchthaus nach New Orleans zurück, ging aber noch im Entlassungsjahr 1965 nach Los Angeles. Dort erwartete ihn Arbeit, denn Harold Battiste war mittlerweile durch seine Phil-Spector- und Sonny-Bono-Connection dick im Geschäft. Für einen erfahrenen Studiomusiker und Songwriter gab's immer viel zu tun, und Mac baute sich ein hübsches Nest. Der dickliche Bursche mit der ungesunden milchweißen Hautfarbe hatte zwar seine Strafe abgesessen, aber er schätzte noch immer die Freuden des Rausches. Mac stopfte, spritzte und rauchte wieder alles, was er kriegen konnte. Nur trinken tat er nie; Alkohol war und ist ihm ein Greuel.

Frank Zappa rief bei Mac an und wollte ihn für seine gerade von den *Muthers* zu den *Mothers of Invention* umbenannte Gruppe. Die war zwar noch ohne Vertrag, hatte aber in Herb Cohen einen Manager, der zu den Topverkäufern Amerikas aufsteigen würde. Mac spielte Klavier für die *Mothers*, bis ihm die psychedelische Dudelei zum Hals heraushing.

Für alle möglichen Leute war er im Studio, wechselte zwischen Hammondorgel und Klavier und wurde wegen seines funkigen Professor-Longhair-Stils zunehmend gefragt. Mac, der ja schon als Kind ein Gitarrenwunder war, spielte kaum noch das Saiteninstrument, weil ihm ein für seine Lebensweise typisches Malheur passiert war. Als er noch in New Orleans wohnte und seine Band hatte, waren sie 1961 zu einem Weihnachtsengagement in Florida. Kurz vor dem abendlichen Auftritt bekam Ronnie Barron, Sänger, Vibraphonspieler und Charmeur der Gruppe, Ärger mit dem Besitzer des Motels, in dem die Band wohnte. Der von Ronnie buchstäblich zwischen Tür und Angel gehörnte Motelier drosch gerade mit seinem Colt auf den Gelegenheitsnebenbuhler ein, als Mac dazukam. Der Veteran unzähliger Kneipenstreitigkeiten griff die Hand mit der Pistole, und die beiden rangen, indes sich der weichgeklopfte Ronnie aus dem Staub machte. Als Mac dem Herbergsvater den Colt entwinden wollte, löste sich ein Schuß. Der linke Ringfinger des Gitarristen baumelte gerade noch an einem Hautfetzen. Der Finger konnte im Krankenhaus von Jacksonville mit Mühe und Not wieder angenäht werden, aber lange schien es, als müsse sich Mac Rebennack einen neuen Job suchen. Mit neun Fingern kann man schlecht Gitarre, aber sehr passabel Keyboards spielen, was ihm sein alter Freund und Bandkollege James Booker klarmachte.

Seither spielt Rebennack ein unnachahmliches Klavier und eine sagenhafte Hammondorgel, wenn er auch nie an den völlig verrückten, aber unbestreitbar genialen James

Booker heranreichte. Mac Rebennack spielte also Keyboards für jeden, der ihn haben wollte, wohnte in den Hollywood Executive Apartments, einem heruntergekommenem Doperhotel, und es hätte ewig so weitergehen können, wäre Harold Battiste nicht auf eine glorreiche Idee gekommen.

Der Produzent hatte wieder einmal ein Sonny-and-Cher-Album in der Mache, hatte dafür das hochgeschätzte Hollywooder Gold Star Studio gebucht und merkte, daß die nunmehrigen Superstars des Seichtpop die teure Studiozeit nicht unbedingt nutzten. Im Gegenteil, die Bude stand meist leer, während das Taxameter lustig weiterlief. Also rief Harold bei Mac an, weil er wußte, daß der schon lange ein Voodoo-Album mit einer Kunstfigur namens »Doctor John« machen wollte.

Ronnie Barron sollte den Dr. John geben, aber dessen Manager machte nicht mit, weil er Ronnie auf eine Weichpopkarriere trimmen wollte. Also mußte Mac sich selber als Voodoodoktor herausstaffieren, was ihm nicht weiter schwerfiel, denn ein echter New-Orleans-Zauberer und Bordellbetreiber namens Dr. John hatte zur Mitte des vorigen Jahrhunderts eine Dame namens Pauline Rebennack zur Partnerin. Da der Name Rebennack in dortigen Landen nicht häufig vorkommt, lag Mac mit seiner Vermutung einer gewissen Verwandtschaft wohl nicht allzu weit daneben. Er schrieb sich also die Rolle des Voodoopriesters und möglichen Ahnen Dr. John Creaux, The Night Tripper, auf den Leib, setzte sich mit Harold Battiste zusammen und komponierte ein Album voller Songs, die alle New Orleanser Spukgeschichten thematisierten, mit mystischem Unterton und schweren afrikanischen Voodoorhythmen.

Das Ding wurde also im Gold Star Studio aufgenommen und gemischt, mit den feinsten Musikern aus New Orleans wie Drummer John Boudreaux, dem von kubanisch-brasilianischen Eltern abstammenden Perkussionisten Didimus, Alvin »Shine« Robinson, dessen Gitarrenläufe durch und durch von der Musik New Orleans' geprägt waren und dessen Gesang die Lücken füllte, die Mac mit seinem etwas kurzatmigen Sprechgesang zwangsläufig ließ, und mit Allroundmusiker Harold Battiste.

Dr. John Creaux, Guru der Hippiegeneration.

Shirley Goodman, Ronnie Barron und Tami Lynn gaben den Chor ab zu Macs Okkultist Dr. John, der mit kratziger Mac-Rebennack-Stimme und leicht französisch akzentuiertem Englisch die Haare des Zuhörers zu Berge stehen ließ. Die Songs hatten Titel wie »Croker Courtbouillon«, »Mama Roux« und »Gris-Gris Gumbo Ya Ya«, was schon von der Sprachmelodie her eindeutig New Orleans signalisiert. Das Album hieß »Gris-Gris«, zeigte einen feder- und holzperlengeschmückten, langbehaarten, wild aus den Augenwinkeln blickenden Dr. John und entsetzte die Führungsetage von Atlantic Records.

Atlantic-Boß Ahmet Ertegun wollte das bedrohliche Album mit der höchst seltsamen Musik nicht herausbringen, aber als es endlich doch erschien – Ahmet mochte seine Bedenken haben, aber er hat einen Satz goldener Ohren –, wurde es zum sofortigen Underground-Hit und sein Schöpfer, der Hohepriester Dr. John Creaux, ein Guru der Hippiegeneration.

Die Gruppe begriff, daß ihr etwas Besonderes gelungen war. Die total abgefahrene Musik mit ihren unregelmäßigen Rhythmen und seltsamer Instrumentierung paßte zur Erscheinung des struwwelpetrigen, gebeugten Dr. John, der seinen jungen Körper offenbar nur mit Hilfe eines hochglanzpolierten Wurzelholz-Krückstocks fortbewegen konnte, sich Lagen über Lagen muffelnder fremdländischer Stoffe überstülpte, Straußenfedern, Rosenkränze, Schlangenhaut und Talmiketten trug und vor sich hin murmelte.

Tami, die Mac seit beider Kindheit kennt, erinnert sich an damalige Tourneen. »Wenn wir in die Abflughalle kamen«, erzählt sie, »ging's schon los; sämtliche Cops wurden nervös, wenn Mac zum Flugsteig ging. Wir wurden immer gefilzt; die baten ihn dauernd, die toten Vögel und das Bammelzeug, das um seinen Hals hing, zu entfernen, und durch die damals noch seltenen Metalldetektoren kam er schon gar nicht, die knatterten wie wild. Wir brauchten immer eine Ewigkeit, bis wir an Bord gelassen wurden, aber trotz unserer Meckerei und Nörgelei weigerte er sich, etwas ›Normales‹ zu tragen.«

Mit Dr. John entdeckte die Rockgeneration die Musik von New Orleans, auch wenn sie etwas abgewandelt war. Synkopierte Second-line-Rhythmen und Backbeat paßten zum pastoralen Lebensideal der späten Sechziger, der Mystizismus des Doktors beflügelte von Psychodrogen leicht angenagte Hirne, und die offenbare Schlampigkeit des Künstlers und seiner Umgebung wurde als Rebellion aufgefaßt.

Macs zweites Album hieß »Babylon«, wurde Ende 1968 aufgenommen und bedeutete für die Gruppe eine Art Zäsur, denn sie löste sich allmählich auf. Mit dem Erfolg kamen nämlich die Tourneen, nationale und internationale, und Boudreaux beispielsweise wollte nicht fliegen; er hatte ganz einfach Angst, also setzte er sich langsam von der Band ab. Didimus, der die funkigsten Rhythmen auf seinen Handtrommeln klopfte, bekam aus unerfindlichen Gründen einen Hautausschlag, sobald die Gruppe zur Tour aufbrach. Natürlich war der Perkussionist ein Junkie, wie sein Boß, aber die Hautgeschichte war wohl eine Reaktion auf den Tourstreß. Dafür begann James Booker, Macs alter Schulfreund aus den Studiotagen in New Orleans, wieder, mit Dr. John zu arbeiten.

James Carroll Booker der Dritte, wie er getauft wurde, entstammte einer berühmten Pianistenfamilie und war nach allgemeiner Meinung der junge Pianomann, der eines Tages die Professor-Longhair-Nachfolge antreten würde. Er war ein begabter Musiker, der jeden Stil spielte, mitten im heißesten Boogie Tschaikowski einflocht, ohne aus dem Takt zu geraten, und unvermittelt zu spielen aufhörte, um einer auf dem Klavierdeckel weidenden Kakerlake zuzuschauen. Chopin liebte er besonders, und um Publikumswünsche scherte er sich nicht; in abgedunkelten Säuferkneipen im übelsten Slumviertel von New Orleans spielte er stundenlang Etüden und Fugen – perfekt, mit so viel Gefühl, daß den längst verblichenen klassischen Komponisten die Freudentränen gekommen wären. Booker war genial – und total verrückt. Für ihn galten bürgerliche Verhaltensnormen nicht, und er ließ es jeden wissen.

James Booker trat der Dr.-John-Band bei, spielte Keyboards neben Mac Rebennack und trat oft solo als Anheizer auf. Dann hatte die Gruppe zu tun, den Opener zu übertrumpfen. Booker hätte sicher eine Lebensstellung gehabt, wäre er nicht teuflisch schwul gewesen. Wenn ihn die Liebeslust packte, machte er sich über jeden her, der gerade zur Hand war, und meist waren das Bandmitglieder. Die rassisch gemischte Gruppe hatte in vielen amerikanischen Orten ihre liebe Müh', alle im gleichen Hotel unterzubringen, und aus Kostengründen mußten die Musiker sich die Zimmer teilen. Manch ein Kollege beschwerte sich nachts bei Mac, daß Booker nicht locker ließ oder daß er – noch schlimmer – irgendeinen Jüngling mit aufs gemeinsame Zimmer geschleppt hatte und nun grunzend und schnaufend seinen Unfug trieb. Einige Bandmusiker waren so entsetzt, daß sie noch mitten in der Nacht abhauten und nie wieder gesehen wurden. Mac warf Booker -zigmal raus – und stellte ihn bei nächster Gelegenheit wieder ein, weil ihm kein anderer Keyboarder das Wasser reichte.

Tami gehörte zur Kerngruppe Dr. Johns. Sie war auf allen Tourneen dabei, sang im Studio, war bei Medienauftritten unverzichtbar und hatte doch Zeit für ihre Solokarriere. Und die lief. Als Tamis Single »Run Away« endlich bei Atlantic Records herauskam, lief sie flugs die Charts hoch. Das war jedoch gar nichts im Vergleich zu ihrem Erfolg in Großbritannien. Der Song wurde dort die Nummer Eins, und Tami tourte mit Soulmann Al Green über die Insel.

Wenn Tami auch Erfolg hatte, so verkauften sich doch die Dr.-John-Alben nicht besonders, selbst die Doppel-LP »Sun, Moon And Herbs« nicht, auf der immerhin Gastmusiker vom Kaliber Eric Claptons und Mick Jaggers auftraten. Dr. John war eindeutig Underground, so tief unten im Urschlamm der balladengeilen amerikanischen Popgesellschaft, daß er trotz aller Kleiderpracht unerkannt durch die meisten US-Städte spazieren konnte. Doch in Europa hatte man schon mitbekommen, daß der seltsame Mensch mit dem unverständlichen Dialekt eine neue Richtung wies, und besonders die in Musik und Kultur der Südstaaten

James Booker – als Keyboarder unschlagbar.

vernarrten britischen Rocker nahmen Mac zum Vorbild. Der blieb ungerührt; ihm gefiel das meiste, das aus England nach Amerika hinüberschwappte, nicht besonders. Mac wußte, daß es die Sounds des schwarzen Südens waren, die, durch bleiche Briten gefiltert, wieder zurückkamen und ihre Usurpatoren reich gemacht hatten, während die Innovatoren weiterhin im Slum hausten. Allerdings galt das weder für Clapton noch die *Stones*; mit denen hatte er schon in Amerika gearbeitet, und daß sie nun im Londoner Trident Studio auf ihn warteten, um als unbezahlte Gäste bei der Aufnahme zu helfen, beeindruckte ihn.

Drei Langspielplatten sollten es werden, eine mit Sonnenmusik, eine mit Kräuterthema (wobei »Herb« natürlich in erster Linie Marihuana bedeutet) und eine mit Mondmusik, Nachtmusik. Mac hatte gerade seine erste Europatour hinter sich, die wenig erfreulich gewesen war. Außer Tami Lynn und Schlagzeuger Freddie Staehle hatte niemand aus seiner Gruppe ein Visum bekommen, und Mac hatte sich ständig um neue Spieler kümmern müssen. Dennoch stürzte er sich sofort wieder in die Studioarbeit.

Eine sagenhafte Stimmung habe geherrscht, erzählt Tami. Spieler aus aller Herren Länder hatten sich eingefunden, wie einstmals in Cosimo Matassas Studio in New Orleans, und die entstehenden Bänder waren von allererster Güte.

Mac schickte sie gleich nach Beendigung der Sessions an seinen Manager Charlie Green in Los Angeles. Der drängte ihn jedoch, das Dreieralbum nicht wieder bei Atlantic, wo er noch unter Vertrag stand, zu veröffentlichen, sondern woanders. Mac weigerte sich, und als Green die Bänder dann doch an Atlantic schickte, stellte sich heraus, daß er sie »bearbeitet« hatte, geschnitten und ergänzt, und das Sun-Band, das den Musikern in London bei weitem am besten gefallen hatte, war gar nicht dabei. Trotz massiver Drohungen und gewaltigem Ärger tauchte es auch nie wieder auf, so daß »Sun, Moon and Herbs« doch nur eine Doppel-LP wurde, und nicht einmal die, die beabsichtigt war, denn Charlies Pfuscherei war irreparabel. Und doch ist es ein Album, das selbst heute noch verblüfft, ein erkennbares, wenn auch gestutztes Konzept, eine gewaltige, lange, unglaublich funkige Jam Session. Und ein erstaunlich solider, eindringlicher Groove. Erstaunlich, weil die meisten Musiker auf dem Album noch nie oder nur selten mit Mac gespielt hatten.

Mac und Tami sollten bald darauf Gelegenheit bekommen, sich zu revanchieren. Seit Mitte Juli nahmen die *Stones* in Keith Richards' Mietvilla Nellcote in Villefranche-sur-Mer Tracks für ein neues Album auf, hatten gegen Ende November 20 neue Songs auf Band und flogen nach Kalifornien, um die Songs in Los Angeles zu mischen und noch einige zusätzliche Aufnahmen zu machen. Das geplante

Doppelalbum sollte »Eat« oder »Tropical Disease« heißen und im Februar auf den Markt kommen, denn die *Rolling Stones* wollten im Frühjahr auf US-Tour gehen, und bis dahin sollte sich die »Tropische Krankheit« die Charts hochgeschwungen haben. Doch bekanntlich denkt der Mensch, während Gott sich ins Fäustchen lacht. Die *Stones* hatten mit ihrem Ex-Manager Allen Klein erheblichen Ärger, der sich in gegenseitigen Millionenklagen vor Gerichten in England und den USA austobte. Bei seinem Konzert im Hollywood Palladium am 29. Januar 1972 warf Chuck Berry seine drei Gäste Mick, Keith und Ian Stewart von der Bühne, weil sie angeblich nicht so spielten, wie er's gewohnt war, und der Radiosender KDAY-AM spielte kurz darauf 18 Stunden lang zwei aus der Wohnung des *Stones*-Managers Marshall Chess geklaute Bänder vom neuen Album, bis die *Stones* endlich einen richterlichen Beschluß erwirken konnten, der dem Sender die Piraterie verbot.

Tami erhielt also eines Dezemberabends einen Anruf von Mac Rebennack, der anfragte, ob sie Zeit hätte, gleich ins Sunset Sound Studio zu kommen, denn »irgendeiner, der dort gerade eine Session gebucht hat, will uns dabeihaben«. Kummer gewohnt, machte Tami sich auf den Weg, denn die Sessions zogen sich oft ohne Pause tagelang hin. Im Studio staunten der Doktor und seine Leute über ihre Auftraggeber; daß sie Mick Jagger so schnell wiedersehen würden, hätte keiner gedacht.

Mick ließ die Bänder laufen. Was die *Stones* da aufgenommen hatten, war ein mitreißendes Gemisch aus Country und Blues, mit viel Akustikgitarre, weltverdrossenen Texten und solch kaputten Stimmen, daß man den Boys das Recht zubilligen mußte, die frisch interpretierten Traditionsblues-Titel mit in die Sammlung zu nehmen. Schon auf dem letzten Album war mit »You Got To Move« ein Blues von »Mississippi« Fred McDowell, aber den hatten die meisten Fans nur als Füllsel betrachtet. Kein Wunder, denn den Ton auf der Platte gaben Titel wie »Brown Sugar« und »Wild Horses«, »Sister Morphine« und »Dead Flowers« an. War das gutverkaufte Album »Sticky Fingers« mit seinem reißverschlußverzierten Warhol-Cover ein typisches modernes *Stones*-Produkt, schien die neue Tropenfiebersammlung eine Rückkehr zum ursprünglichen Sound, zum Blueskern der Aufgabe, die sich Mick, Keith und Brian Jones zehn Jahre vorher gestellt hatten.

Mick wollte »ein Funkfeeling, dieses grundehrliche Kirchengefühl«, erzählt Tami. Er kannte ihre Arbeit mit Wilson Pickett und stellte sich die gleiche intensive, schwarze Stimmung für sein neues Album vor. Mac setzte sich also ans Klavier, die Damen bauten sich daneben auf, es wurde gerockt. Die ganze Nacht – *mothers little helpers* halfen wirklich, die Müdigkeit zu vertreiben und die kreativen Säfte anzuzapfen – bis in den hellen Morgen hinein, und dann hatten einige der im französischen Keller entstandenen Tracks einen leichten New-Orleans-Einschlag, eine geringe Spur Backbeat, der Voodoodoktor zauberte einen Hauch Longhair dazu, und Tami jubelte ihren spiritualbeeinflußten Soul, der vor so vielen Jahren im Carrollton Choir Gestalt bekommen hatte.

»The World's Best Rock Band« entschloß sich, die Doppelscheibe »Exile On Main Street« zu nennen, was mehr hermachte als eine nicht näher bezeichnete Tropenkrankheit, die eh nur mit Gestank und Feuchtigkeit assoziiert würde. Sämtliche Gäste auf »Exile« merkten ein schlagartig vermehrtes Interesse an ihrer Person, nachdem das Album herausgekommen war, und noch immer, über ein Vierteljahrhundert später, wird die Teilnahme an den Sessions als Meisterbrief gewertet, als Baccalaureat, als Gütesiegel. Tami kann ein Lied davon singen; selbst heute noch, wo sie's schon lange nicht mehr nötig hätte, bekommt sie ständig Angebote, an neuen Alben mitzuarbeiten, und wenn sie dann fragt, warum man auf sie gekommen sei, wird oft »Exile« angeführt.

Kurz nach Fertigstellung des *Stones*-Albums wurde Mac Religionsstifter. Einige alte Bekannte aus New Orleans, Voodoopriester und -priesterinnen, wollten einen Voodootempel gründen und ihn als eingetragenen Verein führen. Mac galt inzwischen de facto als Kulturbotschafter seiner

Heimatstadt, genoß also ein gewisses Ansehen in Louisiana und wurde von seinen Freunden bedrängt, als Strohmann zu fungieren. Der Dr. John Temple of Voodoo etablierte sich in einem *Gris-gris*-Laden in der St. Philip Street. Die praktizierenden Voodooheiler konnten ihrem Gewerbe nachgehen, ohne ständig wegen unerlaubter Ausübung eines ärztlichen Berufes verhaftet zu werden (denn ihre Heilerei war nun eine kultische Handlung und damit im Rahmen der Religionsfreiheit geschützt), und der Strohmann, der das alles ermöglicht hatte, bekam fachlichen Rat in Voodoodingen von den Besten des Gewerbes. Außerdem sicherten ihn die Zauberinnen mit potenter Hexerei gegen die Unbill des täglichen Entertainerlebens.

Die Hexerei funktionierte wohl, denn viele gute Alben folgten, ständige Touren hielten den Doktor und seine Band über Wasser, und gelegentliche Verrücktheiten sorgten dafür, daß der Ruf Dr. Johns als schräger Vogel nicht verblaßte.

Mit »Iko-Iko«, einem Cover des *Dixie-Cups*-Hits von 1965, schaffte er im April 1972 den Sprung in die Pop Charts. Mit »Right Place, Wrong Time« hatte er am 12. Mai 1973 seinen ersten – und einzigen – Top Ten Hit, dessen Erfolg ihn wieder nach Europa führt, diesmal mit der Art-Neville-Gruppe *The Meters* aus New Orleans, und im Herbst 1975 macht der unberechenbare Doktor wieder von sich reden.

Er ist inzwischen nicht mehr bei Atlantic Records, sondern hat bei United Artists in Hollywood unterschrieben, und jetzt steht er vor einer Kneipe auf der Fairfax Avenue, die gestern noch gar nicht da war, und läßt sich fotografieren. Willie Purple's heißt die Pinte, am Schaufenster wird darauf hingewiesen, daß drinnen Pooltische stehen, und die ganze Tränkenfassade hat sich dem Schmuddelfaktor ihrer Nachbarn zur Rechten und Linken angepaßt. Recht klein ist der Laden, dunkel und speckig, die Bar in der Ecke nicht sehr stabil, und der dicke Barkeeper mit den tätowierten Oberarmen reibt quietschend immer das gleiche Bierglas aus. An der Querwand steht eine kniehohe Bühne mit einem Schlagzeugkit und einem leicht angeschlagenen Klavier.

Die Fotosession auf dem Boulevard ist beendet, und kurz darauf kommen die ersten Gäste ins Willie Purple's. Joe Cocker ist da und wundert sich, daß ihn sein Manager so bedrängt hat, die Einladung in diese miese Pinte anzunehmen. Eric Clapton folgt, Schlapphutträger Bob Dylan schleicht hinein, und dann kommt Ringo Starr, einen Starletschweif hinter sich her ziehend. Sie wissen alle, daß Dr. John auftreten wird, sie alle sind Fans, aber sie rätseln doch, warum er ausgerechnet hier spielt.

Die Fete bekommt Format, als der Star des Abends keuchend die kleine Bühne betritt. Seine Gruppe nimmt die Plätze ein, die Sängerinnen bauen sich neben seinem Klavier auf, und dann legt er los. Mac hält alle frei; auch Rockstars freuen sich, wenn einer einen ausgibt. Die Stimmung steigt, der billige Fusel fließt, nach und nach kommen Kollegen auf die Bühne, um das eine oder andere Lied mitzuspielen und mitzusingen. Und keiner merkt, daß der rattige Wandbehang das Control-Room-Fenster bedeckt, denn Willie Purples aus dem Nichts entstandene Kneipe ist das für diesen einen Abend umgebaute Cherokee-Tonstudio, und jeder Ton wird auf 24-Spur-Geräten festgehalten.

»Hollywood Be Thy Name« heißt das Album, das nach vielen Verhandlungen mit teils unwilligen Managern endlich erscheint. Ein respektloses Wortspiel mit dem Vaterunser, denn »Geheiligt sei Dein Name« heißt »Hallowed be thy name«. Im Titelsong hat der Doktor die Litanei dem Showbusiness angepaßt, und man stellt sich Studiobonzen abends vor dem Bett knieend vor, die Hände gefaltet, den verschlagenen Blick nach oben gerichtet, wo ein strahlenumkränzter, in bunte Federn gekleideter, langhaariger und bärtiger Junkie schwebt, der schützend die Hände über den Raffke legt. Ein Anhören des Albums genügt, um zu verstehen, wieviel Spaß die Rockmillionäre an dem Überraschungsabend hatten.

Mit »Tango Palace« enstand drei Jahre später ein ähnlich bestechendes Werk: Mac Rebennack, dessen alter ego Dr. John auf herrschende Mode und Konvention pfeift, will einen Tango aufnehmen. Daraus wird ein ganzes Album, dessen Titelmelodie treffsicher den dürren, alternden Vorstadtgigolo mit seiner verblühten Tangopartnerin zeichnet. Text und Melodie beschwören das schaurig-schöne Foto des wölfisch grinsenden Charles Bukowski herauf, der vor dem Kühlschrank in seiner Küche schnapssaufend neben einer kurzberockten, besoffenen Strichveteranin steht.

Daß die Plattenfirma unterging, als »Tango Palace« in die Läden kam, half der Verbreitung des Werkes nicht gerade. Die erste Pressung wurde verkauft, und dabei blieb's bedauerlicherweise. Natürlich war's schade um das schöne Geld, aber noch mehr um die schönen Songs, denn der selbsternannte Doktor hatte kurz vorher einen anderen falschen Doktor kennengelernt, den genialen Songwriter Doc Pomus, und die beiden Alben »City Lights« und »Tango Palace« waren das Produkt der Zusammenarbeit der zwei superschrägen Vögel.

Tami lehnte die Dr.-John-Gigs zwar nicht ab, doch sie wurden seltener. Der Doktor kümmerte sich immer mehr um seine Arbeit als Studiomusiker, nahm Werbeagenturaufträge an, schrieb und spielte die Musik für 30-Sekunden-Werbespots und fand sich plötzlich ohne Labelbindung. Als freier Mitarbeiter war der Voodoodoktor für jeden zu haben, der ihm ein annehmbares Angebot machte.

Und das ließ nicht lange auf sich warten. Ein Mr. Heyrmann, Besitzer von Clean Cut Records, einer Minifirma in Baltimore, in der Nähe Washingtons, schlug ein Soloalbum vor, eine Idee, die Dr. John schon immer gefürchtet hatte. Er hatte nämlich unsägliche Angst davor, sein Berufsleben irgendwo in einem Provinzhotel zu beenden, in irgendeiner schummrigen Holiday-Inn-Bar als Alleinunterhalter am Nachmittagsklavier. Und Heyrmanns Angebot war wohl ein Schritt in diese Richtung. Mac überlegte die Sache, warf einen scheelen Blick auf das Familienkonto und setzte sich widerwillig auf den Klavierstuhl. Dann prügelte er zwei wunderschöne Alben aus dem Studioklavier, zwei Werke, die ihm schon keiner mehr zugetraut hatte.

»Dr. John Plays Mac Rebennack« und »Brightest Smile In Town« lassen einen den meisten Fans nicht mehr bekannten New-Orleans-Piano-Player erscheinen; den jungen Mac

Rebennack. Das war nicht der Voodoosprüche klopfende, zum Fürchten aussehende Freak, sondern der Klavierspieler, der von Longhair und Booker gelernt hatte und so in der Musik seiner Heimatstadt aufging, daß er sämtliche gängigen Vorstellungen über Herkunft und Hautfarbe als Unsinn entlarvte.

Tami Lynn, deren langjähriger Lebensgefährte Melvin Lastie inzwischen gestorben ist, wirft sich noch heftiger in die Arbeit als je zuvor. Sie komponiert und widmet sich verstärkt dem Jazz ihrer Jugend. Nach den vielen Tourneen mit Dr. John will sie jetzt etwas Stabilität, und sie setzt auf ihre eigene musikalische Zukunft.

The Neville Brothers

Durch seine schwer zugängliche Lage und die französische Geschichte blieb New Orleans den meisten Amerikanern lange verschlossen, ein Stück Ausland im amerikanischen Volkskörper, wo die Einheimischen sogar eine Art Französisch sprachen. Man runzelte mißbilligend die angloamerikanische Stirn, schauderte beim Gedanken an die scharfe Küche der fremden Stadt, und nur der Jazz konnte den Ruf New Orleans' etwas aufwerten. Menschen wie Jelly Roll Morton, Louis Armstrong und »Kid« Ory, dessen Gruppe 1922 die erste Jazzband war, die eine Schallplatte aufnahm, wurden zwar als Musiker anerkannt und verehrt, aber wenn sie augenrollend in Hollywoodfilmen auftraten, amüsierte man sich über sie stellvertretend für alle Schwarzen, und das war noch schlimmer als die bis weit in die Sechziger hinein beim weißen Amerika übliche unbekümmerte Mißachtung.

Arthur Lanon Neville kannte den Blick seiner Landsleute, die einen Schwarzen nur dann wahrnahmen, wenn sie etwas von ihm wollten. Aber in fremden Ländern hatte er erfahren, daß die Menschen sich nicht immer so verhielten, daß sie freundlich sein konnten zu Schwarzen, sogar höflich. Er und sein Schwager George Landry waren Matrosen, und sie brachten aus der Fremde Schallplatten heim nach New Orleans, denn beide liebten Musik über alles. Arthur hatte Frau und Kinder im Wohngebiet Calliope Projects, und wenn er wieder einmal von großer Fahrt nach Hause kam, stieg eine Fete nach der anderen. Kurz nach Kriegsende waren selbst Schwarze in zugewiesenen Sozialamtswohnungen optimistisch; die Dinge würden sich bessern, der einsetzende Nachkriegsaufschwung würde auch sie mitziehen. Bei Nevilles legte man die ausländischen

Scheiben auf den Plattenspieler und versuchte mitzusingen.

»Big« Art hieß der fahrende Vater zu Hause, denn der Erstgeborene wurde nach dem Vater benannt, und man muß ja unterscheiden können. Sohn Art Neville wurde 1937 geboren, und Charles kam ein Jahr und zehn Tage nach ihm an. In schneller Reihenfolge kamen weitere vier Kinder. Big Art verbrachte den Krieg als Schlafwagenschaffner bei der Eisenbahn, und da war er alle Wochen wieder zu Hause, und als Ende der Vierziger die Familie endlich komplett war, konnte sie auch aus dem miesen Calliope Housing Project ausziehen, zurück in ein kleines Häuschen in der Valence Street im Uptown-Bezirk.

Art Junior lernte schon als Schulanfänger Klavierspielen, Bruder Charles verlegte sich aufs Saxophon, und beide verdienten bald die ersten Quarters mit der Kunst. Leichtverdientes Geld, wie Art Senior immer sagte, wenn er denn mal wieder auftauchte. Die Kids spielten in der High School Marching Band, aber sie gründeten bald ihre eigene kleine Gruppe, *Turquoise*. Seit Fats Domino wenige Jahre zuvor seinen »Fat Man« aufgenommen hatte, war ganz New Orleans nach der neuen Musik verrückt, und *Turquoise* war nur eine der vielen Bands, die den Markt bedienten. Die *Flamingos* mit ihrem Ausnahmegitarristen Snooks Eaglin und Klavierspieler Allen Toussaint waren gefragt, doch die wohl bekannteste der Teenagergruppen waren die *Hawketts*. Als die ihren Sänger und Pianisten Mac Millet verloren, stieg Art bei ihnen ein – und holte, wie sich's gehört, sofort seinen Bruder Charles nach. Unter den sieben *Hawketts* finden wir George Davis wieder, der später mit Tami Lynn und Aaron Neville eine Nebenband gründete, und John Boudreaux, dessen Schlagzeug scheinbar jeden Nachkriegsmusiker aus New Orleans im Takt hielt. Art stieg also bei einer unglaublich talentierten, wahnsinnig jungen Gruppe ein, und als kurz darauf Disk Jockey »Jack The Cat« Elliott einen Countrysong klaute und zum »Mardi Gras Mambo« umschrieb, holte er die *Hawketts* in sein Studio beim Sender WWEZ. Mit unglaublichem Überschwang und verblüffender Sicherheit nahmen die Kids Ende 1954 ihre erste Platte auf. Radiomann Elliott verkaufte sie an das Chicagoer Blueslabel Chess, und die brachten den »Mardi Gras Mambo« im nächsten Februar in die Läden, gerade rechtzeitig zum Mardi Gras. Es wird der Karnevalshit schlechthin. So beliebt ist die Originalversion der *Hawketts*, daß sie seit ihrer Premiere jedes Jahr wieder frisch von Chess aufgelegt wird.

Die Gruppe ist vom Erfolg des ersten Versuchs natürlich hingerissen, und man beschließt, daß es so bleiben soll; kein anderer Job kommt mehr in Frage. Musiker ist man, knapp 16jährig die meisten, aber schon Profi. Nicht unbedingt gutbezahlt, denn Chess ist knauserig, nicht unbedingt über die engen Grenzen der Heimatstadt angesehen, denn aus unerfindlichen Gründen nimmt Chess die Hitmacher nicht mehr ins Studio. Die Gruppe bekommt jedoch aufgrund ihres Karnevalsschlagers viele Auftrittsangebote, was in den Fünfzigern der eigentliche Anreiz des Schallplattenaufnehmens war. Mit eigener Platte im Radio wurde man gern gebucht, und die Live-Auftritte brachten die Kohle. Daß mit Schallplatten richtiges Geld zu verdienen war, wußten nur die Labelbesitzer; die meisten Musiker ahnten nicht einmal den Umfang des Geschäftes.

Zu Beginn des Jahres 1956 machte das »schwarze« Label Specialty aus Los Angeles eine Filiale in New Orleans auf, in der North Clayborne Street, und sie stellten den jungen Jazzer Harold Battiste ein, ihre Interessen dort wahrzunehmen. Harold machte sich also sofort an die heißeste junge Band der Stadt heran, und das waren die *Hawketts*. Er stellte Art Neville einen Solovertrag in Aussicht, sofern man Specialty-Chef Art Rupe vom Talent des 18jährigen überzeugen könnte. Battiste ging mit dem jungen Neville ins J&M-Studio Cosimo Matassas und nahm vier Rhythm-and-Blues-Songs auf. Art hörte sich etwas gelangweilt an, Harold saß am Klavier und hämmerte im Fats-Domino-Stil. Trotzdem hörte Art Rupe im fernen Los Angeles die Kasse klingeln, und Neville bekam sofort einen Vertrag. Die *Hawketts* wurden als Studioband für seine Aufnahmen verpflichtet. Die erste »richtige« Session bei J&M wurde vom »Little«-Richard-Produzenten »Bumps« Blackwell geleitet, die damals entstandenen Singles »Oooh Whee-Baby« und »Cha Dooky Doo« wurden regionale Hits.

Bruder Charles verließ sich so sehr auf seine Saxophonspielerei, daß er 15jährig die High School schmiß und nur noch Musik machte. Er war mit der *Gene Franklin and the House Rockers Rhythm and Blues Revue* unterwegs, mit Jimmy Reed und »Little« Walter, James Brown, BB King und Ray Charles, spielte bei den *Hawketts*, wenn er wieder mal daheim war, hatte einen festen Gig im Dew Drop Inn, heiratete und liebäugelte mit einem Umzug nach New York.

Charles war knapp 18 Jahre alt und unruhig; Zeitverschwendung war ihm ein Greuel. Statt an seiner blühenden Karriere zu arbeiten, statt in die amerikanische Kulturmetropole zu ziehen, meldete er sich – für alle überraschend – zur Kriegsmarine.

Die Schallplattenmacherei brachte Art nichts ein; obwohl seine Singles nur so aus den Läden flogen, obwohl man sie täglich im Radio hörte, kam kein Geld ins Haus. Auch Art hatte die Tourerei satt; er wollte etwas von der Welt sehen. Also machte er's wie sein Vater und sein Bruder und ging zur See, zur Navy. Auf drei Jahre mußte man sich verpflichten, und Art unterschrieb. Sein kleiner Bruder Aaron stieg für ihn bei den *Hawketts* ein.

Aaron hatte schon drei Jahre Erfahrung als Sänger, denn die High-School-Gruppe *The Avalons* hatten sich 1955 den 14jährigen mit der Engelsstimme gegriffen. Er hatte sich nebenher mit der Schülerin Tami Lynn zusammengetan, nahm mit ihr an Tanzwettbewerben teil und hatte mit ihr eine Band gegründet. Aaron nutzte also die Gelegenheit, den *Hawketts* vorzustehen, um seine Karriere voranzutreiben. Daß ein bedauerlicher Vorfall ihn sechs Monate aus dem Verkehr zog, war Pech; der Jüngling klaute ein Auto und wurde prompt erwischt. Ein halbes Jahr bekam er – genug Zeit, Lieder zu schreiben und den weiteren Verlauf seines Lebens zu planen.

Zurück in den Knast wollte Aaron nicht mehr, das hatte er begriffen. Also tat er sich nach seiner Entlassung mit Allen Toussaint zusammen, der als Talentsucher für das kleine Minit-Label die Kneipen seiner Heimatstadt abgraste. Toussaint, der unter dem steuersparenden Künstlernamen Naomi Neville, dem Mädchennamen seiner Mutter, komponierte, traf mit Aaron Neville ins Schwarze. Von 1960 an nahmen die beiden über ein Dutzend Singles auf, die meisten von Toussaint geschrieben, und sie verkauften sich alle bestens in New Orleans.

Leider nur dort, denn Minit hatte weder den Verkaufsapparat, um seine Ware landesweit anzubieten, noch den Willen, groß zu investieren.

Aaron mußte also, um sich und seine junge Familie durchzubringen, Tagesjobs annehmen. Der kräftig gebaute, furchteinflößende Mann wurde Hafenarbeiter und Lastwagenfahrer, und nur an den Wochenenden konnte er auf die Bühne, die sein eigentliches Leben war.

Charles war inzwischen von der Marine entlassen und brachte eine Vorliebe für Heroin mit heim nach Louisiana. Er saß deshalb einige kurze Gefängnisstrafen ab, aber als er wieder mit zwei Joints erwischt wurde, verdonnerte ihn der Richter zu fünf Jahren Angola-Staatszuchthaus. Der sanfte Charles saß davon dreieinhalb Jahre ab, und als er wegen guter Führung vorzeitig entlassen wurde, zog er sofort nach New York. Der Rassismus des Südens hatte ihm im Knast endgültig den Rest gegeben, er wollte nichts wie weg aus dieser erstickenden Atmosphäre der Mittsechziger.

Im Norden fand Charles wieder Anschluß an das Musikbusiness.

Auch Art hatte die Navy überstanden. Er kehrte 1961 nach New Orleans zurück und übernahm seinen alten, von Bruder Aaron vernachlässigten Platz bei den *Hawketts*. Der jüngste Neville Brother Cyril arbeitete nun auch ab und zu mit seinen beiden Brüdern. Sie spielten Studiogigs und gelegentlich auf Hausparties, aber bis 1966 dümpelten die Karrieren im Carrollton-Viertel dahin. Und dann kam Red Tyler, klopfte bei Aaron an und sagte, er habe den perfekten Song für ihn.

Red war enttäuscht aus Los Angeles zurückgekehrt, wo die von ihm mitgegründete Jazzgruppe *AFO Executives* auf wenig Gegenliebe gestoßen war. Er hatte die Herumtingelei satt, wollte nicht mehr auf den großen Durchbruch warten und fuhr wieder heim nach Louisiana. Dort gründeten George Davis, Warren Parker und er die Plattenfirma Parlo.

George hatte mit seinem Kollegen Lee Diamond einen Song geschrieben – »Tell It Like It Is« hieß die süßliche Ballade –, und den boten sie nun Aaron an. Der nahm ihn auch gleich auf, mit Tami Lynn übrigens, die Red extra aus Los Angeles nach New Orleans geholt hatte.

Das Ding ging los wie ein Feuerwerk; 40 000 Singles wurden in der Erscheinungswoche allein in New Orleans verkauft.

Die kleine Plattenfirma mit den keineswegs wohlhabenden Eigentümern kann den Erfolg nicht verkraften. Als der Song im Januar 1967 den zweiten Platz auf der Top-Ten-Liste der Musikzeitschrift *Billboard* einnimmt, vier Wochen lang die Nummer eins bei den R&B-Charts ist, trotz erheblicher Lieferschwierigkeiten millionenfach verkauft wird, muß die Firma Parlo vor lauter unerwartetem Erfolg den Bankrott anmelden. Sie finden einfach nicht genügend Finanzierung, um die Platte in genügender Stückzahl herzustellen. Die Grossisten wollen die Ware sofort, zahlen aber frühestens nach 60 Tagen, und bis dahin geht dem Label die Luft aus. Der Komponist kann gerade noch einige Tausender kassieren für seinen Megahit, der Interpret muß sich mit erheblich weniger begnügen, was nicht zur Stärkung der alten Freundschaft zwischen den Nevilles, George Davis und Red Tyler beiträgt. Doch Aaron macht das Beste daraus, geht sofort mit seinen Brüdern Art und Cyril in der Band auf Tournee und kann wenigstens so seinen kaum honorierten Chart-Erfolg in Münze umsetzen.

Bis zum Beginn des nächsten Jahres sind sie unterwegs. Dann hat sich die Aufregung um »Tell It Like It Is« gelegt, und die aufeinander eingespielte Gruppe kommt nach New Orleans zurück. Dort findet sie einen Dauerjob in einem kleinen Club in der Bourbon Street, aber weil die Bühne so winzig ist, daß nicht die ganze Band gleichzeitig draufpaßt, muß Art seine Brüder Aaron und Cyril entlassen. Der Sänger tut sich also wieder mit Allen Toussaint zusammen, der nun Mitbesitzer des Sansu-Labels ist und seinen Partner aufgrund des Neville-Erfolges dazu bewegen kann, Geld in Aarons Aufnahmen zu stecken. Der Verkauf läuft recht gut an, Aaron nimmt auch seinen Parlo-Hit noch einmal auf, aber er hat inzwischen ebenfalls Geschmack am Heroin gefunden und verpaßt daher zum zweiten Mal die Chance, mit der Ballade auszusorgen.

Art, dessen Band nun auf die Nachtklubbühne paßte, bot sie Allen Toussaint als Studiogruppe an. Er hatte seine Musiker gut gewählt: Drummer Ziggy Modeliste, Bassist George Porter, Leo Nocentelli mit der Gitarre und Art an den Keyboards. Das Quartett konnte alles spielen, was verlangt wurde, und es trug wesentlich zum Erfolg des Toussaint-Labels bei. *The Meters*, wie sie sich nannten, wurde das südliche Gegenstück der supererfolgreichen Studiogruppe aus Memphis, *Booker T and the MGs*. Die nächsten drei Jahre waren sie unschlagbar, nahmen eigene Alben auf und verkauften so viele davon, daß sie ständig in den *Billboard*-Charts präsent waren, und sie wurden zur vielbeneideten Mardi-Gras-Supergroup. Was sie anfaßten, wurde wie bei König Midas zu Gold.

Am 1. Juni 1975 waren die *Rolling Stones* mit einem riesigen aufblasbaren Gummipenis auf der Bühne des Louisiana-State-University-Stadions, und ihre Vorgruppe waren die *Meters*. Denen war der sieben Meter hohe Pimmel peinlich, denn der wedelte in der Sommerbrise und verdeckte ab und zu einen der Musiker. Der mußte sich dann zur Seite beugen, um das Publikum zu sehen, was die 15 000 Rockfans unheimlich lustig fanden.

Die *Meters* nahmen Cyril Neville wieder auf, aber Aaron wollten sie nicht haben. Der hatte noch einen Hilfsjob als Hafenarbeiter und war sauer auf den Rest der Familie. Als die *Meters* von der *Stones*-Tour zurückkehrten, schlug Onkel George Landry den drei Neville Boys vor, Mardi-Gras-Gesänge aufzunehmen. Der ehemalige Matrose und Kollege des 1975 verstorbenen Big Art war nämlich inzwischen zum Karnevalsvereinsvorsitzenden gewählt worden, zum Big Chief Jolly des Mardi-Gras-Indianerstammes der Wild Tchoupitoulas. Wenn er seine Neffen zu einem Album überreden konnte, war er auf Lebenszeit der King, wußte der clevere Altvater. Also schleppte er die Boys mit zu sich nach Hause und übte mit ihnen die Gesänge seiner Indianerbande.

Aus den Sessions im schmalen Wohnzimmer des Onkels entstand die Gruppe *The Wild Tchoupitoulas*, und als die drei Brüder gemeinsam Charles in New York überedeten, doch endlich heimzukommen und mit ihnen und Onkel George ein Album aufzunehmen, zogen die vier Brothers erstmals am gleichen Strick.

Das bei dem Toussaint-Label Sansu erschienene Album hieß wie die Gruppe und der Indianerstamm: »The Wild Tchoupitoulas«. Und obwohl keiner das richtig aussprechen konnte, wurde es ein voller Erfolg, nicht nur in New Orleans, sondern überall im Land. Die Gesänge waren so mitreißend, die Musik so neu, daß sich auf einmal alle möglichen Leute dafür interessierten. Nichtkommerzielle Rundfunksender begannen, das Album zu spielen, die gleichen Sender, die schon die *Meters* für ihre Playlist entdeckt hatten, und die Gruppe wurde sehr schnell zum heißen Tip des Intellektuellen-Underground.

Einige der Lieder auf dem Album waren echte Indian Chants, nur wenige wurden für die Session komponiert, wobei die vom jüngsten Bruder Cyril geschriebene Moritat »Brother John« ein Eigenleben im amerikanischen Poprepertoire führte. Die Story von der Ermordung des Musikers John »Scarface« Williams (der in den Fünfzigern Sänger in der Band des Hitmachers Huey »Piano« Smith war und 1972

First Family der New-Orleans-Musik: The Neville Brothers.

im Streit erstochen wurde) zeigte, daß nicht nur Art und Aaron intelligenten, mitreißenden Pop schreiben konnten. Allerdings wiederholte sich das übliche Musikbusiness-Trauerspiel; die Labelchefs behaupteten steif und fest, insgesamt nur 400 Alben verkauft zu haben, was dem in solchen Dingen unerfahrenen Onkel George die Musikmacherei auf Lebenszeit vermieste und der Firma Sansu eine Klage der Gebrüder Neville einbrachte. Sie wurden aus dem Vertrag entlassen, aber die Rechte zum »Tchoupitoulas«-Album verblieben bei Sansu. Wie viele Ausnahme-Alben wurde es im Laufe der Jahre zum gutverkauften Kultobjekt, heute in jeder einigermaßen sorgfältig angelegten Sammlung präsent.

Die Zusammenarbeit überzeugte die Brüder, daß sie gemeinsam unschlagbar sein konnten. Sie blieben also in New Orleans und begannen im Sommer 1977 einen monatelangen Gig in der angesehenen Musikkneipe Tipitina's.

Die Musik lohnte sich wieder, also kündigte Aaron seinen mörderischen Hafenjob. Im März 1978 kam beim Multi

Capitol Records mit »The Neville Brothers« das erste Album mit dem neuen Gruppennamen auf den Markt.

Das Leben ist bekanntlich hart, manchmal auch ungerecht. Für die *Neville Brothers* war's im Frühjahr 1978 beides. Gerade, als ihr Album fertig war, zerstritten sich die Promotionmenschen in der Capitol-Records-Black-Music-Abteilung mit ihren weißen Bossen. Die Werber hauten ab und hinterließen ein *Nevilles*-Album, das keiner hören konnte, weil's nicht beworben wurde. Es sank, wie man sagt, wie eine bleierne Ente. Und mit ihm die Hoffnungen auf eine geregelte Karriere.

Jedes Jahr ein Album, jedes Jahr eine Tour, das erhofft sich jeder Musiker, der ins Popgeschäft kommt. Die *Nevilles* gingen statt dessen auf Tour durch die Kneipen und – mit Glück – in die Colleges.

Wenn sie zu Hause waren, wurden sie fast eine Art Hausband im Tipitina's, doch sie tourten weit über die Hälfte jeden Jahres. So wurden sie bekannt, so bauten sie sich einen Namen, und so wurden sie zur Lieblingsgruppe vieler erfolgreicher Kollegen. Auch Bette Midler konnte die Misere der schwerstarbeitenden *Neville Brothers* nicht mehr tatenlos hinnehmen; die pummelige blonde Sängerin, deren Karriere in den Sexklubs und Schwulenbadehäusern New Yorks begonnen hatte, drängte die Manager ihres A&M-Labels, die Jungs aus New Orleans endlich unter Vertrag zu nehmen. Labelchef Herb Alpert, der als Musiker ein Vermögen damit verdient hatte, seine Trompeterei mit Stierkampfarena-Sounds zu hinterlegen und als mexikanisch auszugeben, erlag dem Drängen seiner prallen Diva. Die frisch vertraglich verpflichteten *Nevilles* nahmen das Album »Fiyo On The Bayou« auf, das natürlich Kultstatus erreichte, ein Entertainmentbusiness-Euphemismus dafür, daß das Ding in den Läden liegenblieb. Drei Jahre später folgte »Neville-ization«, das im »Like-A-Virgin«-Jahr 1984 keiner hören wollte.

Die Nevilles waren also nach 30jähriger Anstrengung im Musikgeschäft keinen Millimeter weitergekommen.

Allerdings hörte Linda Ronstadt die Brothers, als sie nach einem Gig mit dem Orchester Nelson Riddle im Nachtklub des New Orleans Jazzers Pete Fountain landete. Linda steckte gerade in einer tiefen Sinnkrise. Als in Arizona geborene Tochter mexikanisch-deutscher Eltern, die vor einiger Zeit ihren liebsten Freund, den kalifornischen Gouverneur Jerry Brown, wegen seiner New-Age-Neigungen »Governor Moonbeam« genannt, verloren hatte, wußte Linda nicht so recht, wer sie nun eigentlich war und was sie singen sollte. Sie entschied sich für eine Art nordmexikanischer Canciones mit breitem amerikanischem Akzent, was weder die mexikanischen noch die amerikanischen Fans befriedigte. Linda hörte also Aarons Falsett und war hingerissen. Die beiden verabredeten eine Zusammenarbeit, gingen ins Studio und nahmen vier Duette auf. Die Single »Don't Know Much« war dabei, ein Cover des Bill-Medley-Hits von 1981, und als die herauskam, war Aaron plötzlich in aller Munde.

Einige Monate vorher war das *Neville-Brothers*-Album »Yellow Moon« erschienen und bekam nun den richtigen Aufwind. Auf einmal wußte jeder Radiofritze und jeder Popfan, wer Aaron Neville war, und sie lernten, daß es da noch einige Brüder gab.

Diese staunten nicht schlecht, als sie für ihren Instrumentalsong vom Album »Yellow Moon« einen Grammy bekamen, doch damit begann der Segen erst. Aaron Neville und Linda Ronstadt kassierten im Februar 1990 für ihr Duett einen Grammy, im März und April waren zwei der anderen Duette vom Ronstadt-Album in der Hitparade, im August und September tourten Ronstadt und die *Neville Brothers* durch Amerika, während sie geschäftsfördernd in der *Rolling-Stone*-Umfrage beste Band wurden und Aaron bester Sänger. Im nächsten Februar bekamen die beiden Kollaborateure noch mal einen Grammy für die Single »All My Life«. Aaron war nun ein gemachter Mann, seine Brüder anerkannte Hitmacher, und die Familie, die vor zwei Jahren keinen Hund hinterm Ofen hervorgelockt hatte, füllte mittelgroße Hallen. So schnell kann das gehen.

Sie sind die First Family der New-Orleans-Musik, die *Nevilles*. Sie haben geschafft, was sich Art 1954 mit den *Haw-*

ketts vorgenommen hatte: nur noch von der Musik zu leben, gut zu leben, Hitmacher zu werden.

Sie sind ein festverschweißtes Familienteam und gehen doch ihre eigenen Wege. Art tritt mit seinen alten Bandkollegen von den *Meters* sporadisch auf, Charles spielt Jazz, Weltmusik und interessiert sich für die indianische Musik des vorkolumbianischen Amerika, nimmt Alben auf, die sich auch verkaufen, und ist ein gefragter Sideman, ein beschäftigter Studiomusiker. Aaron geht seine eigenen Karrierewege. Er liebt die süßlichen Balladen, die den breiten Volksgeschmack treffen, und er ist einer der erfolgreichsten amerikanischen Popsänger. Natürlich arbeitet er weiterhin mit seinen Brüdern, denn er hat ja schon Mitte der Sechziger erfahren, wie launenhaft das Musikgeschäft sein kann. Zurück auf den Bau geht Aaron sicher nicht mehr.

Und das Nesthäkchen Cyril? Der schreibt nach wie vor seine Hits vom Kaliber des »Brother« John, und er arbeitet seit Jahren mit seinem Lieblingsprojekt, den *Uptown Allstars*. Das ist eine Reggaeband aus New Orleans, und Cyril geht ganz im Reggae auf, in den Sounds, die erst durch den Rhythm and Blues der aus New Orleans funkenden schwarzen UKW-Sender entstanden, die sich in Kingston Ten – mit dem heimischen Mento verrührt – zu Rocksteady und Bluebeat, Ska und Reggae entwickelten und umgehend nach New Orleans zurückgefunkt wurden. Die Karibik ist nebenan, und die Kulturen der angrenzenden Länder und der sich mittendrin befindlichen Inseln vermengen sich ständig, denn die Menschen der Karibik sind rastlos. Sie ziehen gern umher, und Grenzen, die für Reisende gelten, halten Radiowellen nicht auf. Die Soundcollagen, die in den Siebzigern im Kingstoner Studio des halbverrückten Soundgenies Lee Perry mit Schere und Klebstoff entstanden, führten geradewegs zum Sampling der späten Achtziger, der gesprochene Dance Hall Style jamaikanischer DJs wurde nur wenige Jahre später in Brooklyn zum Rap.

Cyril ist der bewußte Neville, einer, der Zeit und Geld in Projekte investiert, die Jugendlichen helfen sollen, für sich einen positiven Lebensweg zu finden. Er schreibt von Herzen, ergreifende Songs wie »Sister Rosa« über Rosa Parks, deren mutige Weigerung, ihren Sitz im »weißen« Teil des Stadtbusses zu verlassen, der Bürgerrechtsbewegung eine erste Heldin gab. Cyril erinnert sich noch immer daran, wie er als junger Bursche das Bob-Marley-Album »Natty Dread« entdeckte, mit nach Hause nahm, auflegte und zwei Wochen am Stück anhörte – nicht ab und zu, sondern dauernd. Er verließ sein Zimmer nicht, er hörte auf den Propheten der in alle Welt verstreuten Afrikaner, und die Erfahrung »säuberte ihn«, wie er sagt.

Seither heißt Cyril auch C. Umbuku Neville, und er kümmert sich ebensosehr um das Wohlergehen seiner Musikerkollegen und Nachbarn wie um das eigene.

Zu viele schwarze Musiker müssen sich als Tellerwäscher oder Taxifahrer über Wasser halten, um weiterspielen zu können, weiß er. Allzuviele verlieren den Mut, wenn sie mitansehen müssen, wie der Rauschgifthandel seinen Mann ernährt, während sich der Kreative im Schneckentempo vorwärtsbewegt. Und allzuoft müssen Cyril und seine Freunde in die eigene Tasche greifen, um verstorbene Kollegen wenigstens beerdigen zu können. Er hat New Orleans Musicians Organized gegründet und finanziert, um die Selbsthilfe zu ermöglichen. NOMO produziert und verkauft Alben seiner Mitglieder, und der Verein hilft, Rechtsansprüche zu klären und durchzusetzen. Natürlich hat Cyril nicht nötig, sich um die potentielle Konkurrenz zu kümmern. Daß er's doch tut, ehrt ihn.

Sie sind inzwischen eine riesengroße Familie, die Nevilles aus New Orleans. Die vier Brüder als Kern, deren Kinder und Kindeskinder, die weitere Kreise um diesen Kern ziehen. Sie symbolisieren New Orleans, ob Art-Tochter Arthel als Fernsehmoderatorin, Aarons Sohn Ivan als Keyborder in Keith Richards Gruppe *X-Pensive Winos* oder als Chef seiner eigenen Band, Cyril mit seinen Reggaesounds und seiner Rastaphilosophie, seine Kinder Liryica und Omari, die moderne Stücke spielen. Aaron solo, Art mit den *Meters* und Charles mit seinen indianischen Freunden können und wollen nicht von ihren musikalischen Wurzeln weg. Sie alle kommen erst richtig durch den Backbeat in Schwung, und wenn sie auch während des Jahres oft in eigener Sache unterwegs sind, treffen sie sich immer zum New Orleans Jazz and Heritage Festival. Dann sind Tami Lynn und Dr. John wieder zusammen, Red Tyler und Harold Battiste, der mit seinem Kollegen Ellis Marsalis an der University of New Orleans Musikgeschichte lehrt und sein traditionelles AFO-Label wieder betreibt. Die im Frühjahr 1998 in die Rock 'n' Roll Hall of Fame aufgenommenen Allen Toussaint und Lloyd Price spielen immer mindestens ein Stück während der wochenlangen Fete, und der alte, längst pensionierte Cosimo Matassa, Studiochef und seit vielen Jahren Besitzer eines kleinen Lebensmittelladens an der traditionsreichen Ecke Dauphine- und St. Philip Street kommt aufs Gelände, um jedem, der's hören will, die Geschichte der Musik seiner Heimatstadt zu erzählen. Selbst solche Ehren-New-Orleanser wie Little Richard kommen vorbei und pauken mit ernster Miene Jungrockern ein, wer nun eigentlich der King of Rock 'n' Roll war – und noch immer ist. Das Jazz and Heritage Festival sollte eigentlich American Music Festival heißen, denn das ist es geworden. Die Stadt, die so stolz auf ihre französische Herkunft ist, wurde mit ihrer Vielsprachigkeit, ihrer bunten Bevölkerung und multikulturellen Lebensweise zur vitalen amerikanischen Großstadt. Nicht New Orleans hat sich angepaßt, sondern Amerika. Und das ist gut so.

Die Sümpfe Louisianas: Heimat des Cajun

Wer New Orleans verläßt, tut das wahrscheinlich mit leichtem Bedauern, denn jetzt beginnt die lange Reise nach Norden in ein unwegsames Gebiet, in dem freundliche Großstädte selten sind. Die Route muß klug gewählt werden. Wir wollen zwar nach Norden, aber wir wollen dem Blues nahe sein, wollen die Entwicklung dieser uramerikanischen Musik er-fahren. Da hilft es, wenn man weiß, daß der Highway 61 von New Orleans zur Staatshauptstadt Baton Rouge offiziell »Plantation Alley« heißt, inoffiziell aber viel zutreffender »Cancer Alley«. Die Plantagen gibt es zwar dort am unteren Lauf des Mississippi, aber viel landschaftsprägender sind die vielen Chemiefabriken und Raffinerien, derentwegen der Highway spöttisch »Krebsallee« heißt. Wer will schon in künstlichem Nebel und dem Gestank fauler Eier seinem Blues nachfahren? Lieber biegt man am internationalen Flughafen in Kenner links ab und fährt bei Destrehan über den Fluß. Dort führt der schmale Louisiana-Highway 18 am linken Ufer des Stromes nördlich, über Dörfer wie Hahnville und Vacherie, Convent St. James und Welcome, an gepflegten Plantagen vorbei, an Eichenalleen und von zerfallenden Sklavenhütten bewachten Herrenhäusern. Hier steht zwar auch ab und zu ein Chemiebetrieb, aber die Farmen und winzigen Ansiedlungen lassen das alte Louisiana erahnen, den Agrarstaat, der erst in diesem Jahrhundert durch die Bestechlichkeit seiner Politiker zum Industriedorado wurde.

Zuckerrohrfelder, soweit das Auge blickt, übermannshohe Stangen mit einer grünen Krone aus aufgerichteten, lanzenförmigen Blättern. Das Zuckerrohr war die Ursache der Jahrhunderte währenden Sklaverei. Das Monopol des »King Sugar« wurde erst gebrochen durch ein Verfahren, mit dem man auch aus der in kälteren Gegenden gedeihen-

Die fast 200 Jahre alte Eichenallee, die zu einem der schönsten amerikanischen Herrenhäuser führt, fehlt in keinem Reiseführer.

den Rübe Zucker pressen konnte. Dem Zuckerrohr und der Baumwolle haben die Nachfahren der Sklaven ihr Schicksal zu verdanken. Das Rohr wächst hier, im tiefen Süden, die Baumwolle gedeiht eher in den endlosen Staubprärien Mississippis und Texas'.

An einem der schönsten amerikanischen Herrenhäuser führt der Highway 18 vorbei, an der 170 Jahre alten Zukkerrohrplantage Bon Séjour mit ihrer noch älteren Eichenallee, deretwegen der Volksmund das Herrenhaus Oak Alley taufte. Er schlängelt sich durch das Armutsnest White Castle und passiert die stattliche Villa Nottaway. Der Fluß ist hier nicht zu sehen, weil er über dem Straßenniveau liegt. Im unteren Teil des Mississippi, nahe am Meer, hat er sich über die Jahrtausende immer wieder einen neuen Lauf geschaffen. Er verschlammte derart, daß sein Bett sich mehr und mehr ausdehnte. Der Mississippi dämmte sich selber ein, und jetzt thront er über der Landschaft, was die Einwohner als gottgewollt hinnehmen. Nur wenn der Fluß bei

Hochwasser über seine hohen Ufer tritt, was zum Glück selten passiert, dann ist Südlouisiana gefährdet. Die Grabstätten auf den Friedhöfen sind hier alle überirdisch, denn der Grundwasserspiegel ist so hoch, daß die Leichen bei herkömmlicher Bestattung schwimmen würden.

Bei Plaquemine wird der einspurige Highway wieder städtisch, breiter, ist auf einmal Highway 1, und wir stürzen uns ins musikalische Herz dieses schwülen Staates. Hart links geht's auf die Interstate 10, die wir nach einer Stunde Fahrt bei Breaux Bridge wieder verlassen, nachdem wir die letzten 18 Meilen über den gewaltigen Atchafalaya-Sumpf gefahren sind; eine nichtendenwollende Betonbrücke ist die Schnellstraße hier.

Dann geht's auf schmaler Straße im Atchafalaya weiter, und man ist mitten im Cajun Country. Noch vor 20 Jahren fürchtete sich das Mainstream-Amerika vor den Cajuns, weil die Nachfahren französischer Flüchtlinge unter sich bleiben wollten und Fremde nicht gern gesehen waren. Doch seit das Fernsehen auch Acadiana erreicht hat, haben sich die Kulturen angenähert, und man verdient inzwischen lieber aneinander, als daß man sich gegenseitig mit der Schrotflinte bedroht.

Hier, in der größten Flußniederung des Kontinents, leben einige tausend Einsiedler auf Hausbooten oder in Stelzenhütten. Trapper sind sie oder Jäger, und viele von ihnen haben sich auf die Fremdenführung spezialisiert. Überall im Sumpf sieht man rote oder gelbe Stoffbänder, mit denen ein Weg, ein Wasserlauf markiert wird, denn die nasse Landschaft ändert sich ständig. Riesige Wälder wachsen aus dem Sumpf, gewaltige Urwälder, in denen Schlangen, Alligatoren und der eine oder andere Panther hausen, Viecher, denen man lieber nicht begegnet.

Zypressen wuchsen einst im Atchafalaya, Millionen Zypressen, aber sie wurden innerhalb der ersten 30 Jahre des 20. Jahrhunderts bis auf den letzten Baum gefällt, denn ihr begehrtes Holz ist wasserfest und verrottet im feuchten Klima nicht. Nur noch Stümpfe stehen von den einst riesigen Zypressen, aber dafür verstopfen Wasserhyazinthen die Sümpfe. Zur Weltausstellung in New Orleans wurden die hübschen Wasserpflanzen aus Südamerika eingeführt, und in den vergangenen 90 Jahren haben sie sich zur Landplage ohnegleichen entwickelt. Sie können sich, je nach Wetter und Umgebung, innerhalb von ein bis zwei Wochen verdoppeln, diese wunderschönen blauen Blütentrauben mit den breiten, schwimmenden Blättern, und sie brauchen nicht einmal eine Pflanze des anderen Geschlechts dazu. Im Nu ist jeder Wasserlauf völlig zugewachsen, und seine Fische, Krebse und Reptilien verenden. Das will der Cajun natürlich nicht hinnehmen, weil jedes Jahr an die 40 Tonnen Flußkrebse (Crawfish) aus dem Atchafalaya gezogen werden. Also bekämpft der Staat Louisiana jetzt die grüne Landplage mit biologischen Mitteln, mit natürlichen Pflanzenpathogenen, was nicht billig ist, aber die Flußkrebs- und Alligatorenernte nicht gefährdet.

Außerdem ist der Sumpf ein Magnet für ökologisch interessierte Touristen; wo sonst kann man derart bequem ein gewaltiges Naturreservat entdecken? Die Flüsse Mississippi, Ohio, Red und Missouri bringen jedes Jahr 135 Millionen Tonnen nahrungsreichen Schlick, der Atchafalaya River verläßt oberhalb von Baton Rouge den Mississippi und führt fast 200 Kilometer durch den Sumpf, bis er den Golf von Mexiko erreicht, und durch die ständige Erneuerung bietet das Atchafalaya-Gebiet einer unglaublich vielfältigen Flora und vor allem Fauna ein ideales Habitat. 300 Vogelarten nisten hier, Nutria, Nerz, Waschbär und Otter wurde jahrhundertelang das Fell über die Ohren gezogen, Schildkröten und Ochsenfrösche gelten als Lebensmittel, handtellergroße Austern und gewaltige Garnelen werden mit Netzen vom Bayouboden gekratzt, gründelnde Welse sind ein bevorzugter Speisefisch aus diesem Gewässer. Traditionell als Trapper arbeitende Cajuns fangen, was ihnen die Jagdbehörde zugesteht, und dann gehen sie nachts noch mal in den Sumpf und holen sich die zweite Hälfte.

Die Cajuns sind ein starrköpfiges, selbständiges Völkchen, weshalb sie ja auch hier sind. Eigentlich wollten sie von Louisiana nichts wissen. Die französischen Vorfahren der heutigen Cajuns wanderten im 16. Jahrhundert nach Kanada aus, wurden im Landstrich Acadia Farmer und

Baumgruppen und Wälder im Sumpf sind die bevorzugte Heimstatt der Schlangen und Alligatoren.

Handwerker und lebten friedlich und katholisch vor sich hin. Bis der König von England Ansprüche auf ganz Kanada anmeldete. Man führte Krieg, bis der Vertrag von Utrecht den Briten Acadia vermachte, die es prompt Nova Scotia nannten und die Katholische Kirche verboten. Die Acadiens kümmerten sich weder um das eine noch das andere, was die Engländer derart enragierte, daß sie einen Terrorfeldzug gegen die widerspenstigen Papisten führten. Die durften sich 1755 entscheiden, ob sie weiterhin französisch parlieren oder sich den neuen politischen Gegebenheiten ihrer Heimat Neuschottland anpassen und anglophon werden wollten. Acadiens nannten sie sich, Akadier, und Akadier waren sture Bauern. Also kamen 6000 von ihnen der Aufforderung der englischen Truppen nach, sich zu trollen, und begannen einen acht Jahre währenden Treck nach Süden, ins französische Louisiana. Um Bayou Teche fanden sie eine neue Heimat, westlich des Mississippi, in einer Wildnis, die mit ihrem lieblichen Acadia überhaupt nichts gemein hatte.

Als »Le Grand Derangement« ist der Auszug aus Acadiana noch heute Teil der Cajun-Folklore. Doch die Umsiedler hatten noch Glück; nachdem sie Acadiana verlassen hatten, ordnete das Königshaus in London eine allgemeine Umzugssperre an und ließ gleichzeitig die Höfe der Daheimgebliebenen abbrennen. Familien wurden auseinandergerissen, je nach Geschlecht auf verschiedene Schiffe gepfercht und zwangsexiliert. Der Zufall entschied, wo die Schiffe anlegten, und Acadiens, die das Pech hatten, in den südlich gelegenen britischen Kolonien New York, Virginia und Georgia von Bord gejagt zu werden, durften aufgrund eines königlichen Dekrets von 1762 versklavt werden.

Die Acadiens, die sich nach Louisiana durchgeschlagen hatten, ließen sich dort nieder. Sie hielten zusammen wie Pech und Schwefel, bildeten Gruppen, Familien, Ortschaften. Sie pflegten Sprache und Kultur, sie übernahmen wenig von ihren neuen deutschen und festlandsfranzösischen Nachbarn, und auch als die Americains die neuen Herren wurden, blieben die Frenchies stur. Sie zogen sich höchstens tiefer in den Sumpf zurück, igelten sich noch mehr ein.

Sie haben seit fast 200 Jahren schwarze Nachbarn, die Cajuns, und mit denen kommen sie erstaunlicherweise gut aus. Vielleicht ist es, weil beide Bevölkerungsgruppen eine ähnliche Leidensgeschichte teilen, vielleicht ist es nur die Tatsache, daß Menschen, die sich täglich von der Jagd oder vom Feld ernähren, keine Zeit für sinnlose Feindschaften haben; die Schwarzen, die im Sumpf Freiheit und Selbständigkeit suchten, wurden zu Black Cajuns. Wobei erklärt werden muß, daß »Cajun« eine amerikanische Verballhornung des französischen und daher unaussprechlichen »Acadien« ist. Die Acadiens lernten von ihren schwarzen Nachbarn die Naturheilkunst, von Afrika überliefert und im Voodoo verankert, und trotz ihrer starken katholischen Bindung suchen kranke Cajuns noch heute den *traitteur* auf, den Heiler, der mit Zauberformeln, Rauch und Teilen toter Tiere jeder Maladie zu Leibe rückt. Die Black Cajuns übernahmen Sprache und Musik der Nachbarn, fanden Gefallen an ihrem Katholizismus und lernten, vom Sumpf zu leben. Aber weil sich beide Völker eben doch in vielem unterschieden, entwickelten sich auch Sprache und Musik in gegensätzliche Richtungen.

Wie Bauern weltweit pflegen auch die Cajuns ihr hergebrachtes Liedgut, spielen alte Songs auf Instrumenten, die einfach herzustellen oder schon ewig im Besitz der Familie sind. Die Fiedel ist vermutlich das verbreitetste ländliche Musikinstrument; ob die norwegische Hardanger, die tibetanische Pi-Wang, nordafrikanische Rebab und Kamanga, die niederländische Holzschuhfiedel Klompviool oder die uralte, dreisaitige Kucho aus Okinawa, Fiedeln werden seit Urzeiten überall gekratzt. In der französischen Musik des späten Mittelalters spielte sie eine wichtige Rolle, und als sie der Cremonese Andrea Amati zur Violine verfeinerte, wurde diese bald Hofinstrument; Louis XIII. befahl, daß führende Virtuosen des italienischen Instrumentes die Leitung des neu geschaffenen 24-violons-du-Roi-Orchesters übernehmen sollten, wodurch sich der Beliebtheitsbogen des Saiteninstrumentes von der Waldhütte bis in den Palast spannte. Wahrlich ein demokratisches Instrument, die Fiedel in ihren vielen Formen. Mit ihr konnte fast jeder eine einfache Melodie spielen, dazu singen und die Familie unterhalten, was die Cajuns besonders schätzten, als sie in der amerikanischen Fremde landeten. Mit Hilfe der hergebrachten Musik lernten die Kinder, sich in der Muttersprache auszudrücken. Sie verband Menschen, die auf weit auseinanderliegenden Höfen oder Bayous lebten, und sie wurde zum Mittelpunkt des Kirchgangs und der Erntefeste. Wer zu arm oder knickrig war, sich eine Geige zu kaufen, baute sie sich aus einer hölzernen Zigarrenschachtel, einem abgesägten Besenstil und dünnem Fliegengitterdraht. Das war dann die Cajun Fiddle, dazu noch zwei oder drei stoppelbärtige, zahnlose Fiedler, von denen einer mit hoher Altmännerstimme im »Heartbreak«-Stil eine Geschichte sang, das war dann die Besetzung einer Cajungruppe. Bis die schwarzen Nachbarn mitzufeiern begannen. Die holten ihre Trommeln, Schrapper, Maultrommeln und primitive, von der äthiopischen Lyra abgeleitete Banjos und gaben den gekratzten Songs einen geklopften Rhythmus. Und damit legten Black und French Cajuns die Grundlage der beiden heutigen musikalischen Hauptrichtungen Cajun und Zydeco.

Die europäischen Cajuns liebten ihren Two Step und den Cajun Walz. Melodien und Rhythmen lassen ihren Ursprung im alten Kontinent erkennen, und Cajuntänze setzen eine gewisse Haltung, eine Steife, voraus. Man tanzt, wie man arbeitet. Das seit über einem Jahrhundert aus der Musik des Bayou nicht mehr wegzudenkende diatonische Akkordeon spielt jetzt mit der Fiedel oder Violine Melodie und Rhythmus, der Triangel (oder *p'tit fer*, das kleine Eisen) klingelt, die Gitarre ist oft dabei und gelegentlich ein Schlagzeug oder Rubboard. Das ist ein um den Hals gehängtes Waschbrett aus Blech, auf dem ein Rhythmus mit Gabelzinken gekratzt wird. Eine richtig gute Cajunband kann für bombige Stimmung sorgen, besonders wenn sie nach einer *boucherie* auftritt, nach einer Schlachtung, oder am Samstagnachmittag zum Fais-Dodo, dem Tanz in der Scheune oder auf dem Marktplatz, der drei Stunden oder drei Tage dauern kann. Oft spielt nur ein einzelner Fiedler oder Zieharmonikaspieler, und nach und nach kommen Leute aus der Gegend dazu, haben ein Instrument dabei, setzen sich in die Bühnenecke und stimmen mit ein. Dann kann es vorkommen, daß 20 oder 30 Musiker ihr Bestes versuchen mitzuhalten. Zum Glück kennt jeder das gängige Cajunrepertoire.

Als in Kleinstädten wie Mamou und Opelousas die ersten Cajunkneipen aufmachten, gehörte ein Fiedler zum Stamminventar. Und weil es schwierig war, einen Cajun aufzutreiben, der Berufsmusiker sein wollte, mußte man die wenigen Exemplare der Gattung schützen. Der Music Man bekam eine kleine Bühne, die mit Maschendraht eingezäunt war. Wenn nämlich die Stimmung stieg, kam unweigerlich der Augenblick, in dem jemand unbedingt seinen Lieblingssong hören wollte und ein Zechkumpan einen anderen. Dann flogen Fäuste und Flaschen, während der Mensch auf der Bühne wie wild fiedelte, um die Streithähne zu beruhigen. Richtige Cajunkneipen in abgelegenen Ortschaften umzäunen noch immer ihre Musiker, denn die Zeiten mögen sich ändern, aber nicht die Menschen.

Seit 70 Jahren wird Cajun Music auf Schallplatte verkauft, und seither kann man hören, wie sich die Musik weiterentwickelt hat.

Im April 1928 waren Joseph Falcon und seine Frau Cleoma Breaux von Rayne nach New Orleans gereist, fast 200 Meilen durch den Sumpf nach New Iberia, Houma und Bayou Des Allemands, bis sie endlich in der Stadt waren. Joseph spielte Akkordeon und seine Frau zupfte die Gitarre, und beide sangen »Allons A Lafayette«. Der Juwelier von Rayne hatte für die Session bezahlt, und er garantierte dem Columbia-Label, daß er allein in seinem Laden 500 Platten verkaufen würde. Die Toningenieure grinsten zwar, erzählte Joseph sein Leben lang, aber sie schalteten ihre schwere Wachsplatte ein und nahmen die beiden Cajunbauern mit ihren mickrigen Instrumenten auf. Sie konnten nicht fassen, wie voll der Klang so eines Akkordeons war, und legten sich gleich noch einige Songs von Joseph und Cleoma auf Halde; sie wußten um die Schwierigkeit der Reise nach New Orleans.

Die 500 Exemplare waren in der Tat sofort vergriffen,

und Joseph konnte endlich den Job auf der väterlichen Reisfarm gegen eine Musikkarriere tauschen. Das Ehepaar reiste quer durch den Staat, von einer Kneipe in die nächste, und überall hatte irgend jemand die Schallplatte, kannte man die beiden Künstler. Bis auf die osttexanischen Ölfelder fuhren sie. Wo immer Cajuns arbeiteten, waren sie beliebt, und sie bemühten sich, so oft wie möglich in ein Studio zu gehen und einige Sachen aufzunehmen. Frau Cleoma allerdings gebührt die Ehre, mit ihren Brüdern Ophy und Amedie Breaux – und ohne den Gatten – das von Amedie geschriebene »Ma Blonde Est Parti« aufgenommen zu haben, den Song, der als »Jolie Blond« die moderne Cajunmusik in die Popwelt tragen würde.

Leo Soileau und Mayuse Lafleur spielten kurz nach dem Ehepaar Falcon einige Platten für Victor und Paramount, wobei Soileau den »Easy Rider Blues« fiedelte, Beweis dafür, daß sich der Blues schon 1929 derart durchgesetzt hatte, daß ein Cajun ruhig die Stile aufmischen und dabei den Cajun-Blues erfinden konnte. Leo ritt auf einer anderen Erfolgswelle mit seiner Musik, er spezialisierte sich auf Cowboylieder mit einem Cajunbeat, denn er ging gleich dorthin, wo das Geld war, und das war Texas. Die Ölfelder um Port Arthur, nicht weit von der Westgrenze Louisianas, boten harten Männern ein gewaltiges Einkommen, sofern sie bereit waren, Tag und Nacht ihren gefährlichen Job zu tun. Wer dann einige Tage frei hatte, gab die Kohle mit vollen Händen aus. Soileau pfiff auf Tradition; er wußte, was die Boys wollten, und das war Musik, die Damen gefügig machte. Also spielte er Western, stellte sogar einen Schlagzeuger ein, damit die Musik noch mehr ins Bein fuhr, und verdiente sich auf der Bühne hinter seinem doppelt gewirkten Maschendrahtzaun dumm und dämlich. Und doch zog er sich 1953 plötzlich aus der Musik zurück und nahm einen Handlangerjob in einer Raffinerie bei Lake Charles an. Von der Welt vergessen, starb Leo Soileau am 2. August 1980. Er hätte noch einige Monate ausharren sollen, denn da kam ein Album seiner alten Hits auf den Markt, und die Leute in Südlouisiana und Osttexas erinnerten sich plötzlich an den Musiker, der sie Jahrzehnte zuvor so begeistert

Die Hackberry Ramblers *bekamen 1933 den ersten Radiogig, und sie können noch immer nicht von der Musik lassen.*

hatte. Daß das der trottelige alte Leo war, der gerade gestorben war, mochte niemand glauben.

Wie Leo Soileau begannen die *Hackberry Ramblers* ihre Musikkarriere zu Beginn der Dreißiger, aber im Gegensatz zu Leo sind sie heute noch fleißig, eine durch Neuzugang stets verjüngte Band, geführt von den beiden Gründern. Luderin Darbone aus Hackberry fing an, mit seinem Nachbarn Ed Duhon Musik zu machen, und bald hatten sich noch einige Freunde dazugesellt. Sie bekamen 1933 einen Radiogig, spielten einige Songs live auf dem osttexanischen Sender KFDM und wurden mit ihrem Mischsound aus Western Swing und Cajun Two Step unglaublich populär. Luderin war innovativ; elektronische Tonverstärkung steckte gerade in den Kinderschuhen, und der Musiker wußte, daß er damit vor jedem Publikum auftreten konnte, egal, wie groß die Halle war und wieviele Leute ihn hören wollten. Aber er spielte auch jede Menge Konzerte im Freien, auf Höfen und Sportplätzen. Luderin wußte sich zu helfen.

Er kaufte eine Sears-Verstärkeranlage und bastelte an ihr herum, bis sie von seinem im Leerlauf tuckernden Ford Modell T gespeist werden konnte. Die *Ramblers* waren auch die erste Cajungruppe ohne Akkordeon. Luderin und Ed wollten sich im Stil nicht festlegen lassen; sie spielten, was gerade populär war, und ihre traditionellen Cajunsongs hörten sich auch ohne Squeeze Box, ohne Schifferklavier, echt an.

Der frische junge Musiker und Toningenieur Eddie Shuler aus Lake Charles trat der Gruppe bei, die bis in die Sechziger hinein eine Serie von Hits lieferte. Dann wurden die Gigs immer dünner, Shuler hatte sich schon ganz aufs Plattenproduzieren verlegt und sein Goldband-Studio zu einem der angesehensten im Süden Amerikas gemacht, und die *Ramblers* schliefen langsam ein. Doch vieljährige Erfahrung läßt sich nicht so einfach abstellen. Als eine junge Generation Folkfans die Musik Südlouisianas wiederentdeckte, traten die *Hackberry Ramblers* hier und dort wieder auf. Zu Beginn der Neunziger spielten sie mit »Cajun Boogie« ihr erstes Album in 30 Jahren ein, und es war ein unglaublicher Erfolg für sie. Cajun-Superfiddler Michael Doucet aus Lafayette gastierte auf dem Boogie-Album, die Songs waren das typische Gemisch aus Cajun, Blues und Western Swing, und auch das Fernsehen entdeckte die alten Herren aus Lake Charles. Inzwischen arbeiten sie wieder, so oft sie wollen, nahmen Anfang 1997 das Album »Deep Water« auf mit ihren Versionen von »Proud Mary« und »C. C. Rider«, und sie sind bejubelte Dauergäste bei allen besseren amerikanischen Folkfestivals. 65 Jahre sind sie im Geschäft, 70 Musiker waren irgendwann einmal Gruppenmitglieder, zehn Präsidenten haben sie überlebt. Luderin und Ed sind weit über 80, aber sie haben ihren Job, sie lieben ihn und denken nicht daran, ihn aufzugeben.

Ihr Gast Michael Doucet spielt seit vielen Jahren Fiedel, ist solo und mit seiner Gruppe *Beausoleil* zum Hauptvertreter der Musik seines Volkes geworden und zeigt in seinen Auftritten die Entwicklung der Cajunkultur auf. Michael ist von Beruf Hochschullehrer, Philologe, aber seit Jahrzehnten spielt er die überlieferten Sounds seiner Cajunvorfahren – und er schreibt seine eigenen Songs, die klingen, als stammten sie noch aus dem kanadischen Acadia. Als Philologe lehrt er Französisch, eine Sprache, die seiner Muttersprache entfernt ähnelt. Das gesprochene Französisch der Acadiens Louisianas hat nämlich eine andere Richtung eingeschlagen als die in Frankreich gesprochene Sprache. Wie Wortschatz und hessischer Dialekt des 18. Jahrhunderts noch immer die Grundlage des von den Amishleuten in Pennsylvania gesprochenen Deutsch bilden, ist das Cajun-Französisch in seiner Entwicklung vor sehr langer Zeit stehengeblieben, und der Neuzugang im Wortschatz beider Sprachen kommt hauptsächlich aus dem Amerikanischen.

Französischlehrer Doucet spielte in den späten Sechzigern und frühen Siebzigern in der Gruppe *Coteau*, einer mit zwei E-Gitarren, Schlagzeuger und zwei Geigern eher am Rock-Cajun orientierten Band. Die suchten alte Melodien und Texte und spielten sie mit moderner Instrumentierung als Rockstücke. Old Folks' Music nannten sie ihr Repertoire, weil sie nicht dachten, daß jüngere Leute es mögen würden, aber »die Leute fragten immer ganz begeistert, wer unsere Songs schreibt, und wir sagten dann, Mensch, das Ding ist 200 Jahre alt. Da, die Straße runter, da finden wir die«, weiß Michael zu berichten.

Eine Cajun-Renaissance begleitete *Coteau* auf ihren Auftritten in Südlouisiana, junge Fans fanden die »neue« Musik stark und wollten mehr hören. Die Gruppe *Coteau* nahm 1974 einen Gig in Frankreich an, und völlig unerwartet schlug ihre auslandsfranzösische Musik ein. Sechs Monate blieben sie, arbeiteten mit französischen Folkies, und Michael fand zu seiner größten Freude wie nebenher die Wurzeln seines Cajuntums. Der Sprachen- und Kulturfachmann kehrte heim und machte sich an die Arbeit. Im Frühjahr 1976 reisten der mit einem Stipendium der National Endowment of the Arts, der nationalen Kunststiftung, ausgestattete Michael Doucet, der Gitarrist Kenneth Richard und Zieharmonikaspieler Bessyl Duhon, Sohn des *Dixie-Ramblers*-Originalfiedlers Hector Duhon, wieder über den Teich und nahmen mit einigen französischen Volksmusikern ihr erstes Album als *Beausoleil* auf.

Sie hatten das amerikanische Folkrevival der frühen Sechziger verpaßt, aber die Wiederkehr des Interesses in den Disco-Siebzigern traf voll auf die Gruppe, die im französischen Aufnahmestudio Blut geleckt hatte. Michael nahm seinen gitarrespielenden Bruder David mit in die Band und entschied sich, der Werbung des lokalen, auf Cajun spezialisierten Swallow-Labels nachzukommen und ein amerikanisches Album einzuspielen. »The Spirit Of Cajun Music (And The Cajuns Of Spirit Music)« sollte der Welt die gesamte Breite der Musik seines Volkes zeigen; nicht nur Two Steps und Walzer, sondern Blues, Balladen, Kreolenlieder, Popsongs und Jazziges nahmen sie auf, schrieben und übersetzten die Texte und legten eine ausführliche Beschreibung der Musik und der Leute des südlichen Louisiana bei. »Wir waren wahrscheinlich die ersten, die Musikkäufern derart penibel Information lieferten«, sagt der Pädagoge Michael grinsend. Er ging im nächsten Jahr wieder nach Frankreich, lehrte dort zwei Semester, und kam gerade rechtzeitig zurück, um am Begräbnis seiner alten Freunde und Vorbilder Rodney und Will Balfa teilzunehmen. Die Balfas hatten dem Nachwuchsmusiker den Blick für die Tradition geschärft, ihm die Vielseitigkeit des Cajunlebens gezeigt, und als sie starben, ging etwas in ihm zu Ende.

»Ich begann, Rundfunk- und Fernsehprogramme zu produzieren«, sagt er, »nahm meine Lehrtätigkeit an der Uni in Lafayette auf und stieg so ziemlich aus der Musik aus.« Nicht ganz, denn im gleichen Jahr noch nahm *Beausoleil* eine Langspielplatte für eine kanadische Firma auf. Es dauerte zwei weitere Jahre, bis Michael wieder an einem großen Projekt teilnahm. Der Job an der Uni war ja prima, und mit der Fernsehgeschichte konnte er auch seine Cajun-Erkenntnisse unters Volk bringen, aber er freute sich doch, als er 1981 mit dem kalifornischen Labelchef Chris Strachwitz zusammenkam, um einigen Musikern aus seiner Heimat nachzuspüren und sie aufzunehmen.

Strachwitz war schon lange hinter ihm her, und nach den Sessions, in denen man sich näher kennengelernt hatte, erlag Michael endlich und recht froh dem Werben des Ethnomusikologen aus dem kalifornischen Berkeley. Er hat sich ganz der Sache verschrieben, der kalifornische Labelmann. Strachwitz, der zwei Jahre nach Kriegsende als 16jähriger Schlesien-Flüchtling nach Kalifornien kam (wo er mit seiner deutschen Staatsangehörigkeit auch seinen Erbanspruch auf den gräflichen Titel endgültig ablegte) und 13 Jahre darauf eine begonnene Lehrerlaufbahn zugunsten seiner Leidenschaft für »ethnische« Musik aufgab, hatte das sehr erfolgreiche Arhoolie-Label aufgebaut. Mit seinem Musikverlag Tradition Music Co., der unter anderem die Rechte an Country Joe McDonalds »Fixin' To Die Rag« wahrnahm, und mit dem Vertrieb von Aufnahmen Mance Lipscombs, »Mississippi« Fred McDowells und Sam »Lightnin'« Hopkins' hatte er sich eine sichere und angesehene Nische im Musikhaifischbecken geschaffen. Nun wollte der Qualitätsfanatiker Michael Doucet und *Beausoleil*, und er bekam sie. Mit dem Album »Michael Doucet Dit Beausoleil« begann eine mehrjährige Zusammenarbeit, die Viele als bisherigen Höhepunkt des *Beausoleil*-Schaffens betrachten. Einige der hervorragenden Arhoolie-Aufnahmen stammen aus der Session von 1981, manches wurde erst acht Jahre danach aufgenommen, aber das gesamte Jahrzehnt war für die Gruppe magisch. Michael schrieb und spielte die Filmmusik zu »Belizaire, The Cajun« und seine Komposition »Zydeco Gris-Gris« kam auf den Soundtrack des Reißers »The Big Easy« – was ihm ein nettes Finanzpölsterchen verschaffte.

Seit 1986 erst sind *Beausoleil* Profis, können sich von den Alben und Live-Auftritten ernähren und haben einen umfassenden Katalog mit ordentlichen Labels angesammelt. Sie touren natürlich weltweit, spielten in Frankreich und in den Emiraten, in Deutschland und Saudi-Arabien. Doch der Erfolg in den Vereinigten Staaten erstaunt Michael noch immer. »Viele Europäer sind zweisprachig; bei uns sprechen die meisten nur eine Sprache, wie du weißt. Deshalb hat mich verblüfft, daß wir zu Hause mit französischen Texten so groß werden konnten.«

Wo *Beausoleil* hinkommt, sind die Säle ausverkauft, und die Musik der Reisbauern, Trapper und Einsiedler aus den

Sümpfen Louisianas hat selbst im amerikanischen Formatradio eine Heimat gefunden. Daß Michael auf dem Keith-Richards-Album »Talk Is Cheap« Geige spielt, machte ihn bei Rockfans zu einer Größe, die Leute zu Hause schätzen seine Album-Partnerschaft mit dem schwarzen Teufelsakkordeonisten Nathan Williams, und seine Zusammenarbeit mit überzeugenden Folkmusikern wie Anne Savoy bringt ihm die Anerkennung des intellektuellen Publikums. Michael Doucet ist einer, der an seine Sache glaubt und ihr stur, mit dem Kopf voran, Platz schafft. Er ist eben ein typischer Cajun.

Der Mann mit der Goldkrone: Clifton Chenier

Die Old Folks Music der weißen Siedler überzieht die ganze Südwestecke des eigentlichen Mississippideltas, aber sie hat in den letzten 40 Jahren von ihrem Vetter, dem Zydeco, mächtige Konkurrenz bekommen. Seit neue Medien wie Radio und viel später Fernsehen auch das abgelegenste Haus erreichten, wurde dort überwiegend Cowboymusik gespielt, denn die Sounds des amerikanischen Westens bewegen das Herz des Präriebauern wie des einsamen Trappers. Jammernde Stahlgitarren und in ihrer Unvermitteltheit erschreckende Jodler sind seit den ersten Tonfilmen absolute Landrenner. Musik zum Angucken entwickelte sich lange vor MTV – das Genre des singenden Cowboys. Die Leute zahlten gern ihren Vierteldollar, um Gene Autry oder Roy Rogers auf der Leinwand neben dem Pferd stehen zu sehen, den Colt am Schenkel und ein Lied auf den Lippen, hinter sich die schneebedeckten Rockies und ein harmonierendes Quintett harter Männer. Jahrzehnte vor der Rockrevolution, viele Jahre bevor man die Musik des Westens aufwertend Country nannte, war Cowboy- oder Hillbilly Music die beliebteste Populärmusik Amerikas, und die Cajuns paßten ihre Sounds dem Trend an. Während sich also kluge Köpfe darüber einigten, daß das neue Instrument auch im Louisianafranzösischen »Le Steel Guitar« heißen würde, hatten ihre afroamerikanischen Nachbarn schon längst den Blues in ihre Version des Cajun eingearbeitet. Und weil die Menschen zum heißen Rhythmus des Black Cajun wie *les haricots* tanzten, wie die angeblich hüpfenden, landestypischen Snap-Bohnen, bürgerte sich die Verballhornung Zydeco ein (die ursprünglich phonetisch noch enger angelehnt *zodico* geschrieben wurde).

Was die schwarzen Nachbarn aus ihrem Volksgut gemacht hatten, verblüffte die Mehrzahl weißer Musiker doch.

Die schlugen aufs Schlagzeug, rubbelten auf dem Waschbrett, spielten einen unglaublichen Rhythmus auf dem Akkordeon, während die Melodie erhalten blieb, möglichst von Bläsern punktiert. Das hatte mit dem traditionellen Gekratze und der fistelnden Heartbreak-Lyrik nicht viel zu tun, und doch hörte man die altbekannten Passagen heraus, wußte auf Anhieb, was da gespielt wurde, hatte es aber so noch nie gehört. Und es trat ein, was in den meisten Staaten Amerikas noch weitere 30 Jahre undenkbar sein würde: Der schwarze Zieharmonikavirtuose Amadie Ardoin, genannt »Le P'tit Negre«, stand im Aufnahmestudio und sang und quetschte, was das Zeug hielt, hinter sich eine blütenweiße Band, die kaum nachkommen konnte. Nur sein Partner, der weiße Fiedler Dennis McGee, hielt mit. Die beiden spielten zusammen, sooft es ging, denn sie hatten die gleichen musikalischen Ideen. Nun war eine schwarz-weiße Zusammenarbeit nicht gerade, was Sheriffs und Stadtväter gern sahen, und woanders hätten die beiden Musiker sehr wohl von aufrechter, aufgebrachter Bürgerschaft geteert und gefedert werden können, aber im Cajun Country war man Schwarzen gegenüber aufgeschlossener als im Rest des Südens.

Die Fais-Dodo der afroamerikanischen Gemeinden bekamen durch den neuen, bluesigen Sound einen enormen Zulauf. Man brachte einen Topf Bohnen oder eine Speckschwarte mit, schleppte Bier und Selbstgebrannten an und feierte. Zydeco ernährte sehr schnell seinen Mann, denn Feiern ist ein wichtiger Teil der schwarzen Kultur. Man haut auf den Putz, sobald und sooft man es sich leisten kann, und Musiker genießen hohes Ansehen, weshalb sie von der eigenen Gemeinde meist anständig honoriert werden.

Seit Amadie Ardoin kennen wir den afrikanisierten Cajun Sound, aber erst einige Zeit nach dem Zweiten Weltkrieg sah eine Schallplattenfirma einen Markt für die schwarze Regionalmusik. Der Briefträger Clarence Garlow aus dem Texaskaff Beaumont hatte 1950 einen Hit mit »Bon Ton Roula« auf dem Macy's-Label, wodurch Zydeco erstmals außerhalb der Schiene Westlouisiana – Osttexas auftauchte. Erst vier Jahre später traf mit Boozoo Chavis wieder ein unter der Rubrik Rhythm and Blues segelnder Zydecomusiker ins Schwarze; sein »Paper In My Shoe«, ein stimmiger Unsinnssong, wurde ein nicht aufzuhaltender Renner. Eddie Shuler, auf dessen Minilabel Goldband der Hit erschien, mußte dem Akkordeonsolisten Boozoo eine Studioband stellen, und die hatte von Zydeco keine Ahnung. Nach Stunden, in denen nichts Brauchbares bei der ganzen Session herausgekommen war, brachte Eddie eine Flasche ins Studio, und der dankbare Boozoo setzte sie an. Die Jungs spielten, Boozoo schluckte, und plötzlich fiel er mitten im Lied volltrunken vom Hocker. Zum Glück hatte er genug Geistesgegenwart, die Zieharmonika hochzuhalten und weiterzuspielen. Nachdem Eddie den Lärm des umfallenden Boozoo aus dem Tonband geschnitten hatte, hielt er den bislang größten Hit seiner Karriere in Händen. Und dann erschien im Elvis-Presley-Jahr 1955 erstmals Clifton Chenier mit »Ay-Tete-Fee« auf dem Art-Rupe-Label Specialty in den Charts. Von da an ging's rund.

Clifton war der typische Black Cajun. Auf einer Farm in der Nähe Opelousas geboren, mußte er früh mit anfassen. Aber Vater Josephs Baumwollpflückerberuf war lange nicht so interessant wie sein Wochenendjob: Musikmachen, das törnte den kleinen Clifton und seinen älteren Bruder Cleveland an. Als ihm der Vater eine müde pfeifende alte Zieharmonika schenkte, möbelte der Kleine sie wieder auf, und Cleveland bastelte sich derweil aus einem verschrotteten Waschbrett ein Rubboard. Clifton hatte bald die Reihenfolge der Knöpfe und Tasten intus, während Cleveland brav mit zwei spitzen Dosenöffnern über sein Rubboard ratschte. Cleve spielte Rhythmus zu Cliftons Melodie, und so würden sie es ein Leben lang halten.

Clifton war 22, als er mit seiner jungen Frau von zu Hause wegzog. Nach Port Arthur gingen sie, zu Bruder Cleveland, der schon einige Zeit dort lebte. Das osttexanische Raffinieriezentrum mit seinem geschäftigen Überseehafen lag direkt an der Louisiana-Grenze, aber es hätte tausend Meilen von Opelousas entfernt sein können, so groß war der Unterschied zwischen dem schläfrigen Kaff nördlich der Cajun-Hauptstadt Lafayette und dem umtriebigen, stinkenden Loch am Golf von Mexiko.

Die beiden männlichen Cheniers fanden Jobs in der Raffinerie, und sie spielten jedes Wochenende für die vielen Black Cajuns, die dort lebten und arbeiteten. Der hitmachende Briefträger Garlow engagierte die beiden Boys für seine Gruppe, doch sie gründeten nebenher eine eigene Band, mit der sie auftraten, sooft der Ölfirmenjob es gestattete. Bis nach Houston kamen sie und nach Lake Charles hinein, ihr Ruf als Good-time-Charlies, als Muntermacher, flatterte ihnen voran, und sie nährten sich einigermaßen redlich, aber mehr auch nicht. Bis J. R. Fulbright aus Los Angeles ankam. Der war schwarz, Labelbesitzer und kam von Zeit zu Zeit in den Süden, um neue Talente zu finden. J. R. stieß bei einem Fais-Dodo in der Nähe von Lake Charles auf die beiden Brüder mit ihrer *Hot Sizzling Band*, und er nahm im örtlichen Rundfunksender einige Songs mit ihnen auf.

Die Aufnahmen taugten nicht allzuviel, doch das Imperial-Label vertrieb sie. J. R. kannte beim Konkurrenzunternehmen Specialty in Los Angeles jemanden, und dem gab er eine Platte und Cliftons Anschrift. Im Jahr darauf hatte Chenier seinen Hit, und innerhalb weniger Wochen war aus dem obskuren »Wochenendgigger« der »King of Zydeco« geworden. Clifton, dem der Werbespruch gefiel, kaufte sich eine vergoldete Blechkrone und trug sie fortan.

»Ay-Tete-Fee« katapultierte Clifton Chenier und die jetzt *Zodico Ramblers* heißende *Hot Sizzling Band* auf die One-Night-Bühnen Amerikas. Sie gingen mit Package Shows auf Tour, sechs, sieben Musiker, die gerade einen Hit im Radio hatten, und jeder sang seinen Hit und eine Zugabe. Die *Zodico Ramblers* spielten ihren eigenen Hit und begleiteten auch die anderen Sänger, damit nicht jeder eine Band mitschleppen mußte. Solche Shows waren gang und gäbe, und sie strengten mächtig an, denn jeden Abend waren sie woanders. Abends auf die Bühne, je nach Landesteil anschließend ins Hotel oder in den Bus, um dort zu übernachten, am nächsten Morgen Fahrt zum nächsten

Der »King of Zydeco« Clifton Chenier 1975 beim Montreux Jazz Festival.

Auftritt, und das trieb die Band oft sechs Monate im Jahr. Ohne Pause, von Küste zu Küste.

Es mußte dem gewieften Clifton Chenier auffallen, daß der Rhythm and Blues seiner Tourkollegen erheblich besser ankam als seine Sumpfmusik aus Louisiana, die außerhalb eines sehr begrenzten Gebietes niemanden interessierte. Er konzentrierte sich also auf die Wünsche der großen Welt außerhalb Port Arthurs, und er machte sich einen Namen als R&B-Musiker, der eine verblüffende Instrumentierung bevorzugte und seine Songs mit einem Wahnsinnsrhythmus unterlegte. Sein französischer Akzent störte kaum, denn daß die Menschen in Louisiana einen nahezu unverständlichen Dialekt pflegen, wußte man schon von Fats Domino. Also nahm Clifton Blues für Chess in Chicago auf und arbeitete auch für das kleine Zynn-Label des Radiohändlers Jay Miller im Cajunstädtchen Crowley, der Giganten wie Lonesome Sundown, »Lazy Lester« und Slim Harpo unter Vertrag hatte.

Nach seinem ersten Hit lief jedoch nicht mehr viel für Clifton Chenier. Die Gruppe wurde immer besser, war aufeinander eingespielt und hätte vor jedem Großstadtpublikum bestehen können, aber die Jungs trotteten wieder im alten Kreis in Texas und Louisiana. Bis 1964 der schon erwähnte Arhoolie-Kleinunternehmer Chris Strachwitz auftauchte. Der kannte Zydeco und hatte Chenier auf Singles gehört. Nun war er in Houston, nahm texanische Bluesspieler auf und wollte ein Album von Clifton Chenier. Ein Zydeco-Album, keinen Rhythm and Blues, keinen Pop, sondern das, was Clifton nach Meinung des Experten am besten konnte. Der spielte »Louisiana Blues And Zydeco« ein, und das Album wurde in Texas und Louisiana ein Riesenerfolg.

Clifton Chenier und Chris Strachwitz würden zehn Alben zusammen produzieren, und jedes davon zeigt den King of Zydeco in einer anderen Stimmung, jedes gibt einen tieferen Einblick in das Leben der Black Cajuns. Erst sparsam, dann zunehmend häufiger sind auch Blues- und R&B-Songs auf den Alben zu hören.

Im Zuge seines ersten Arhoolie-Albums wurde Clifton nach Berkeley zum Bluesfestival eingeladen. Die Veranstalter hatten damit eine clevere Wahl getroffen, denn in den Städten rund um die San-Francisco-Bucht wohnten jede Menge Afroamerikaner aus dem Cajun Country. Die meisten waren während des Krieges gekommen, um in den Werften Schiffe zu bauen, und fast alle waren geblieben, als der Friede ausbrach und die Jobs flötengingen.

Eine, die 1966 als Zuschauerin beim Bluesfestival war und das Konzert mit einem neuen Lebensziel verließ, war Ida Guillory. Die flotte Hausfrau und Mutter aus der San-Franciso-Vorstadt Daley City mußte sich um ihre Kinder kümmern, und sie fuhr nebenher noch einen Schulbus, damit jeder was zu futtern hatte, aber sobald die Kids einigermaßen selbständig waren, kaufte sich Ida eine Zieharmonika, scharte eine Gruppe um sich und wurde zur »Queen of the Zydeco«. Amtlich, mit eigenem Grammy.

Der King des Zydeco, angereist mit einer frisch vergoldeten Blechkrone, fand sich nach Berkeley als Star wieder, kein Zydecostar, denn das war er seit 20 Jahren, sondern ein Popstar. Vor Hippies spielte er im Avalon Ballroom in San Francisco, denn Veranstalter und Liebessommer-Chronist Chet Helms liebte echte Sounds. Im renommierten Folkclub Ash Grove in Los Angeles trat er auf, und in der Royal Albert Hall zeigte er den Engländern, was man in Acadiana alles mit einem Akkordeon macht. Er wurde nach Newport eingeladen, auf die Bretter, die die Folkiewelt bedeuten, und dem Auftritt beim Newport Folk Festival folgte eine Teilnahme am American Folk Blues Festival, der von Horst Lippmann, Fritz Rau und Willie Dixon ins Leben gerufenen Bluesrevue. Der monatelange Gig brachte nicht nur ordentlich Geld ins Haus, sondern etablierte Clifton und seine *Red Hot Louisiana Band* im wichtigen europäischen Markt.

Durch die Siebziger hindurch arbeitete Cheniers Zydecoband rund ums Jahr. Die gelegentliche Europatournee ergab meist ein lokales Live-Album (besonders der Auftritt beim Montreux Festival 1975 wurde zu einem mitreißenden Dokument ihrer ausgefeilten Bühnenshow). An die Qualität seiner amerikanischen College- und Konzerthallengigs kam kein anderer Zydecokünstler – und nur wenige anerkannte Bluesmeister – heran. Clifton trat in Filmen und Fernsehsendungen auf, freute sich über seinen Sohn Clayton Joseph, der sich zum Kronprinzen des Zydeco mauserte, und gerade, als alles stimmte, schlug die Diabetes zu, deren Symptome Clifton allzulange ignoriert hatte. Auf das Alter schob der 54jährige die Schlaffheit, die Müdigkeit, den Schmerz im Bein nach einem langen Abend. Als er die Wahrheit zur Kenntnis nahm, war's schon zu spät. Der größte Teil eines Fußes wurde amputiert, Clifton konnte zwei Jahre lang nur Mundharmonika spielen, denn das Akkordeon war einfach zu schwer, und die schon weit in die Zukunft gebuchten Tourdaten wurden abgesagt. Ab 1979 mußte er zurückstecken, konnte nur noch selten die Kraft für eine Tour aufbringen, aber zum Empfang seines Grammy erschien er 1985 persönlich.

Clifton Chenier starb am 12. Dezember 1987 zu Hause in Lafayette, Louisiana, in der Hauptstadt des Cajun Country, mitten in seinem langjährigen Königreich. Er hatte gut vorgesorgt. Die *Red Hot Louisiana Band*, die so lange mit ihm gearbeitet hatte, machte nahtlos mit seinem Sohn C. J. Chenier weiter.

Der schlug zwei Fliegen mit einer Klappe: Er konnte den mit dem Vater altgewordenen Familienfreunden weiterhin Arbeit bieten, und er hatte eine erprobte Gruppe hinter sich, die absolut alles spielen konnte und sich darauf freute, wieder öfter *on the road* zu sein.

Die Männer aus der Band kannten Clayton Joseph Chenier seit seiner Kindheit. Er war in Port Arthur aufgewachsen, hatte schon früh das Saxophon als sein Instrument ausgesucht und lange im Schulorchester gespielt, und er stand total auf Jazz und Funk, Miles Davis und James Brown, John Coltrane und Funkadelic. Er hatte als Heranwachsender bereits derart vielversprechend gespielt, daß er von der Texas Southern University ein Musikstipendium bekam. Die Musik, die sein Vater spielte, hatte ihn allerdings immer weniger interessiert. C. J. gründete seine eigene

C. J. Chenier übernahm die Band des Vaters und seine Musik.

Gruppe und coverte Songs der *Commodores*, spielte Funk von *Parliament*, wagte sich an Bootsy-Collins-Material und dachte an eine Karriere im Top-Forty-Geschäft.

Doch eines Tages bat Clifton seinen saxophonspielenden 20jährigen Sohn, der *Red Hot Louisiana Band* beizutreten. Das war 1978, dem King ging's schon nicht mehr so gut, und Junior lernte sehr schnell, Vaters mitreißende Musik zu schätzen. Wie im Jazz konnte jeder Spitzenspieler improvisieren, wie beim Funk schoß der Blutdruck des Ausführenden wie auch des Konsumenten sofort in gefährliche Höhen. C. J. blies auf Teufel komm raus, und die Band liebte ihn. Man hört ihn, zusammen mit Cajuntrompeter Warren Caesar, auf Cliftons Grammy-Album »I'm Here« von 1982, dem Höhepunkt der Clifton-Karriere, aufgenommen beim Chicagoer Alligator-Blueslabel.

Seither spielt er für seinen Vater – der übrigens nie vorschlug, daß der Kleine sein Lebenswerk weiterführen solle. »Ich glaube aber, daß er's damals schon im Sinn hatte, als er mich in die Gruppe holte«, vermutet C. J. Als sich Cliftons Krankheit verschlimmerte, begann Clayton Akkordeon zu spielen. »Wir spielten nicht oft zusammen, aber ich schaute ihm immer zu und lernte so seinen Stil«, erinnert sich C. J. Er lernte gut; heute gilt er Fachleuten als der Zieharmonikaspieler, den es zu schlagen gilt, und er hat seine Nische gefunden. Seit 1979 tritt er bei jedem New Orleans Jazz Fest auf, wo ihm der Applaus der etwa 5 000 Kollegen fast noch wichtiger ist als der Erfolg beim zahlenden Publikum. Drei Alben hat er auf verschiedenen Labels eingespielt, ehe er bei Alligator landete, der letzten Firma seines Vaters. Dort darf er aufnehmen, wonach ihm der Sinn steht, da kann sich Harry Hypolite auf der Gitarre austoben, wie er's schon in den letzten Jahren bei Clifton durfte, und die anderen Gentlemen legen einen tiefen, ans Eingemachte gehenden Naturgroove hin. Seit seinem ersten Alligator-Album »Too Much Fun« kennt man C. J. auch als vielseitigen Sänger, der locker einen Rocksong covert und gleich darauf einen traditionellen Zydeco Walz anstimmt. Er bedauert nur, daß er nie Cajunfranzösisch gelernt hat, aber er sei schließlich nicht aus dem Cajun Country, sagt er, sondern stamme aus Port Arthur. Und dort spreche man Texanisch.

C. J. Chenier and the Red Hot Louisiana Band ist die moderne Inkarnation der *Clifton Chenier Band* aus den Fünfzigern. Ihr Material ist frisch, und wie seinerzeit der König des Zydeco mischt sein Nachfolger die unumgänglichen alten Sounds zeitgemäß auf. Allerdings muß er nicht mehr gegen Vorurteile und Unwissen ankämpfen. Das heutige Publikum kennt den Zydeco und kann oft sogar die Titel aussprechen. Das ist fast ausschließlich das Verdienst Clifton Cheniers, und sein Sohn weiß das heute zu schätzen. Er hat sich ganz in den Zydeco eingelebt, er könnte nicht mehr ohne ihn sein. »Wenn du zu einem Jazzkonzert gehst, sitzen die Leute alle da und haben einen kleinen Drink vor sich. Aber sobald der Zydeco beginnt, rennt alles auf die Tanzfläche und kickt die Schuhe in eine Ecke. Ich will, daß sich die Leute amüsieren, und mit der Musik, die ich spiele, ist das garantiert«, sagt er und grinst dabei. C. J. ist einer, der seine Lebensaufgabe gefunden hat.

The Zydeco Hog: Nathan Williams

Nathan Williams ist nicht oft zu Hause. Er ist Chef einer Zydecoband, und da muß er manchmal wochenlang unterwegs sein. Neuerdings will man ihn sogar in Übersee haben, und dann werden aus den Wochen leicht Monate. 200 Konzerte gibt er pro Jahr, wenn's reicht. In sämtlichen US-Bundesstaaten war er schon, ist regelmäßig in Japan und Europa, und jedes Jahr verstärkt sich der Zeitdruck.

Er hat lange geschuftet, um so weit zu kommen, und er nimmt seinen Beruf sehr ernst. Nathan weiß, daß er viel Glück hatte. Das gehört zu jedem Job, wie Talent und Ausdauer. Glück braucht der Mensch, und es ist ein Glück, daß die drei Williams Brothers so eine verschworene Gemeinschaft sind.

Sidney ist der Älteste und Manager der Band. Er hat überhaupt eine Nase fürs Geschäft, denn er steht tagsüber in seinem kleinen Lebensmittelladen mit angeschlossener Tankstelle am Martin Luther King Jr. Drive in Lafayette, und abends geht er rüber ins El-Sid-O's. Das ist seine Zydecokneipe, ein Tanzschuppen, der für seine sagenhaften Konzerte schon legendär ist in der Cajun-Hauptstadt. Von dort aus wird die zur Zeit wohl beste Zydecoband gesteuert, im El-Sid-O's und im Sid's One Stop laufen die Fäden zusammen. Jeden Tag führt Sidney unzählige Telefonate, während Nathan and *The Zydeco Cha-Chas* irgendwo in der Weltgeschichte herumreisen.

Angefangen hat's im Sid's One Stop. Da arbeitete Nathan, schnitt Fleisch und filetierte Fisch, verkaufte Zigaretten und Benzin und machte zur Mittagszeit flink frische Sandwiches auf Bestellung. Und während der langen langweiligen Nachmittage döste unser Held, während das Radio leise Soul, Blues und Zydeco dudelte. Acht Geschwister waren sie zu Hause in St. Martinville, sieben Jungen und ein Mädchen, und als der Vater starb, war Nathan erst sieben Jahre alt gewesen. Bald darauf war er zu seinem Bruder gezogen und hatte begonnen, in dessen Lebensmittelladen zu arbeiten.

Sid wollte dem Nesthäkchen etwas Gutes tun, also kaufte er ihm ein altes Akkordeon. Nathan war als Clifton-Chenier-Fan aufgewachsen, denn der spielte einige Male im Casino Club in St. Martinsville. Der 18jährige war also fortan von seinem Schifferklavier nicht mehr zu trennen. Wenn im Laden nicht viel los war, schnappte Nathan das Instrument und übte, bis Sid meinte, er gehe noch pleite, wenn sein kleiner Bruder nicht endlich spielen lerne. Deshalb sorgte der pragmatische Boß dafür, daß Nathan beim besten Lehrer Südlouisianas Stunden bekam. Er ging bei Stanley Dural Junior in die Lehre.

Stanley Dural Jr. aus Carencro ist einer der aussichtsreichsten Bewerber um die lange verwaiste Zydecokrone. Er hatte seine Keyboardmeisterprüfung bei Clifton Chenier abgelegt und von ihm Akkordeon spielen gelernt, sich 1979 mit einer sorgfältig zusammengestellten Gruppe selbständig gemacht und Mordsglück gehabt; ein Fan seiner ersten, privat aufgenommenen Kassette gab sie Chris Blackwell, dem Chef des international erfolgreichen Island-Labels, und Chris griff sofort zu. Dem gefiel wohl die lockere Stimmung, denn Stanley ist ein humoriger Typ. Das drückt sich in seinen Texten aus, in seinem Bühnennamen »Buckwheat Zydeco« und im Namen der Gruppe. Die heißt *Ils Sont Partis*, »Der Start ist erfolgt«, nach der Lautsprecheransage zu Beginn des Pferderennens, die Stanley jeden Tag von der nahen Rennbahn in Carencro ins Haus herüberplärrt. Stanley war mit seinen irren Covers und selbstgeschriebenen Songs sofort erfolgreich, er reitet noch immer ungeniert die Novelty-Welle, aber er hat sich eine feste Fanbasis geschaffen, die seine Alben in unglaublichen Stückzahlen kauft.

Daß er im Kollegenkreis etwas gilt, zeigt sein Album »Five Card Stud«; Mavis Staples und Willie Nelson singen Duette mit Stanley, David Hidalgo und Steve Berlin von *Los Lobos* helfen mit, und Stan covert Songs von Van Morrison, Willie Nelson und den Ohrwurm »Hey, Baby« von Bruce Channel.

Ein idealer Lehrer also, der erste Zydecomusiker, der von einem Multi unter Vertrag genommen wurde und doch Zeit für einen Nachbarjungen hatte. Und Nathan setzte das Erlernte um. Er gründete eine Zydecoband, verpflichtete seinen Rubboard spielenden Cousin Mark Williams und zwei Schlagzeug und Gitarre spielende Freunde, und der vom Talent seines Bruders überzeugte Sid kaufte eine nur fünf Minuten entfernte Kneipe und machte sie zum Zydecopalast. Jeden Freitag trat die Familienband auf, ohne Gage, bis sich der Gig herumsprach und sich El-Sid-O's rentierte.

Nathan komponierte, textete und wußte musikalisch recht genau, wo er hinwollte. Die Harmonie Clifton Cheniers, der Reggae- und Skaeinfluß und die Soulmelodien, die Nathan so lange im Ladenradio gehört hatte, würden die Spinnweben vom Old-Folks-Zydeco reißen. Eine Rockrhythmusgruppe und möglichst noch Saxophon, das schwebte ihm vor, und er machte sich daran, seine Vorstellungen zu realisieren. Die Gruppe, die Nathan nach einem Chenier-Song genannt hatte, zog immer weitere Kreise, wurde immer öfter als Geheimtip genannt. Entsprechend konnte Nathan seine Wunschmusiker greifen. Und als 1987 die *Cha-Chas* eines Freitags im El-Sid-O's rockten, saß Rounder-Records-Produzent Scott Billington an einem der dunkelbraunen Tische und freute sich, daß sich die lange Reise von Boston gelohnt hatte. Gleich nach ihrem Auftritt hockten die *Zydeco Cha-Chas* mit Manager Sid und Produzent Scott zusammen, lasen aufmerksam und unterschrieben den Vertrag. Bisher hat sich die Partnerschaft bewährt, was viel über Rounder-Verträge aussagt.

Erst kamen einige Singles, die sich in Südlouisiana gut verkauften, dann begann eine Serie von sieben Alben, die in den nächsten zehn Jahren aufgenommen wurden, das erste bezeichnenderweise mit Boozoo Chavis, der auf dem Hit »Paper In My Shoe« seine ganze Karriere aufgebaut hatte. Die *Zydeco Cha-Chas* teilten sich den Platz auf der Live-CD mit Boozoo und seiner Band, eine Entscheidung, die beiden zugute kam. Jedem echten Nathan-Fan ist Alt-

Nathan Williams mit seiner Band Zydeco Cha-Chas, *die er nach einem Song von Clifton Chenier benannte.*

vater Chavis durch das Album bekannt, und die *Cha-Chas* bringen Boozoo-Fans ihren neuen Sound.

Der kam auf der ebenfalls 1989 aufgenommenen CD »Steady Rock« durch; Puristen erschauern noch heute beim Gedanken daran. Nathan spielte unbekümmert den Titelsong als Reggae und sang seinen selbstgeschriebenen »Everything On The Hog« so, wie ein Metzger das Thema eben angeht, denn beim Fleischhacken kam ihm der zutreffende Gedanke, daß alles am Schwein wohlschmeckend und brauchbar ist, außer den Augen. Daß er das auch für sich als Musiker so in Anspruch nehmen wollte, war der naheliegende, marketingtechnisch hervorragende Folgegedanke. Und weil die Leute das Stück mit dem Schwein auch immer verlangten, wenn die *Cha-Chas* irgendwo live spielten, begann Nathan von sich zu behaupten, er sei das »Zydeco Hog«, das Zydecoschwein. Nun denn.

Der gitarrespielende Bruder Dennis Paul Williams ist erst seit dem zweiten Album dabei. Der 1959 Geborene erfuhr noch während der Volksschule, daß er einen angeborenen, potentiell tödlichen Herzfehler hat: »Wenn die Pumpe jederzeit stehenbleiben kann, hab' ich gedacht, dann mache ich nur noch, was mir wirklich wichtig ist.«

Dennis begann sofort zu malen, zeichnen, gouachieren, drucken. Kreativ war er, hatte kaum genug Zeit, um alles zu schaffen, was er sich vorgenommen hatte, und als er während der Pubertät eine wirklich depressive Phase durchmachte, schenkte ihm Onkel Harry eine seiner alten Gitarren.

Dieser Onkel war Harry Hypolite, der eine Ewigkeit bei Clifton Chenier gespielt hatte und vom Clifton-Sohn C. J. übernommen wurde, als der Chef starb. In der Gebrauchtgitarre steckte also einiges an Geschichte, und Dennis begann zu spielen. Er meldete sich trotz Herzfehler sogar zu den Marines, wurde nach Japan versetzt und lernte dort nicht nur neue Maltechniken, sondern auch die alte japanische Kultur schätzen.

Nach seiner Rückkehr ins Zivilleben ordnete der Maler Dennis seine Prioritäten, konzentrierte sich auf spirituelle und religiöse Motive und begann eine Ausstellungsserie, die ihn an beide Küsten und in einige Städte dazwischen führte.

Dennis ist so gutgelaunt, wie es ein ernsthafter Mann eben sein kann, freut sich mordsmäßig, wenn er auf irgendeinem Gig wieder eines seiner Vorbilder kennenlernt, und arbeitet besessen an seiner Kunst. Der Anfangserfolg der Gruppe hat sich fortgesetzt, hat sich ausbauen lassen, und als der ehemalige Clifton-Chenier-Bassist Wayne »Blue« Burns hinzukam, war auch eine direkte Verbindung zum Vorbild aller zeitgenössischen Zydecospieler da. Blue ankert nicht nur den Rhythmus, sondern auch die manchmal hochfliegenden Erwartungen der Familiengruppe. Er hat beim King of Zydeco gelernt, wie hart besonders der arbeiten muß, der auf der Pyramidenspitze sitzt, und seine Erinnerungen bringen Nathan and *The Zydeco Cha-Chas* immer wieder auf den Boden der Tatsachen zurück.

Im Zydecogeschäft wie im Blues wird selten jemand durch gewaltige Verkaufszahlen reich. Durch Alben hält man sich im Gespräch und kann durch Airplay, durch Radiosendungen und Fernsehauftritte, neue Fans gewinnen, aber die Basis des Geschäftes ist nach wie vor der Liveauftritt. Jede gute Band, jeder wirklich erfolgreiche Solomusiker des Genres arbeitet volle acht Monate im Jahr, viele noch mehr, irgendwo auf der Welt live. Nur so kann sich die Karriere solide etablieren, im Gegensatz zum Top-Forty-Act, aber dafür können Menschen, deren Musik nicht trendabhängig ist, ein ganzes Leben an ihrer Kunst arbeiten, können dem Sound nachgehen, den die meisten seit ihrer Jugend im Kopf haben. Daß gerade Cajun und Zydeco junge, nachdenkliche Typen anziehen, ist daher nicht erstaunlich. C. J. Chenier, Nathan Williams, Keith Frank, Step Rideau, Steve Riley, ein verblüffender Zydecorocker namens Joseph »Zydeco Joe« Mouton aus Lafayette und der Queen-Ida-Sohn Myrick »Freeze« Guillory sind nur die bekanntesten der jungen Garde einer alten Louisiana-Tradition. Überall im Cajun Country, von Lake Charles über Eunice bis nach Port Allen, hinunter nach Houma und westlich die Küste entlang bis fast an den Sabine River stehen Dance Halls und Turnsäle, Kneipen und Pavillons, wo am Wochenende getrommelt und gefiedelt wird, geschrammelt und gerockt, von sehr jungen Spielern und Uraltcajuns aller Hautfarben, denen unsere *Hackberry Ramblers* gönnerhaft als Kids gelten. Die für europäische Ohren so exotischen Sounds sind die Volkslieder der Bayous, und sie werden gepflegt, solange Cajuns im Sumpf wohnen.

Hoffen wir, daß sich die Musik Louisianas außerhalb ihrer Heimat so fest etabliert hat, wie es scheint. Denn die Cajuns werden sich in nicht allzuweiter Ferne eine trockenere Bleibe suchen müssen, und dann gehören Lebensstil und Erlebnisse, denen wir die heutigen Songs verdanken, der Vergangenheit an. Der Atchafalaya gilt seit vielen Jahren als Ausweichgebiet für die immer wiederkehrende Mississippiüberschwemmung, und die stete Bearbeitung der Wasserläufe im Sumpf und beider in ihn hineinführenden Flüsse hat die gesamte Struktur des Feuchtgebietes verändert. Der viele Schlamm erhöht die Flußläufe, die Begradigung mancher Stellen hat die inzwischen bekannten Schäden durch das reißend schnell fließende Wasser hinterlassen und viele der alten Bayous, diese abzweigenden, kilometerlangen Bachläufe trockengelegt, wodurch der sie umgebende Wald natürlich abstirbt.

Seit Jahrzehnten wissen Hydro- und Geologen, daß der seit Urzeiten seinen Lauf ändernde Mississippi in den Atchafalaya River fließen will und somit die Städte Baton Rouge und New Orleans auf dem Trockenen lassen würde, eine wirtschaftliche Katastrophe für die Hafenstädte, die dann keine mehr wären. Der Zusammenfluß der beiden Ströme wurde schon vor vielen Jahren überdämmt, und nur etwa ein Viertel des Mississippi wird in den Atchafalaya eingeleitet. Die Fachleute fürchten eine der alle Jahrhunderte wiederkehrenden Fluten; die Überschwemmung von 1973 zerstörte um Haaresbreite den festen Betondamm am Atchafalaya. Bald, meinen sie, setzt sich der »Father of all Rivers« durch, so wie er es bereits mindestens siebenmal während der letzten Jahrtausende in immer schnellerer Folge getan hat. Sieben deutlich verschiedene Deltas weist Südlouisiana nämlich auf; das jetzige, bis zum Gehtnichtmehr eingezwängte, begradigte und ausgebaggerte ist schon 600 Jahre alt, und der Atchafalaya wird irgendwann Delta Nummer acht.

Angola in Louisiana

Die Konturen des Staates Louisiana können sich amerikanische Schulkinder leicht merken, denn sie ergeben ein riesiges L. Der Querstrich unten, das sind die Sümpfe, Bayous und die Großstadt New Orleans, und das Rückgrat des Buchstabenstaates ragt zwischen Texas im Westen und Mississippi im Osten hoch nach Arkansas. Am Winkel zwischen Horizontaler und Vertikaler haben sich schon ab 1719 deutsche Einwanderer angesiedelt, die vom Staatsgründer Law angelockt wurden. Das westliche Mississippi-Ufer nördlich von New Orleans heißt seither Cote des Allemands – Küste der Deutschen –, und noch heute wollen eine halbe Million Louisianer, jeder achte, direkt von Deutschen abstammen.

Die Hauptstadt des Staates ist im Gegensatz zu seiner einzigen Großstadt ein trauriges Pflaster. Baton Rouge ist die Chemie- und Erdölmetropole Louisianas, eines an Bodenschätzen reichen Gebietes. Seit 1901, als das erste Erdöl bei Jennings, mitten im Cajun Country, entdeckt wurde, fließen Öl, Gas, Schwefel, Salz und was sonst noch aus der reichhaltigen Erde Louisianas gebuddelt wird, in Richtung Cancer Alley, die von Baton Rouge nach New Orleans führt. 16 riesige Raffinerien stehen im Staat, gewaltige Mengen Petroleum werden hier stinkend zu Sprit und Schmiermitteln verarbeitet, in über einhundert Chemiebetrieben brodeln Suppen, aus denen vom Dünger über Kunststoffe bis hin zum synthetischen Gummi alles mögliche gemacht wird. Zum Glück konzentriert sich die ganze Sauerei auf einen schmalen Streifen am Mississippi-Ufer. Und der Vollständigkeit halber muß erwähnt werden, daß Baton Rouge die Heimat zweier Staatsuniversitäten mit über 30 000 und des Jimmy Swaggart Bible College and Seminary mit 75 Studierenden ist.

Daß sich zahlreiche Deutsche hier schon Anfang des 18. Jahrhunderts angesiedelt haben, darauf weist diese Tafel hin.

Jimmy ist bekanntlich einer der drei Schreckensvettern aus der Nordlouisiana-Kleinstadt Ferriday. Die anderen beiden sind Klavierklopfer und Bigamist Jerry Lee Lewis, genannt »The Killer«, und Countrystar Mickey Gilley, dem in Texas und Missouri riesige Kneipen gehören, wo ernsthaft gesoffen und gesungen wird. Cousin Jimmy wurde erst Wander-, dann elektronischer Prediger, nahm jährlich über hundert Millionen Dollar Ablaß ein, bis er mehrmals mit ziemlich heruntergekommenen Nutten in eindeutiger Situation erwischt wurde. Trotzdem er sich in Großaufnahme weinend um den Erhalt der grandios honorierten Gottesnähe bemühte, verlor er sein Imperium in machiavellistischem Gefleddere an ein Kartell ebenfalls elektronischer Gottesmänner. Momentan betreibt er deshalb in der nach ihm benannten Institution geistliche Weiterbildung, aber

Die Chemiebetriebe um Baton Rouge drängen die Landschaft in den Hintergrund.

schon winken wieder die ersten Fernsehauftritte, und Jimmy ist guter Dinge. Der Herr, sagt er, habe ihm verziehen. Und dabei weint er still vor Rührung.

Der Rest des Staates ist einigermaßen ansehnlich, teilweise sogar richtig schön, wenn man von der Armut in vielen Gegenden absieht.

Hinter hochwachsenden Zuckerrohrfeldern versteckt, lauern oft traurige, halbzerfallene Holzhütten, von der Sonne ausgelaugt, mit blinden Fenstern, schiefem Blechdach und krummer Eingangsveranda, aber an der flatternden Wäsche und den dürren, streunenden Hühnern sieht man, daß sie bewohnt werden. Mobilheime, diese typisch amerikanische Erfindung, stehen überall. Vorgefertigte Häuser sind das, die der Länge nach halbiert auf riesigen Sattelschleppern zum Grundstück des Käufers gebracht und dort aufgestellt werden. Sie gelten weder als Immobilie noch als Auto, sondern sind ein vom Straßenverkehrsamt besteuerter radloser Zwitter.

Mit der verbreiteten Armut geht eine lockere Handhabung der in den meisten US-Bundesstaaten recht strengen Alkoholgesetze einher. In Louisiana findet man Daiquiri-Drive-Throughs. Ganz klar, daß im Auto nicht getrunken werden darf, sogar das Mitführen geöffneter Alkoholbehältnisse steht in den meisten Staaten unter schwerer Strafe. So auch in Louisiana, aber wer so eine umwerfend fruchtige Bacardibombe an einem der unzähligen Autoschalter kauft, den Deckel des Plastikbehälters mit dem dazugelieferten Klebestreifen verschließt und einen Strohhalm durch das dafür vorgesehene Loch steckt, der bleibt im Rahmen des Gesetzes. Die Konkurrenz der Daiquiri-Mixer ist so brutal, daß jede freiwerdende Hamburger-Hütte sofort zu Höchstpreisen als Ausschank vermietet wird, und es ist nicht unüblich, vor Arbeitsbeginn eine Autoschlange vor den Durchreichen zu sehen, weil der Literbecher wieder einmal nur 2,99 Dollar kostet. Happy Hour gibt's im Zuckerrohr-Country rund um die Uhr.

Die 70 Kilometer Highway 61 – da ist er wieder – von Baton Rouge nach Mississippi hinein führen durch hügelige Landschaft, durch Felder und Wälder, zweispurig bis kurz vor Bains, und da gabelt sich der Highway. Menschen mit einem Sinn für – morbide – Bluesgeschichte sind nun versucht, links abzubiegen, den Highway 61 kurz zu verlassen und die Parallelstraße Richtung Mississippi zu fahren. Nach 16 Meilen, kurz vor der Staatsgrenze, steht an einer Wegkreuzung das unauffällige Hinweisschild auf Angola. Das ist nun nicht in Afrika, obwohl man es meinen könnte, wenn man die Bewohner sieht, sondern das grauenvollste, ekelhafteste Zuchthaus des hübschen Staates Louisiana. Ein Zuchthaus, dessen geflüsterter Name schon kleinen schwarzen Kindern den heiligen Schrecken einjagt. Angola ist das vielbesungene Horrorzuchthaus, wo der Urblueser Huddie Ledbetter, genannt »Leadbelly«, in der Todeszelle Liebeslieder schrieb. Freddy Fender saß wegen eines lausigen Jointchens drei Jahre in diesem Höllenknast, und der von Kennern hochgeschätzte Blueser Robert Pete Williams brummte hier lebenslänglich und fand Jesus zwischen elektrisch geladenem Stacheldraht und Backsteinmauern. »America's Bloodiest Prison« nennt sich die Anstalt, die am Ende des Louisiana Highway 66 steht, dahinter nur der breite Mississippi, umgeben von staksigen Wäldern und Armutsfarmen. Wer hier durchbrennt – und kaum noch jemand versucht es –, der kommt nicht weit. Und weil der amerikanische Rassismus noch lange nicht tot ist, sitzen in Angola überwiegend Schwarze.

Zu sehen gibt's nicht viel, wenn man die acht Meilen nach Angola hin- und auf gleicher Straße wieder zurückfährt. Knackis in weißer oder gestreifter Uniform, aneinandergekettet und im Feld oder am Straßenrand rodend, sieht man eher auf Nebenstraßen. Der Anblick erinnert peinlich an längst vergessen geglaubtes Unrecht. Die gutgenährten Aufpasser, im Schatten stehend mit der Knarre im Arm, und die schlotteruniformierten Gefesselten gehören nicht in die heutige Landschaft. Sie wirken so anachronistisch wie die Blicke, die Schwarze hier oben noch immer auf sich ziehen.

Diese letzten Meilen Louisiana bereiten den Reisenden auf die Entstehung des Blues vor.

Las Vegas am Mississippi

Wer aus dem ärmsten der 50 Vereinigten Staaten, Louisiana, nach Mississippi hereinkommt, der wird gleich von den Infrastrukturverbesserungen empfangen, die dem zweitärmsten Staat aus der Patsche helfen sollen. Jeder vierte Mississippianer vegetiert unterhalb der Armutsgrenze dahin, und der Staat setzt alle seine Karten auf legalisiertes Zocken, um das expandierende Loch in der Haushaltskasse zu stopfen. Festvertäute, zu Kasinos ausgebaute Mississippidampfer sollen amerikanischen Rentnern mit altbewährten Glücksspielen die knappe Kohle aus der Tasche ziehen. Damit Mister und Missis Gambler auch bequem zur Schlachtbank kommen, werden gerade die in den Staat hineinführenden Highways verbreitert, im Falle des 61 von zwei Fahrspuren auf sechs.

Auch hier, im welligen Südmississippi-Gelände, erstrekken sich Bayous in bunte Laubwälder, wird die Landwirtschaft offensichtlich von Familien betrieben, stehen schmucke Häuschen neben verfallenden Elendshütten. Schon in Louisiana waren Straßen als »Hurrikan-Fluchtwege« beschildert, und hier wird noch immer auf Evakuierungsrichtungen aufmerksam gemacht. Selbst wenn die Sonne strahlt und die Luftfeuchtigkeit den ganzen Staat in eine Sauna verwandelt, muß der Reisende wissen, was innerhalb kurzer Frist vom Golf von Mexiko heraufblasen kann. Dann wirbeln die Blechdächer über die Felder, Bäume werden entwurzelt, und Hütten neigen sich in noch abenteuerlichere Winkel.

Die Unterschiede zwischen Louisiana und seinem nördlichen Nachbarn stellen sich auf den ersten 60 Kilometern des Highway 61 deutlich heraus. Die fast karibische Lebensfreude Südlouisianas, der französische Dialekt und die Unbekümmertheit gehen unmerklich, aber bestimmt in eine

Herbheit über, eine Stimmung, die von der Not geprägt ist. Im lockeren Süden wird die Armut als Teil des Lebens hingenommen. Was nicht zu ändern ist, soll einem nicht noch die Laune verderben. Das ist in Mississippi ganz anders, da werden die ersten bösen Blicke auf das hübsche Auto geworfen, da wird wortlos Wechselgeld herausgegeben. Die Statistik mag wiederum Auskunft geben: Bei einem durchschnittlichen Pro-Kopf-Einkommen von 15 838 Dollar und einem mittleren Haushaltseinkommen von 22 191 Dollar liegt Mississippi an letzter Stelle der USA, weit hinter Louisiana, wo zwar ein größerer Anteil der Bevölkerung arm ist, aber lange nicht so bettelarm wie das untere Drittel Mississippis.

Die Zockerschnellstraße führt direkt nach Natchez hinein, und auf dem letzten Hügel vor der Stadt steht ein Restaurant, das sich aus weniger politisch korrekter Vergangenheit erhalten hat: Es hat die Form einer riesigen Negerin mit weißem Kopftuch und Schürze, ein gewaltiges Serviertablett in der Hand. Die Eingangstür ist vorn im Rock, und innen gibt's Pancakes und Truck-Stop-Kaffee.

Natchez ist eine für amerikanische Verhältnisse alte Stadt. Sie steht direkt über dem Mississippi, denn von der Stadt fällt ein etwa 50 Meter hoher Steilhang zum Fluß hinab. Die gute Luft des Hügels und seine unmittelbare Nähe zur brütendheißen Tiefebene Nordlouisianas auf dem anderen Flußufer machte Natchez im vorvergangenen Jahrhundert zum beliebten Wohnort reicher Baumwollpflanzer. Sie konnten in der Stadt leben und hatten ihre Felder gegenüber, aber weit genug entfernt, um nicht täglich das Elend mit ansehen zu müssen. Aufseher erledigten im baumwollproduzierenden Fiebersumpf die Drecksarbeit, während der Boß auf dem erhöhten Natchez bei Tafelmusik und erlesenen, den Mississippi hinaufgebrachten Weinen das Leben genoß. Die Lage am Fluß machte Natchez zum damals einzigen Naturhafen zwischen New Orleans und dem Zufluß des Ohio River; ein Handelsmonopol entstand, und die Stadt verdiente und wuchs entsprechend.

Natchez war also ein bevorzugtes Städtchen, und noch heute weht ein Hauch Plantagenbesitzergehabe durch seine engen Straßen. Die Altstadt ist ein architektonisches Juwel, ein Kleinod südstaatlicher Ante-bellum-Kultur, und von der Sorte gibt's nur noch wenige, denn die Südstaaten verloren bekanntlich den Bürgerkrieg. Allerdings galt Natchez auch den blauuniformierten Feinden etwas; sie brandschatzten es nicht, sondern akzeptierten seine Kapitulation mit ungewöhnlichem Anstand. Herrenhäuser und Lustgärten blieben intakt, wenn auch die Besitzer wechselten, weil ein verlorener Krieg für viele Sieger der Ausgangspunkt zur Vermögensbildung ist. Diese Villen zeigen die heutigen Natchezer gern während ihrer alljährlichen Spring Pilgrimage. Die Frühjahrspilger öffnen dann denjenigen Tür und Tor, die auch mal einen Tag wie Plantagenbesitzer verbringen wollen, was sicher im ärmsten Staat des Bundes ein geschmackvolles Unterfangen ist. Und wem das gefällt, der steht garantiert auch auf Oper unterm Sternenhimmel. Mardi Gras ist hier eine Serie von Hof- und Maskenbällen. *Joi de vivre* allenthalben, jedenfalls im besseren Haushalt.

Was die Natchezer früher nicht gern zeigten, war ihr Stadtteil Under-the-Hill. Da ging die Post ab, unterm Steilhang, direkt am Hafen. Spieler, Säufer, Schläger, Nutten und Bluesspieler trafen sich dort, zockten, bumsten, soffen und schossen sich durch den Tag, und die guten Bürger da oben wollten von Sodom und Gomorra zu ihren Füßen nichts wissen, außer wenn's um die Miete für die Gebäude ging, die ihnen gehörten.

Doch jetzt ist die Welt in Natchez wieder in Ordnung. Die letzte Puffmutter starb vor einigen Jahren, und die Spelunken sind jetzt sündhaft teure Cafés und Restaurants mit dem Gaunerschick, den Touristen so lieben. Direkt gegenüber des Terassencafés liegt ein Kasinoschiff, und dessen Betreiber kassieren jetzt mit einem Lächeln mehr als ihre Vorgänger jemals mit dem Colt bekamen.

Jetzt fährt man entweder ab in Richtung Vicksburg – oder macht einen kleinen Abstecher über die Mississippibrücke nach Ferriday, wo die besagte Jerry-Lee-Lewis-Troika aufwuchs. Allerdings wird die Lewis-Kindheitsbudenführung von irgendwelchen Verwandten nachmittags gegen Gebühr

Dieses »originelle« Restaurant ist eines der Wahrzeichen von Natchez.

erledigt, der Meister selbst war schon ewig nicht mehr in dem kleinen Backsteinhäuschen mit Anbau. Die vor sich hin dämmernde, langsam verfallende, bigotte Kleinstadt ist allerdings interessant, weil man sich nach einer Rundfahrt über nichts im Leben von Jerry Lee mehr wundert.

Außerhalb von Natchez biegt vom Highway 61 der gutbeschilderte Natchez Trace ab. Früher war's ein uralter Indianertrampelpfad, stellenweise zehn Meter tiefer als der umliegende Wald, dann zogen Trapper und Pioniere über den Weg, und heute ist es ein gepflegter, von der Nationalparkbehörde unterhaltener Asphaltstreifen mit außerordentlich geringem Verkehr, der durch eine sagenhafte, tiefgrüne und wilde Waldlandschaft führt. Die 50 Kilometer bis Port Gibson sollte man dort entlangfahren, denn weder kulturell noch landschaftlich tut sich auf dem Highway 61 etwas. Und Port Gibson selbst ist ein hübsches Überbleibsel des in diesen Breiten noch tagesaktuellen Bürgerkrieges. »Civil War« kommt überall auf den Anschlagtafeln vor, und die Menschen – jedenfalls die von der hellen Sorte – tun so, als sei der Onkel von den Yankees gerade erst jetzt umgenietet worden. Dabei hatte das Gemetzel im Frühjahr 1865 ein Ende, aber das Erinnerungsvermögen der Besiegten scheint ausgesprochen gut zu sein. Im Norden, in den Yankeestaaten, interessiert sich seit hundert Jahren kein Mensch mehr für den »Angriffskrieg des Nordens«, wie er hier unten noch immer heißt.

Port Gibson, sagte der siegreiche Nordstaatengeneral und spätere US-Präsident Ulysses S. Grant, sei »too pretty to burn«, zu schön, um zu verbrennen. Wahrscheinlich hatte er gerade ein gutes Fläschchen geleert und war deshalb nicht in Fackelstimmung. Die feldherrliche Entscheidung kommt heute dem Städtchen zugute; eine friedliche Stimmung herrscht in seinen leeren, baumbestandenen Straßen.

Vicksburg ist die nächste größere Stadt, und ihr Ruhm gründet sich darauf, daß sie während des Bürgerkrieges fast vollständig zerstört wurde und daß der einheimische Drogist Biedenharn vor etwas mehr als hundert Jahren der erste war, der Coca-Cola in Flaschen abfüllte und somit eine amerikanische Tradition ins Leben rief. Heute ist die

Stadt wieder aufgebaut – obwohl man beim ersten Durchfahren daran zweifelt –, und die Theke des Drogisten kann gegen eine ansehnliche Gebühr besichtigt werden.

Daß allerdings Willie Dixon hier geboren wurde und die ersten Jahre seines Lebens verbrachte (bis er zwölfjährig ins Zuchthaus kam), das wußte keiner der befragten Einheimischen. Willie gilt als Vater des Chicago Blues, ein wichtiger Mann also in der modernen Kultur Amerikas. Offenbar schätzt man am Ort den deutschstämmigen Cola-Abfüller mehr als den schwarzen Komponisten, Produzenten und Dichter*.

Nun hat allerdings die Stadt Vicksburg eine Attraktion ersten Ranges, die selbst von der Einwohnerschaft noch nicht gebührend gewürdigt wird. Das ist Margaret's Grocery, ein alter Lebensmittelladen im schwarzen Außenbezirk Vicksburgs. Margaret Rogers führte ihn seit Jahrzehnten, in einem Häuschen an der durch den Wald zum Fluß führenden North Washington Street. Irgendwann lernte die Witwe den zum vierten Mal wieder ledigen Preacher H. D. Dennis kennen. Der knochige Reverend und die mollige Witwe kamen sich näher, eine schöne Freundschaft bahnte sich an, und als er sich ein Herz faßte und um ihre Hand bat, versprach er, mit ihrer Zustimmung den grauen, etwas freudlosen Laden zu Ehren Gottes umzugestalten. Da konnte die damals 70jährige ihrem sieben Jahre älteren Beau nicht widerstehen. Sie heirateten im Jahr 1986, und sofort begann der Reverend, Margaret's Grocery in seinem christlichen Sinne zu verschönern. Er malte ein Riesenschild, bequem von vorbeifahrenden Automobilisten zu lesen, worauf steht, daß hier alle, Juden wie Christen, willkommen sind, und machte sich daran, zwischen Geschäft und Parkplatz Betonbausteine wie überkandidelte Legosteine aufzuschichten, neben- und übereinander, in die Breite und in die Höhe strebend, jede Schicht abwechselnd weiß oder rot angemalt. In seiner Ausdehnung ließ das Projekt keine Spur eines geometrischen Gesamtplans erkennen. Mister Dennis baute und malte, denn Maurer hatte er einst

* Siehe auch das Kapitel »Willie Dixon – Mr. Urban Blues« im Buch »Route 66« von Peter J. Kraus, Berlin 1997.

gelernt. Adler und Vasen krönen seine rotweißen Türme, Spitzen und Schilder weisen auf besonders zutreffende Bibelstellen hin, und gelegentlich befindet sich ein Guckloch in der Mauer oder ein eingearbeiteter Fremdkörper, ein Stück Holz oder eine Flasche, die hier gar nicht fremd erscheint. Mutig verteilte der Prediger Mittelblau über Veranda und Fassade des Geschäftes, kühne rote, gelbe und weiße Flecken dazwischen, irgendwo lächelt Jesus von der Wand, und morsches Holz knarrt, wenn der ausgemergelte Hausherr in flatternder Polyesterhose durch sein Kunstwerk eilt. Die alte Arbeitsbibel mit den vielen Bleistiftnotierungen im Text hält er in der Hand, den Finger irgendwo auf einer zutreffenden Stelle, und er hat sein Hörgerät abgestellt, weil er sowieso nur Margarets Lippen liest.

Der Reverend ist auch innen tätig geworden. Er kaufte Buntes, egal zu welchem Zweck es die Fabrik verließ, und reihte es in hübschen Mustern auf. Er baute Räder in Rädern, er bastelte ganz gegen christlichen Usus eine riesige Menorah aus Stahlrohr, und eine goldlackierte, juwelenüberkrustete Bundeslade steht vor dem Tresen, außen diverse Sicherheits- und Vorhängeschlösser, kettengeschützt und mit vier ausfahrbaren Griffen versehen, damit vier Gläubige das Heiligtum tragen können. Religiöse Gemälde zieren sämtliche Wände, bunte Kunststoff- und Metalldinge hängen und stehen überall, Papiergirlanden drehen sich, und elektrische Weihnachtsbaumkerzen blitzen im Takt des programmierten Schalters an und aus. Jedes Ding hat seine biblische Bedeutung, und der Reverend erklärt sie von Herzen gern. Er ist weit über Achtzig, und er weiß, daß er sein in der Bibel zugesagtes Alter schon um ein Wesentliches überschritten hat, aber er baut jeden Tag weiter, während seine Margaret mit leuchtenden Augen zuschaut und ihm gelegentlich liebevoll zunickt.

Er lebe ein geschenktes Leben, sagt Reverend Dennis von sich, denn seine Mutter starb bei seiner Geburt, und er lag fünf Tage bei ihr, ehe er gefunden wurde. Seither gehört sein Leben Gott. Er arbeitete schon während der Kindheit auf einer Plantage, war Farmpächter und mußte den größten Teil seiner kärglichen Ernte an den Boß abführen. 1936

Margaret's Grocery in Vicksburg hat ihr Mann, der Reverend Dennis, zum Meisterwerk religiöser Volkskunst gestaltet.

wurde er endlich ordiniert, fand aber weder eine eigene Kirche noch eine Gemeinde. Für einen Schwarzen war Mississippi 1936 kein gutes Pflaster, also ging er nach Detroit und baute dort in den Fabriken 21 Jahre lang Autos. Zwischendurch diente der Reverend, wurde in Europa verwundet und kam in ein Lazarett in der Heimat, eines für Schwarze, natürlich, denn er kämpfte zwar für die Freiheit, aber nicht unbedingt für die eigene.

Mit seiner dritten Frau kehrte er nach Mississippi zurück, und als die und auch die nächste starben, fand er Margaret. Jetzt freuen sich die beiden über den täglichen Fortgang des Sakralbaus, und Mister Dennis ist in manchen Kunstkreisen schon ein angesehener Mann. Aber das will er nicht, denn Gott sei der Architekt, »ich bin nur sein Bauhelfer«.

Der Reverend hat in der North Washington Street etwas Einmaliges geschaffen, ein religiöses Kunstwerk, das eigentlich gar nicht hätte gebaut werden dürfen. Denn die Kunstexperten behaupten, in Mississippi gebe es keine religiöse Volkskunst. Wenn sie nur sehen könnten!

Hoochie-Coochie-Man: Muddy Waters

Das Delta, behaupten alteingesessene Mississippianer, beginnt in Vicksburg und zieht sich bis hoch nach Memphis in Tennessee. Genaugenommen endet es im Zigarrenqualm und Whiskyduft der stillen, hohen Eingangshalle des altehrwürdigen Peabody Hotels in Memphis, nach 350 Kilometern Staub, Sonne, Ebene und Kudzu. Die aus Japan eingeführte Schlingpflanze, die alles in ihrem Weg begrünt, wächst alle drei Tage um einen Meter und bestimmt inzwischen das Bild des Deltas. Jeder Telegrafenmast und jedes Verkehrsschild ist kudzuüberwuchert, abgestellte Traktoren sprießen, ganze Wälder sind mit einer undurchdringlichen immergrünen Blätterdecke überwachsen. Kudzu – *pueraria lobata* – ist mit Abstand das Schnellste im gesamten sonnengelähmten Delta.

Hier ist der Blues zu Hause. Hier, darauf haben sich die Musikologen geeinigt, ist die Wiege des Genres. Und warum nicht; Blues wird überall gesungen, an beiden Küsten wie in Texas und den rostigen Schwerindustriemetropolen des kalten Nordens. Die Musik entspringt der Einsamkeit des Herzens, der Schwere des Daseins, der Mühsal und der Hoffnungslosigkeit, und die gibt's überall, wo Menschen ein schweres Los haben. Hier im Delta stimmt das allemal.

Wenn man durchfährt, wenn man auf dem 61 nach Norden schnurrt, dann nimmt mit der Dauer der Fahrt die Schwermut der Landschaft überhand. Das Delta ist keine Gegend, auf deren Feldern in munterer Fruchtfolge mal dieses, mal jenes wächst. Das Delta ist Baumwollgebiet. Baumwolle und Sojabohnen, aber die wachsen dort erst wenige Jahre. Mississippi wurde durch Baumwolle zum Staat, und es schätzt die Pflanze noch heute.

Der Baumwollanbau wurde profitabel, als Eli Whitney die Baumwollentkörnungsmaschine erfand. Das war schon gegen Ende des 18. Jahrhunderts, und sofort schwärmten Spekulanten ins fast unbesiedelte Mississippigebiet und rissen sich das Schwemmland des alten Deltas unter die hochglanzpolierten Nägel. Während der 30 Jahre von 1820 bis 1850 verzehnfachte sich die Bevölkerung des Gebietes, wobei weit über die Hälfte der neuen Bewohner schwarze Sklaven waren. Die durften die Knochenarbeit verrichten, während sich die weißen Plantagenbesitzer in Natchez oder Vicksburg vergnügten. Zwischen Besitzer und Sklaven standen die weißen Aufseher, die gewöhnlich der Pionierschicht entstammten. Die hatten sich das Land durch Ausrottung der hier lebenden Indianer angeeignet und wurden es durch die politische und wirtschaftliche Macht der Plantagenbosse wieder los – oft nur gegen das Versprechen einer Lebensstellung auf den ehemals eigenen Feldern. Pflanzer und Sklaven kamen üblicherweise gut miteinander aus – was natürlich relativ ist, denn der Besitz war dem Besitzer auf Gedeih und Verderb ausgeliefert. Doch Haussklaven, Ammen und Kindermädchen wurden gewöhnlich als Familienanhängsel betrachtet, was sich auch auf deren eigene Familien übertrug. Die Aufseher- und Vorarbeiterschicht aber, die sich oft nur im Grad der Unfreiheit von den ihnen unterstellten Sklaven unterschied, ging gewöhnlich brutal gegen diese vor. Der alte Haß zwischen den beiden Unterschichten, der weißen und der schwarzen, schwelt heute noch.

Baumwollstauden wachsen etwa hüfthoch, hängen voller stachliger weißer Kapseln und schneiden beim Pflücken in die Hand. Sie sind natürlich sehr leicht, also passen viele hundert Wollekapseln in den langen Segeltuchsack, den der Pflücker hinter sich her zieht. Die Pflanzen sind zu hoch, um auf den Knien rutschend gepflückt zu werden, aber um aufrecht stehend zu arbeiten, ist die Staude zu niedrig. Diesen Katastrophenjob hatten Männer, Frauen und bevorzugt Kinder. Selbst nach der Freisetzung der Sklaven als Folge des Bürgerkrieges blieben die meisten auf ihren Plantagen und arbeiteten weiter wie bisher. »Treue« Sklaven nannte man sie, dabei hatten sie keine andere Wahl, als dort zu bleiben, wo sie aufgewachsen waren, denn woanders gab's weder Job noch Wohnung.

Deren Nachkommen sind die Menschen, denen man heute in Mississippi begegnet. Erst nach dem Ersten Weltkrieg begann der große Auszug aus dem Baumwollstaat, und seither verlassen Schwarze Mississippi, und Weiße ziehen zu. Inzwischen stellen Afroamerikaner nur noch ein Drittel der Bevölkerung des Staates – immerhin das Dreifache ihres US-Bevölkerungsanteils.

Highway 61 führt von Vicksburg am Delta National Forest vorbei, zwischen der Mississippiniederung und dem riesigen Mischwald zur Rechten. Nach Yazoo City und Belzoni geht's vor dem Nationalwald schon rechts ab, und die Gegend ist tiefstes Bluesgebiet, aber wir bleiben auf dem Blues Highway, zumal die Sonne heruntersticht und Otis Spann gerade im Autoradio Klavier spielt. Eine schnelle Erfrischung im Onward Store, wo es statt Hamburger gebratenen Wels gibt und winzige, mittelgroße und riesige Teddybären aus im Plüsch fast versteckten Glasaugen glotzen.

Im Onward Store wurde der Teddybär einer dankbaren Sammlerwelt geschenkt, und das kam so: Theodore Roosevelt, kurzsichtiger Held von San Juan Hill im spanisch-amerikanischen Krieg (der clevererweise auf Kuba ausgefochten wurde) und US-Präsident, kam nach Mississippi zur Jagd. Das vermutlich vorgewarnte Wild ließ sich nicht blikken, und Präsident Teddy wollte verärgert wieder ins Hotel zurück. Da schalteten die Jagdveranstalter auf Plan zwei um, ließen ohne Wissen des Gastes einen rachitischen, verlausten, schon vor Wochen gefangenen Schwarzbären an einen Baum binden und alarmierten den Präsidenten (von dem man wußte, daß er in mehr als einer Hinsicht im Dunkeln tappte). Der roch allerdings den Braten, wurde fuchsteufelswild, als er merkte, daß der Petz angebunden war, und befahl mit den Worten: »Ich schieße nicht auf wehrlose Tiere!« dessen sofortige Freisetzung. Die Präsidenten-Presseabteilung schlachtete die Story vom herzensguten Landesvater Teddy sofort aus, worauf patriotische Hausfrauen und wehrlose Schulkinder kleine Plüschbären fertigten und ins Weiße Haus schickten. Seither heißt der Plüschbär nach seinem Gönner, und die von der Onward-Store-Chefin erzählte Story war's wert, bei Muckefuck auf den staubtrokkenen Wels zu warten.

Kurz vor dem nördlichen Ende des Waldes steht der Weiler Rolling Fork, und da machen wir halt. Klar, daß inzwischen Muddy Waters' »Best-of«-Album im CD-Spieler steckt, als wir auf das Tankstellengelände einbiegen. Die junge schwarze Dame hinter der Kasse hat noch nie von einem Muddy Waters gehört, von einem McKinley Morganfield auch nicht, und die Kroger Plantation kennen weder sie noch ihre Freundin.

Dabei wurde Muddy Waters doch in Rolling Fork geboren. Auf der Kroger Plantation, das steht in allen Büchern. Als er drei war, starb seine Mutter, und der kleine McKinley, so hieß er damals noch, kam zur Oma nach Clarksdale. Vater Ollie Morganfield, Feldarbeiter und Musiker, Mutter Bertha Jones. Nö, noch nie gehört.

Der freundlich aussehende rundliche Herr am Cola-Automaten wird mir ans Herz gelegt, weil der uniformiert ist und deshalb alles weiß. Der schüttelt auch den Kopf, als nach der Kroger Plantation gefragt wird, aber als der Name Morganfield fällt, strahlt er. Natürlich, Muddy Waters, klar, der ist von hier. Bin sogar mit ihm verwandt, und die Brust schwillt ganz leicht an. Ob ich Lust habe, Muddys Bruder kennenzulernen, fragt er.

Die China Street ist eine der netteren Wohnstraßen dieses Delta-Städtchens. Kinder fahren auf der Straße Fahrrad, weil selten ein Auto vorbeikommt, und die kleinen Holzhäuser haben Vorgärten, denen kniehohe Gipsrehe und einbeinige rosa Kunststoffflamingos eine gewisse Hipness verleihen. Hier wohnt der Robert Morganfield, in einem flamingorosa Häuschen mit breiter, überdachter Veranda, ideal für die langen, heißen Sommernachmittage. Mister Morganfield sieht seinem Bruder ähnlich, besonders im Profil. Wir sitzen auf weißen Schmiedeeisenstühlen unter dem Blechdach des Verandaanbaus und trinken Tee. Herr Morganfield ist Prediger. Er erinnert sich gern an seinen Bruder, den er erst als Erwachsener kennengelernt hat; sie stammen vom gleichen Vater ab, von besagtem Ollie. »Muddy war ein guter Mensch«, sagt der Prediger, und im

Muddys Bruder, Prediger Robert Morganfield (rechts), mit seinem Schwager.

Tonfall klingt ein Bedauern darüber an, daß er Musiker wurde. »Immer für uns da«, versichert er, »zehn Geschwister waren wir doch, und er kam oft her, weil Rolling Fork sein Zuhause war; hier wurde er geboren, und hier hatte er uns. Sogar, als er schon sehr krank war, saßen wir genau hier und erinnerten uns ...«

Muddy bekam seinen Spitznamen von den Schwestern, weil er, sobald er laufen konnte, im Bach hinter der Hütte spielte, im schlammigen Wasser, im *muddy water* des Deer Creek. Er dachte oft an die fröhlichen Mädchen zurück, als er bei der Oma aufwuchs. 1918 war er auf Stovall's Plantation gekommen, als dreijähriger Knirps, und er hatte schon früh mit aufs Feld müssen, denn Stovall's war die größte Plantage in der Gegend, und jeder mußte bei der Ernte helfen. 50 Cent verdiente so ein Winzling am Tag, wenn er fleißig pflückte. Ein halber Dollar, der Oma sehr willkommen war. Bargeld gab's fast nie, denn die Familien, die für Stovall arbeiteten und in seinen Hütten auf seinem Land wohnten, ließen auch in seinem Lebensmittelladen anschreiben. Eine Mundharmonika kostete damals zehn Cent, und der siebenjährige Muddy kaufte sich eine. Er war nie wieder ohne ein Instrument anzutreffen, sang Jahr um Jahr bei der Arbeit auf dem Feld alte Spirituals und neuen Blues, den er von Son House gehört hatte. Son kam gelegentlich auf die Plantage, spielte dann einen Abend und zog am nächsten Tag weiter. Der 17jährige Muddy war von Son House so beeindruckt, daß er eines Tages die sieben Meilen nach Clarksdale lief und sich eine Gitarre kaufte. Mit seinen Freunden Son Simms und Scott Bohannon trat er auf, beim Fish Fry am Samstagabend, wenn die Gemeinde zusammensaß, selbstgefangenen Fisch über heißer Kohle briet und Selbstgebrannten verglich. Sie spielten, wenn jemand starb und die Familie Geld brauchte, um den Verstorbenen zu beerdigen. Und wenn sie zum Tanz spielten, kassierten sie von jedem Tänzer einige Cents. Sie wurden immer besser, gingen ab und zu über Land zur nächsten Plantage oder in ein am Waldrand stehendes Chicken Shack. Weder sanktioniert noch anerkannt, nur vom Sheriff geduldet wurden die Chicken Shacks, und weder Gäste noch Betreiber waren jemals vor Überfällen eifriger Gesetzeshüter oder negerhassender Ku-Klux-Klan-Meuten sicher.

Einige wenige Male hörte Muddy auch Robert Johnson, von dem alle sprachen. Charley Patton und Willie Brown traten mit Son House zusammen auf, die berühmtesten Bluesspieler des Deltas, denn die hatten schon Schallplatten aufgenommen. Ausgerechnet im fernen und kalten Grafton, Wisconsin, und als sie wieder ins Delta zurückkamen, waren sie Stars. Muddy hörte gut zu und lernte von allen. Er hatte als Kind ja wenig Gelegenheit dazu gehabt, weil er kaum zur Schule gegangen war, aber er begriff blitzschnell und merkte sich alles, was ihm wichtig schien.

Muddy Waters' kleine Gruppe war recht gefragt, denn er spielte zunehmend wie Son House, und dessen Sound war so beliebt, daß Leute von weither kamen, nur um Son zu hören. McKinley Morganfield nannte sich jetzt als Musiker so, wie seine Schwestern ihn getauft hatten, und den Leuten gefiel das. *Musicianers* mußten verwegen aussehen oder heißen, sonst stimmte etwas nicht. Son, der Sohn, hatte seinen Ruf als gefallener Preacherman und Parchman-Farm-Zuchthäusler weg, Willie Brown wurde fuchsteufelswild, wenn er nicht als »Mister« Brown angesprochen wurde, und Charley Patton lebte ein perfektes Lotterleben vor, soff, hatte nie weniger als zwei Ehefrauen zur gleichen Zeit irgendwo sitzen, schlug sich mit jedem, der ihn frech anmachte, und nahm auf nichts Rücksicht. Von Robert Johnson schließlich wußte jeder, daß der seine Seele an den Beelzebub verkauft hatte, was die Frauen ganz wild auf ihn machte und wodurch er ständig wieder Todsünden beging, aber das konnte ihm ja egal sein.

Sogar bis nach St. Louis in Missouri war Muddys Ruf als Gitarrenspieler und Sänger gedrungen, also fuhr er hin und trat mehrmals auf, aber er war doch froh, als er wieder auf Stovall's Plantation war. Ein Jahr später, im brütendheißen August 1941, klopfte ein Weißer an seine Hüttentür. Alan Lomax, stellte der sich vor, aus der Haupstadt Washington ins Delta gekommen, um für die offizielle Staatsbibliothek Library of Congress echte Folksongs aufzunehmen. Und da die Library of Congress, vertreten durch diesen weißen Menschen, auch mit ein paar Dollarscheinen wedelte, willigte Muddy ein. Mister Lomax hatte ein Wunder der Technik dabei, ein tragbares Tonaufnahmegerät! Obwohl es 300 Pfund wog, schleppten es einige Nachbarn doch in die Muddy-Behausung, und dann legte der Musiker los, während der Musikologe an Knöpfen drehte und die Herumstehenden um absolute Ruhe anflehte. Die Wachsscheibe drehte sich, die Nadel kratzte ihre Rille, und Muddy war verewigt.

Zwei der Lieder, die er damals spielte, sind auf einer Bluesanthologie der Library of Congress erschienen; »I Be's Troubled« und »Country Blues« gefielen derart, daß Mister Lomax mit seiner Aufnahmemaschine im nächsten Jahr wieder vor der Haustür stand. Muddy hatte diesmal auch einige neue Songs dabei und überlegte sich, daß er eigentlich in den Norden ziehen könnte und nur noch Musik machen, wenn sich der reiche Weiße zweimal zu ihm bemühte. Der

Gedanke war goldrichtig, wobei sicher auch die Tatsache eine Rolle spielte, daß er sich mit seinem Boß, Mister Stovall, ganz schön verkracht hatte, weil er von der vielen abendlichen Giggerei immer so müde aufs Feld kam. Muddy Waters packte seinen Strohkoffer und stieg in den nächsten Zug Richtung Chicago.

Das Kriegsjahr 1943 war für daheimgebliebene Musiker wie Manna, denn sie fanden mühelos Jobs. Alles war zu den Streitkräften eingezogen, nur Schwarze mußten nicht unbedingt dienen.

Der Bluesmann »Big« Bill Broonzy hörte Muddy an einer Straßenecke der Maxwell Street, dem öffentlichen Forum für Neuankömmlinge, und er vermittelte dem jungen Mann gleich Arbeit. John Lee »Sonny Boy« Williamson hatte einen lukrativen Gig im Plantation Club, aber sein Gitarrist taugte nichts. Muddy spielte Delta Slide, strich mit einem abgeschlagenen, über den Finger gestreiften Flaschenhals über die Gitarrensaiten, und der Bottleneck-Sound war als Begleitung zu Sonny Boys berühmter Mundharmonika goldrichtig. Er spielte Country Blues, der Muddy, mit großstädtischem Flair, aber so richtig von den Sitzen riß er das Publikum erst, als er elektrisch wurde.

Seit einem Jahr war er in Chicago, hatte Arbeit, und er hatte schon so ordentlich verdient, daß er sich eine elektrische Gitarre kaufen konnte. Seine Bottleneck-Technik und die durch die Verstärkung möglichen Effekte machten, was Muddy spielte, zu einem ganz neuen Stil. Mit dem Mundharmonikaspieler Jimmy Rogers und dem Gitarristen Claude Smith machte er sich selbständig, nahm später Eddie Boyd am Piano hinzu, wechselte ihn dann aber gegen den Delta-Pianisten »Sunnyland« Slim aus, was sich als cleverer Zug erwies, denn Slim war in Chicagoer Musikindustriekreisen bestens eingeführt. Er verschaffte der Gruppe beim Aristocrat-Label einen Aufnahmetermin, nachdem Muddys erste Studiosession für den Produzenten Lester Melrose im Sand verlaufen war. Melrose war ein gewiefter Talentscout und Musikboxenaufsteller, der sich auf »Rassenmusik« spezialisiert hatte. Seine Aufnahmen waren sofort erkennbar, denn er ließ immer die gleiche Studioband das oft gleiche Lied hinter dem Solisten spielen, und der Melrose-Sound war in ganz Chicago bekannt*.

Aristocrat dagegen gehörte den Gebrüdern Chess. Die Herren stammten aus Motol in Westrußland, hatten nach der Einwanderung im Schrottgeschäft Fuß gefaßt und nach Aufhebung des Alkoholverbotes eine Anzahl Nachtklubs im Schwarzenghetto Chicagos geführt. Sie stiegen ins Schallplattengeschäft ein, weil die Künstler sowieso bei ihnen auftraten; da konnte man doch schnell ins Studio hinübergehen und den Song, der im 708 Club oder in der Macamba Lounge so gut angekommenen war, noch mal singen lassen.

Unter den »Rassenlabels«, also den Firmen, die sich auf afroamerikanische Musik und das schwarze Publikum spezialisiert hatten, war Aristocrat das jüngste. Kaum war die Firma gegründet, luden Phil und Leonard Chess im Sommer 1947 Muddy Waters und seine Gruppe zu einer Aufnahmesession ein und waren baff, als sie hörten, wie harsch die Jungs spielten. Slim klopfte ein überlautes Klavier, Muddy schnalzte mit dem Flaschenhals über die Saiten und sang abgehackt und rauh, und das Ganze sollte bei der zweiten Session im Jahr darauf noch schlimmer werden. War Muddy beim ersten Mal noch Sideman für seinen Pianisten, so hatte er jetzt nur noch Baßspieler »Big« Crawford dabei. Muddy legte mit einer furiosen Version seines »I Can't Be Satisfied« los – so Delta, so schwarz, derart *down-home*, daß der im Nebenzimmer zuhörende und um seinen Einsatz bangende Leonard Chess ständig: »Was singt er? Ich kann's nicht verstehen!« greinte. Das Ding wurde doch auf Platte gepreßt; »Feel Like Going Home« war die B-Seite der in einer Stückzahl von 12 000 gepreßten ersten Auflage, und die war innerhalb eines Tages ausverkauft.

In ihrer Gier, den richtigen Ton für ein möglichst großes Publikum zu treffen, hatten sämtliche Labels das Naheliegende außer Acht gelassen: die vielen Deltabewohner, die während des Krieges und kurz danach in die Großstadt gezogen waren. Die meisten hatten nun Jobs, verdienten Geld,

* Die Lester-Melrose-Story und eine ausführliche Geschichte des Chess-Labels sind im Buch »Route 66« vom gleichen Autor nachzulesen.

aber sie hatten noch immer Heimweh. Und dann knallten plötzlich diese bekannten Sounds in ihre weitaufgesperrten Ohren. Der Künstler selbst mußte sich sputen, daß er auf der Maxwell Street noch eine Platte für sich kaufen konnte.

Kurz darauf sei er erstmals wieder heimgekommen, erzählt sein Bruder Robert Morganfield. Ein Mann, dessen Musik man im Radio hören konnte, der sogar schon bis Pennsylvania gekommen war, in den feinsten Nachtklubs Chicagos auftrat und der jetzt drüben in Helena, über dem Fluß in Arkansas, im Radiosender zu Gast war und dort im Studio spielte, was hier im Städtchen alle hören konnten. Dann kam er nach Hause, im eigenen Auto.

Muddy Waters nahm zwischen 1951 und 1960 ein gewaltiges Repertoire auf. Nicht nur er schrieb fleißig Blues, auch Willie Dixon, der inzwischen als Komponist, Produzent und Bandleader bei Chess gelandet war, schrieb Hits wie »I'm Ready«, »I'm Your Hoochie Coochie Man« oder »Just Make Love To Me« für Muddy, und sein Stil – rauhe, tiefe Stimme, bedrohlich ausgestoßene Wortfetzen, ein nicht zu verfehlender Beat, eigentlich mehr Rhythmus als Melodie – war weltweit ein Begriff. Er tourte 1952 fast ein Jahr mit John Lee Hooker durch den Süden, spielte beim Alan-Freed-Krönungsball, als dieser König der Rock-DJs wurde, was im Nachhinein besondere Bedeutung bekommt, denn der whiskysaufende weiße »Race-music«-DJ Alan Freed gilt heute als der Vater des Rock, weil er sich mutig über Rassengesetze hinwegsetzte und in seinem Programm und seinen Konzertveranstaltungen schwarze und weiße Kids fröhlich miteinander umgingen. Die Mischung zündete, als Elvis Presley den Song »It's All Right, Mama« vom Mississippi-Bluesman Arthur »Big Boy« Crudup borgte und ihn genauso sang, wie er es bei Crudup gehört und gesehen hatte.

US-Tourneen wurden für Muddy und seine Band gebucht – die besten Blueser Chicagos arbeiteten nun für ihn, Otis Spann am Klavier und Mundharmonikaspieler Little Walter –, nach England fuhren sie, um dort eine Inselrunde mit Chris Barber und seinen Dixieländern zu drehen, von der Bühne der altehrwürdigen New Yorker Carnegie Hall

Muddy Waters, der eigentlich nur wie Son House spielen wollte …

sang er im Dialekt der Baumwollpflücker und blickte dabei auf schlaffe, diamantgeschmückte Brustansätze und blütenweiße Smokinghemden. Die ersten Alben kamen mit großartigem Erfolg auf den Markt, worauf Muddy zum Newport Folk Festival eingeladen und auch gebührend gefeiert wurde; ein vollelektrisierter Rock-Muddy durfte dort alles, was einem zaghaft verstärkten Dylan ein Jahr später pfeifend verübelt wurde.

Mittlerweile hatte sich eine Bluesgruppe aus fünf pickligen, bleichen Engländern mit schlechten Zähnen nach einem seiner weniger erfolgreichen Songs »Rolling Stone« benannt. Muddy Waters war dank seinem Songlieferanten und Studioproduzenten Willie Dixon 1963 beim ersten American Folk Blues Festival dabei, und er nahm sogar ein erstes Album in Deutschland auf, beim Fontana Label in Bremen.

Muddy hatte den Blues neu definiert, hatte rockverrückte Kids mit seinem elektrischen Urban Blues wiedergewonnen und wurde allenthalben verehrt. Muddy Waters, der nie eine halbwegs anständige Grundschulbildung genossen hatte, entwickelte sich zum beachteten Vortragenden auf der Bühne und gern gesehenen Fernsehgast. Er stieg in die Höhen der Rockstar-Welt auf, und er war doch nur der Muddy, der so wie Son House spielen wollte. »The blues had a baby«, erkannte er – und schrieb schnell ein gleichnamiges Lied –, »and they named it Rock 'n' Roll«.

Durch die Sechziger und frühen Siebziger blieb Muddy Waters der beliebteste Bluesspieler, brachte großartige Alben wie »Real Folk Blues«, »Fathers and Sons« und seinen Grammy-Sieger »They Call Me Muddy Waters« heraus und nabelte sich langsam von Chess ab. Er hatte im Albino-Rockstar und Bluesliebhaber Johnny Winter einen treuen Anhänger, und als Johnny mit ihm das Album »Hard Again« für CBS aufnahm, hatte Muddy Waters wieder einen neuen, zeitgemäßen Sound. Er spielte nur noch selten Gitarre, meist sang er, aber Winter war ein derartiger Crack, daß sich das neue Album nahtlos an die besten Muddy-Waters-Langspielplatten der frühen Sechziger anlehnt. Sogar die zweite Produktion des jungen Weißen und des ältergewordenen Schwarzen, »I'm Ready« von 1978, klang ohne Vorbehalt nach Delta und verschaffte Muddy und Johnny eine Einladung ins Weiße Haus Jimmy Carters.

»Er war ein guter Mensch«, sagt sein Bruder. Die Sonne steht schon recht tief, aber es ist unter der Blechüberdachung immer noch knallheiß. »Er kümmerte sich um uns, er kam immer öfter – meine eigenen Kinder spielten ihm etwas vor, Spirituals hauptsächlich, denn eine Tochter und ein Sohn sind recht begabte Musiker –, und als er dann so furchtbar krank wurde, Anfang der Achtziger, und immer noch soviel reiste, so oft auftrat, selbst da kam er noch zu Besuch. Er war erst 68, als 1983 sein Herz versagte.« Und er schüttelt den Kopf, denn es ist schwer zu verstehen. Brüder sollten nicht sterben.

In der Stadtmitte Rolling Forks gibt es einen schmalen Grünstreifen mit einem winzigen hölzernen Pavillon und einer in Stein eingelassenen Plakette. Das ist der Muddy Waters Park, und an sonnigen Tagen spielen die Kinder der Stadt dort Verstecken und »Wer hat Angst vorm Weißen Mann?«, und was Kinder sonst noch so spielen. Die automatische Bewässerungsanlage spritzt wie alle automatischen Bewässerungsanlagen immer über den Rand des Rasens hinaus, die harte Erde zwischen Park und Straße wird aufgeweicht, und es bilden sich Pfützen. Wetten, daß einer der Kleinen dort von seinen Freunden Muddy Waters gerufen wird?

Greenville: Die größte Stadt im Delta

Nur ein Katzensprung ist es von Rolling Fork bis ans Ufer des Mississippi. Der breite behäbige Fluß mäandert hier gemächlich bergab; er bildet die Westgrenze des Bundesstaates Mississippi, die sicherlich nur halb so lang wäre, hätte man sie mit dem Lineal gezogen. Der Fluß mißt 3788 Kilometer, und ein Gutteil davon scheint sich zwischen Mississippi und Arkansas zu schlängeln.

Wenn man am Ufer sitzt und Steinchen übers Wasser hüpfen läßt, wenn tiefbordige weiße Raddampfer mit hohem Deckaufbau tutend um die Biegung rauschen, dann werden Tom Sawyer und Huck Finn wieder lebendig. Nicht seine Heimatstadt Hannibal in Missouri, sondern diese Gegend hatte der Schiffslotse Samuel Clemens im Sinn, als er sich Mark Twain nannte und die amerikanischste aller Geschichten erzählte.

Der Fluß hinterläßt auf seiner Suche nach einem neuen Bett überall Seen, abgeschnittene Flußarme, baumbestanden und wild, voller Fische und abendliche Heimstatt für unzählige Wasservögel. Die Flußauen leuchten dann tiefrot im Licht der untergehenden Sonne, und das Delta wirkt so friedlich wie vor tausend Jahren. Doch die Idylle kann sehr schnell umschlagen, das betuliche Leben dem Kampf um die nackte Existenz weichen.

Im Frühjahr 1927 erfuhren Flußnachbarn über Nacht, wie heimtückisch der Mississippi sein kann. Das breite Bett des Stromes war ganz einfach überfordert, als die Frühjahrsregenfälle nicht aufhörten. Plötzlich sollte es doppelt soviel Wasser zum Golf von Mexiko tragen, wie es normalerweise aufnehmen kann. Ein 1500 Kilometer langer, 80 Kilometer breiter, teilweise mehrere Meter tiefer Wasserteppich war die Folge. Wenige Meilen oberhalb von Greenville, Mississippi, brach der Deich auf einige hundert Meter Länge, und das Delta wurde zum Binnensee. Über eine Million Menschen wurden obdachlos, Malaria und Blattern grassierten, Trinkwasserbrunnen waren verseucht, Millionen verendeter Tiere mußten auf offenem Feld verbrannt werden, während die Überschwemmungsopfer hungerten. Und als es nach Wochen ans Aufräumen ging, da arbeiteten Schwarz und Weiß nebeneinander, ohne Ansehen der Person, wie sie's schon beim verzweifelten Versuch getan hatten, die Deiche zu verstärken und damit ihre Heimat zu retten. Erst als die schlimmsten Schäden beseitigt und eine gewisse Normalität wieder eingekehrt war, brach der alte Rassismus wieder hervor.

Sie sind nett, die Menschen hier, wenn man ihnen freundlich entgegenkommt. Wie überall eigentlich. Sie wollen in Ruhe gelassen werden, sie wollen ihr Leben genießen, so gut es geht. Es ist noch gar nicht lange her, daß ganz Amerika auf die Deltaregion Mississippis herabschaute, sich über die Armut dieses Landstrichs lustigmachte, sich über die ungebildete Bevölkerung amüsierte – selbst im Radio konnte man sofort hören, woher der Blöde im Hörspiel stammte, und meist war er schwarz, meist aus Nordwestmississippi –, aber die offiziell sanktionierte Arroganz liegt zum Glück hinter uns. Jetzt ist bekannt, welch unschätzbaren Beitrag zur amerikanischen Kultur dieser Landstrich geleistet hat, und da Kultur inzwischen eine gutverkäufliche Ware ist, könnten sich die einfachen Menschen hier doch noch zu wertvollen Bürgern mausern. Je nachdem, wie weit die Erleuchtung ihrer Mitbürger reicht.

Mit Ausnahme weniger Katastrophenjahre schläft Greenville seit seiner Gründung vor sich hin. Mit 45 000 Einwohnern ist die Stadt am Mississippi die größte Stadt des Deltas – und sie ist darauf stolz, Heimat einiger bekannter Autoren zu sein. Hodding Carter und Shelby Foote dürften die bekanntesten Schriftsteller dieser flachen, staubigen Stadt sein, deren Langeweile so viele Kreative hervorbrachte. Greenville ist nämlich auch als Musikerhochburg berühmt. Der leider viel zu früh verstorbene Bluesgitarrist Frank Craig, besser bekannt als »Left Hand« Frank, stammt von hier wie Countrystar Hank Cochran, *Supreme-*

Sängerin Mary Wells, Soulmensch Tyrone Davis und Bluespionier Josh White, der Mitte der Zwanziger mit »Blind Lemon« Jefferson durch Mississippi und Illinois zog, bis hoch nach Chicago, wo Blind Lemon einer der ersten Gitarrenstars des Blues wurde. Josh lernte von Willie Walker, »Blind« Joe Taggart und »Blind« Blake die Feinheiten des Piedmont Blues und wurde somit Vorläufer der heutigen Piedmont-Stars John Cephas und Phil Wiggins.

Die Häufigkeit des »Blind« in Bluesernamen ist übrigens kein Zufall. Noch bis zur Mitte dieses Jahrhunderts galt, daß ein blinder oder sonstwie körperbehinderter Schwarzer kaum Aussicht auf einen Job hatte. Da blieb nicht viel, was man tun konnte, um zu überleben, nur Korbflechten, die Kanzel oder Musik.

Wenn der Bluesforscher heute vom Highway 61 nach Greenville abbiegt und sich nach der Nelson Street erkundigt, wird ihm wahrscheinlich heftig abgeraten, dorthin zu fahren. Die Menschen schütteln über den leichtsinnigen Weißen den Kopf, denn die Nelson Street ist zwar für ihre Blueskneipen bekannt, aber als Drogenumschlagplatz und allgemein gesetzlose Zone gefürchtet. Heruntergekommen zieht sie sich zum Mississippi hin, verfallende Gebäude, an die sich verfallende Menschen lehnen, und wo früher die weltberühmte Musikkneipe war, ist heute ein Secondhand-Kleiderladen. Nur Doe's Eat Place, eine vergammelte Kaschemme mit einer sagenhaften Küche, scheint gut besucht zu sein. Selbst die große Backsteinkirche an der Ecke macht einen verlassenen Eindruck. Der für den Fan interessante Teil der Nelson Street ist nur drei oder vier Straßenzüge lang, aber er ist trist genug, daß der Besuch fürs ganze Leben reicht.

Roosevelt »Booba« Barnes stammte aus Longwood zwischen Greenville und Rolling Fork. Als Kind lernte er Mundharmonika spielen und verdiente schon 14jährig gute zehn Dollar pro Wochenende. Daß er dafür zwei Nächte blasen mußte, keine Pause einlegte, das bereitete ihn nur auf sein späteres Musikerleben vor. Er lernte einen kratzigen, fetzigen Feedback-Gitarrenstil und begleitete damit Howlin' Wolf, Frank Frost und »Little« Milton bei ihren

Nelson-Street-Auftritten. 27jährig heiratete Booba die Tochter des Kneipiers vom Gold Coast Inn aus Rolling Fork und lernte von dem, wie der Mensch eine Musikpinte auf dem Land führt.

Er zog irgendwann nach Chicago, trieb sich mit anderen Musikern in Bars und Studios herum, aber die Nordlichter wollten von seinem ruppigen Howlin'-Wolf-Stil, von seinem primitiven Deltasound nichts wissen, also kehrte Booba bald nach Greenville zurück und spielte die nächsten zehn Jahre härtesten Nelson Street Blues, und viele Tage war er auf dem Mississippi und fischte. Dann machte er in einem aufgegebenen Gebrauchtmöbelladen eine Kneipe auf, in deren Hinterzimmer er mit seiner Familie wohnte. Der Playboy Club im Haus Nummer 928 war Aktionszentrale. Der Chef – inzwischen als König der Nelson Street bekannt, was man als Ehre oder Warnung auffassen konnte – spielte jeden Freitag und Sonnabend selbst, und irgendwann meldete sich ein Labelbesitzer aus dem nahen Clarksdale und nahm mit Booba ein Album auf. Da gab's kaum ein Risiko, denn schon Jahre zuvor hatte der französische Filmemacher Bertrand Tavernier einen Dokumentarstreifen über Booba, seine Kneipe und die Menschen auf der Nelson Street gedreht, und der Künstler war dadurch einigen Menschen ein Begriff. Nun, acht Jahre nach Kneipengründung und Dokumentarstreifen, kam 1990 ein Album auf den Markt, und Deltaliebhaber waren entzückt. Von Stil und Sound her hätte es der lange tote Wolf sein können, der da eine rücksichtslose Gitarre spielte und voller Verachtung sang. Booba überließ die Kneipe sich selbst und ging mit seinem Trio auf Tour, wollte den Durchbruch und schaffte ihn einfach nicht, weil er als Mensch ebenso kompromißlos war wie als Musiker. Ging etwas nicht nach seinem Kopf, zog er eine Waffe; wie das Publikum von ihm, verlangte Booba vom Veranstalter immer eine Zugabe. Er war der heißeste Deltamusiker der Achtziger und frühen Neunziger, aber seine Verrücktheiten wollte bald niemand mehr dulden.

Booba Barnes starb im April 1996 in Chicago an Krebs. Seine zehn Kinder, fünf Geschwister und seine alte Mutter standen am Grab, einige seiner Freunde aus Greenville waren zur Beerdigung gekommen, aber von den Bluesmusikern und Industriemenschen, die er in Chicago mit seinem Talent beeindrucken wollte, war kein einziger da. Am Ende starb Roosevelt Booba Barnes einsam und allein wie ein echter Bluesmann.

Hier liegt – wahrscheinlich – Charley Patton

Der Highway 82 verläuft von Hamburg nach Columbus. Hamburg liegt in diesem Fall allerdings im Staat Arkansas und Columbus am Ostende Mississippis. In gewaltigem Bogen umgeht die Überlandstraße Lake Chicot, überquert den Mississippi bei Greenville und durcheilt in der Nähe der Nelson Street die Deltahauptstadt. Der von Süden nach Norden führende Highway 61 wird beim Jim-Henson- (und demzufolge Kermit- und Miss-Piggy-)Geburtsort Leland überquert, und dann kommen auch schon Holly Ridge und die BB-King-Wohnorte Itta Bena und Indianola.

Holly Ridge, 18 Meilen östlich von Greenville, ist eine Art Blues-Jerusalem. Dort liegt, erst seit wenigen Jahren durch einen gestifteten Grabstein auffindbar, der Urblueser Charley Patton. Seine Seele hatte Glück, daß sich der kalifornische Swamp-Pop-Millionär John Fogerty ihrer erinnerte, denn ohne die *Creedence-Clearwater*-Gründerkohle läge die sterbliche Hülle des anerkannt schillerndsten Bluesspielers der ersten Generation weiterhin anonym auf dem kleinen Friedhof der New Jerusalem Church.

Ein Bantamhahn war er, ein farbenprächtiges 60-Kilo-Kerlchen, und doch hatte Charley Patton die »lauteste Stimme, die ich je gehörte habe«, behauptete sein Schüler »Sleepy« John Estes. Auf Frauen wirkte der immer flott gekleidete Stenz unwiderstehlich; oft mußte er Vorträge abbrechen, die Gitarre in den Koffer werfen und verduften, weil Ehemänner urplötzlich wild vor Eifersucht wurden. Er konnte Unmengen trinken und essen und anhaltend lieben. Wenn Charley auf die Plantage kam, sich in den Schatten setzte und zu spielen begann, stand die Zeit still. Er musizierte mit einer für einen solch kleinen Kerl unglaublichen Energie, mit einer verblüffenden Ausdauer, und er hatte einen hypnotischen, endlosen Boogie-Rhythmus drauf, den der blutjunge John Lee Hooker hörte und nie vergaß. Als reisender Musiker brauchte Charley Patton nämlich viele Freunde, bei denen er übernachten oder im Notfall Unterschlupf finden konnte, und John Lee Hookers Stiefvater Will Moore war ein solcher Freund, eine solche Anlaufstelle.

Er war der erste Bluessuperstar im Delta, zu einer Zeit, da der Blues noch brandneu war. Charley wurde wahrscheinlich 1891 in der Nähe von Edwards geboren, einem trüben Kaff am Big Black River, in den sanften Hügeln östlich von Vicksburg. Trotz des väterlichen Predigerberufes mußten alle zwölf Geschwister mit den Eltern auf dem Feld arbeiten; der arme hübsche Charley konnte gar nicht schnell genug von zu Hause weg. Zu Hause war dort, wo sich die Wanderarbeiterfamilie gerade aufhielt. Auf Will Dockery's Plantation schuftete die Familie, als der Kleine erst sechs Jahre alt war, aber bald hatte er den Dreh mit dem Singen und der Gitarre raus, was ihn für immer von der staubigen Feldfron erlöste. Charley Patton wurde Berufscharmeur, als Gleichaltrige noch aufrecht stehend Baumwolle pflükken konnten.

Mit Mister Willie Brown ging er auf die Walz, und oft wurden die beiden vom Plantagengelände gejagt, denn wo sie auftauchten, ruhte die Arbeit. Mit Tommy Johnson reiste er, spielte auf Farmen und in Holzfällercamps, kam nach Drew und Greenville, nach Clarksdale und Ruleville, und er scheute sich nicht, trotz seiner schnieken Kleidung und blankgeputzten Schuhe auf Güterzüge aufzuspringen, um von einem Gig zum anderen quer durch Mississippi zu fahren. Daß der Ortswechsel meist aus Selbsterhaltung vorgenommen wurde, ist klar, trug aber entscheidend dazu bei, daß Charley unter seinen ortsspezifischen Namen bald im ganzen Staat für seine irre Spieltechnik und rauchige, kaputt-laute Stimme bekannt wurde. Als Charlie Peters kannte man ihn in verschiedenen Gegenden Mississippis; andere Landstriche wußten von ihm nur, daß er unter dem Bühnennamen »The Masked Marvel« auftrat, »Das Maskierte Wunder«.

Er war bereits legendär, als Son House ihn fand. Son war 1929 gerade aus dem Zuchthaus entlassen worden, und

Charley spielte auf Jeffreys Plantation in Lula. Dort taten sich die zwei ungleichen Typen zusammen, der kleine, zappelige Charley und die Bohnenstange Son. Gelegentlich saß ein noch kindlicher Robert Johnson zu ihren Füßen, spielte eine passable Mundharmonika und wollte unbedingt Gitarre können. Die Meister lachten ihn aus – was zur bekannten Faustiade führte.

Son und Charley trampten nach Wisconsin, in die Kälte des weißen Nordens, und nahmen für das Paramount Label einige Songs auf: Work Songs, Blues, sogar den einen oder anderen Arhoolie, den Feldschrei, immer mit der Slide oder Charleys ganz eigenem Gitarrenstil hinterlegt. Er zupfte die Baßsaiten, statt sie zu streichen, und sein Basspopping gab den Kompositionen einen Schlagzeugrhythmus, den kein anderer Gitarrenspieler nachmachen konnte. Um die exakten Beats noch zu unterstreichen, hatte Charley immer ein dünnes Brettchen dabei, das beim Spielen unter seinem Fuß lag und mit dem stampfenden Absatz getreten wurde.

Dann sputeten sie sich, daß sie wieder in die Wärme Mississippis kamen, zumal die lange Reise finanziell ein Flop war. Bald darauf wurde der 39jährige Charley Patton im Flecken Holly Ridge seßhaft. Er mietete mit einer seinen vielen »Ehefrauen« ein Häuschen, und er suchte sich in der Nähe Arbeit. Nun spielte Charley hauptsächlich bei Fish Fries, in örtlichen Chicken Shacks, gelegentlich auf Sommerfesten und Grillfeten. Er war eine solche Berühmtheit, daß Menschen von weither kamen, wenn er angesagt war.

Für das Vocalion Label ging er mehrmals ins Studio. Bis nach New York kam er da, und Vocalion zahlte recht ordentlich und bar. Zu trinken gab's immer etwas bei Pattons, auf dem Land mangelte es nie an Lebensmitteln, und oft saß Charley Patton vor lauter Langeweile neben der Eingangstür des örtlichen Ladens und spielte Gitarre. Wer ihm ein Trinkgeld geben wollte, der gab, und wer nur zuhören wollte, der war dem Künstler auch hochwillkommen.

Natürlich hatte Charley schon von der plötzlichen erstaunlichen Kunstfertigkeit Robert Johnsons gehört, hatte ihn auch schon spielen sehen und wußte, daß sein inoffizieller Titel als König der Delta-Bluessänger wackelte. Man war sich darüber klar, daß Robert nur auf eine Art an die Gitarrenmeisterschaft gekommen sein konnte: Er hatte dem Teufel seine Seele verpfändet. Weder Charley noch Son noch Mister Willie oder einer der vielen anderen, die ihn einst ausgelacht hatten, sagten dazu etwas, aber sie rollten mit den Augen und bekreuzigten sich heimlich, wenn der Schatten des ehemals so heiteren erfolglosen und nun so verzweifelten gefragten jungen Robert auf sie fiel.

Zur Jahreswende spielte Charley mit Honeyboy Edwards bei Dockerys Plantation einige Gigs, und er fuhr Mitte März mit dem Zug nach New York, um noch mal Songs an Vocalion zu verkaufen. Im April 1934 kam er wieder nach Hause, ziemlich fertig mit den Nerven, legte sich hin und starb an Herzversagen. Seine derzeitige Familie kratzte das Geld zusammen, um ihn notdürftig auf dem kleinen Friedhof der Ortskirche begraben zu lassen. Zu einem Stein reichte es nicht, wozu auch? Charley war doch nur ein fahrender Musikant. Aus der westafrikanischen Geschichte ist bekannt, daß verstorbene *griots* nicht beim anständigen Volk beerdigt werden: Man schleppt die toten Bewahrer der mündlichen Geschichtsüberlieferung zum nächsten ausgehöhlten Baumstamm und läßt sie darin verwesen.

So lag er denn jahrelang. In einem flachen Grab auf einem Feld, unter der heißen Deltasonne, bis er nach sieben Jahren langsam Gesellschaft bekam. Der Weltkrieg hatte begonnen, und manch schwarzer Soldat kehrte in der Kiste heim. Sie wurden alle auf dem kleinen Friedhof begraben, der von Baumwollfeldern umgeben war und an dessen Rand eine Entkörnungsanlage gebaut wurde, zweistöckig, laut, und staubig. Der Wind pfiff durch die hohen Maschendrahtaufbauten der Baumwollerntewagen, die oft auf den unmarkierten Gräbern abgestellt wurden, und gegenüber wurden kleine Häuser gebaut, in denen Kinder lebten, die zum Spielen auf den Friedhof geschickt wurden. Asche zu Asche und Staub zu Staub. Waren ja nur Neger.

Wie der *Creedence-Clearwater-Revival*-Rocker das Grab des ersten Bluesstars gefunden haben will, wird wohl ein Rätsel bleiben. Jedenfalls kaufte John Fogerty einen hübschen Grabstein mit einem eingebetteten Foto von Patton, und 1991 gab's eine kleine Zeremonie, und der Stein wurde aufgestellt.

Die einstöckige weiße Holzkirche steht am westlichen Rand des Dorfes, nur durch die Baumwollverarbeitungsanlage vom Friedhof getrennt, und sonntags wird in der winzigen New Jerusalem Church inbrünstig Gospel gesungen. Ab und zu kommen Reisebusse den Feldweg hochgekeucht, sagt der Pastor, und dann steigen jede Menge Japaner aus und fotografieren das Grab Charley Pattons.

Er schüttelt fast unmerklich den Kopf. Er versteht die Welt schon lange nicht mehr.

Albert und BB: Die Kings des Blues

Von Holly Ridge nach Indianola sind es nur acht Meilen, aber auf diesem West-Ost-Highway merkt man, daß man im Herzen der Blueswelt ist. Weite Baumwollfelder, die von der Straße zum Horizont führen, darin halbversteckte, kudzubewachsene Kirchen mit grün-gelb-rot angestrichenen Fenstern, dunkle Wälder am Rand des Sichtfeldes und ein endloser zartblauer Himmel mit einer gleißenden Mittagssonne, die alles zu Staub werden läßt. Wie von selbst überschreitet man hier die Highway-Höchstgeschwindigkeit; man will Menschen sehen, will der Einöde entkommen – und sobald der Wunsch in Erfüllung geht, steht links ein gewaltiger grauer Supermarkt, und rechts prahlt eine riesige Werbetafel, daß Indianola die Heimat BB Kings sei.

Wie das bei Königen so ist, wenn einer gerade regiert, wird der andere nicht mehr erwähnt. Dabei sollte sich Indianola über den zweiten King freuen, den die Gegend hervorbrachte: Albert King. Mit BB und Albert verhält es sich wie mit den *Beatles* und *Stones* in der Rock-Steinzeit; wer die einen mochte, konnte die anderen nicht ausstehen. Der Titanenkampf der beiden Indianola-Kings wurde jedoch von den Fans ausgefochten, denn die Objekte der Begierde waren recht gut befreundet.

BB King ist eindeutig der King of Indianola, ganz davon abgesehen, daß er gegen Ende des 20. Jahrhunderts der bekannteste und beliebteste Bluesspieler der Welt ist. Gegen BB ist kein Kraut gewachsen. Albert dagegen war immer der Außenseiter, schon als Kind. Ein Linkshänder, der unbedingt Gitarre spielen wollte und sich die Grundkenntnisse auf seiner selbstgebauten Barn Door Guitar aneignete. Das Instrument war lange Zeit recht verbreitet im ländlichen Amerika; in Brusthöhe wurden feste Nägel in eine Stallwand geschlagen, mit Draht bespannt und wie eine Gitarre gespielt – wobei es natürlich keinen Bund gab (weshalb Albert bei seiner ersten gekauften Gitarre die Griffleiste schön glatthobelte, weil die hochstehenden Frets seiner Saitenbiegung im Weg standen) und die Drahtsaiten eher gezupft als angeschlagen wurden.

Damals hieß er noch Albert Nelson; an »King« war noch nicht zu denken. Der kleine Albert arbeitete auf einer Plantage in der Nähe Indianolas, sang am Sonntag Gospel und zog mit den Eltern im Laufe der Jahre bis nach Osceola im Nachbarstaat Arkansas. Dort kaufte er sich die erste Gitarre, drehte sie als Linkshänder nur um und spielte drauflos. Natürlich lachten die Experten, denn Albert Nelson machte alles falsch, aber so einen Ton wie er bekamen sie trotz steter Nachahmung nicht hin. Die Leute wollten Albert hören, seine einmaligen Stimmungen, seine gebogenen Noten – fast ein Bottleneck-Ton, aber sanfter, weniger kraß – und die Harmonie von tiefer Stimme und ewig nachhallender Gitarre. Er trat im örtlichen Radio auf, sang nach wie vor Gospel und nannte sich nun King – weil er wie der Blues Boy auf WDIA in Memphis aus Indianola stammte und ihm der Name sicher helfen konnte, Arbeit zu bekommen. Albert zog nach St. Louis und Chicago hoch, giggte dort mit »Homesick« James und Jimmy Reed, arbeitete tagsüber in der Fabrik, ging abends in die Kneipen und am Wochenende auf die House Rent Parties, nahm bei Parrot eine Single auf und verdiente überall etwas.

Es zog ihn wieder nach Arkansas. Gitarrenspieler gehen in der Meute unter, wenn sie sich nicht ständig verbessern, und Albert arbeitete laufend an seinem Stil, seiner Bühnenpräsenz, wenn man das so nennen konnte, was in der Kneipenecke abging, und seine Groove Boys machten in den Chicken Shacks Osceolas Furore. Bis der Albert das Landleben nicht mehr aushielt. Ab nach St. Louis ging's im Sommer 1956, der sonnige Albert stellte eine Band zusammen und hatte für die nächsten zehn Jahre seine Gigs aufgereiht.

Er war stark. Das sagten alle, und kleinere Labels strichen um den imponierend großen Albert King herum, hörten sich seine Sachen an, nahmen gelegentlich etwas auf–, was ihm sehr angenehm war, denn das erleichterte die Jobsuche ungemein – und ließen sich den reifen Albert von Sydney Nathans King-Label aus Cincinnatti vor der Nase wegschnappen. Die 1943 gegründete Firma King hatte sich auf Country und Rhythm and Blues spezialisiert, hatte mit Twist-Erfinder Hank Ballard gerade guten Erfolg, durfte sich auf Wynonie Harris und James Brown als Umsatzbringer verlassen und hatte jetzt Albert King. Sein Gitarrenspiel wurde durch die Alben beim King-Label dem ganzen Land bekannt.

Einmal hatte Albert wochenlang Besuch; ein junger Mann, gerade ohne Job, aus der Armee entlassen und noch auf der Suche, schaute bei ihm vorbei, weil er das Vorbild des jungen Gitarristen war. Sie spielten jeden Tag einige Songs, die beiden Linkshänder, unterhielten sich, gingen nach East St. Louis, um Ike Turner zu sehen – und von ihm beleidigt zu werden –, und eines Tages war der junge Mann wieder weitergezogen. Albert bekam einen neuen, tollen Vertrag mit dem Memphis-Soul-Label Stax, nahm dort souligen Blues auf und ließ es sich immer besser gehen.

Und eines Tages, erzählte er, sei Bill Graham gekommen, Rockveranstalter aus San Francisco. Graham habe ihm einen schönen Gruß von Jimi Hendrix ausgerichtet und ihn eingeladen, nach San Franciso zu kommen und mit Hendrix und Janis Joplin im Hippie-Himmel Fillmore West drei Tage lang aufzutreten. Albert war baff; von Hendrix hatte er schon gehört, aber wie konnte der Rockstar sagen, er würde ihn persönlich kennen?

»Ich fuhr also los. Und als ich ankam, da hab' ich gemerkt, wie verdammt vornehm das zuging. Alles hatte 'ne Limousine; eine Limo für Jimi, eine Limo für Janis, ich mit meinem alten Dodge-Stationwagon ... Dann bin ich rein, backstage, und um die Ecke kommt der Knabe, der mich Jahre vorher zu Hause besucht hatte. Da ging mir ein Licht auf! Ich sag ›Jimi?‹, er schreit ›Albert!‹. Na, da war der Teufel los. Drei Tage, mein Lieber – erst trat ich auf, dann Janis, dann Jimi, und anschließend ging's wieder von vorne los. Das war vielleicht 'ne Schau!« Und Albert schüttelte den massiven Kopf, nach einem Vierteljahrhundert noch immer staunend über so viel Glück.

Die Auftritte machten ihn zum gefragten Bluesspieler. Von überall kamen Angebote, er nahm die besten an und tourte plötzlich nicht nur durch riesige amerikanische Hallen und Theater, sondern mit der eigenen Band auch durch Europa. Dort, erzählte Albert, wurde er wirklich wie ein King behandelt. Super Publikum, sagenhafte Auftrittsorte, Wahnsinnsgagen. Albert King liebte Europa. Das änderte sich erst in den späten Siebzigern, als er während einer Terroristenfahndung in Frankfurt landete. »Da kriegt mich so schnell keiner mehr hin.« Und warum? »Die stehen mit diesen – na, wie heißen die Dinger, Uzi, ja, Uzi, also mit denen stehen die auf dem Flughafen rum und zeigen damit auf dich.« Albert hatte dem Blues seinen Stempel aufgedrückt, hatte endlich eine Tournee mit BB King zusammen gemacht (wo er doch seit Jahrzehnten jedem erzählte, der BB sei sein Vetter, was absolut nicht stimmte, aber BB erzählte das gelegentlich auch, womit sich's wieder aufhebt), fuhr in den Achtzigern nur noch selten von zu Hause fort, denn er hatte Arthritis in beiden Händen und mußte vor jedem Auftritt stundenlang seine Hände vor einem Heizkörper anwärmen.

Albert starb kurz vor Weihnachten 1992 zu Hause in Memphis. Mit ihm starb vermutlich der letzte große Gitarrist, der seine Kunst an einer Stallwand erlernte.

Sein angeblicher Vetter BB ist dagegen noch supervital. Riley B. King ist zwei Jahre jünger als Albert, also Jahrgang 1925, aber er war zeitlebens ein aktiverer Mensch, einer, der nichts anbrennen läßt. Ist er auch viel zu dick, ist er trotzdem ein Energiebündel, wie man es selten findet.

Rileys Eltern waren singende Farmarbeiter, der Großvater sogar Bottleneck-Gitarrenspieler in Mississippi. Junior kam erst zur Welt, dann aufs Feld, dann zur Oma, weil sich die Eltern trennten. Muß noch erwähnt werden, daß er im Gospelchor sang? Daß er nach dem Tod der Mutter 14jährig die Schule auf Nimmerwiedersehen verließ, um sich als Feldarbeiter durchzuschlagen? Wahrscheinlich tat ihm der Dienst in der Armee gut, denn dort lernte er Gitarre spielen, und er durfte als Unterhalter die Moral der kämpfenden Truppe heben. Der Staatsgig dauerte allerdings nur knapp ein Jahr, und dann war Riley wieder auf dem Feld, nicht dem der Ehre, sondern der Baumwolle zu finden. Doch die Gospelsonntage machten immer mehr Spaß, und als der Chor im Sender WJPR in Greenville auftrat, da wußte der Riley, was er werden wollte. Radiomensch, den Leuten Musik vorspielen und ab und zu was erzählen. Das war's. Riley warf die Gitarre über die Schulter, stellte sich an den Highway 61 und hielt freundlich grinsend den Daumen raus.

Er kam 1946 in Memphis an und war so abgebrannt, daß er auf jeden Dollar scharf war. An Straßenecken spielte er Gitarre, im Park und zwischen den Spitzbuben auf der Beale Street. Sonntags nahm er immer an der Amateurshow im W. C. Handy Theatre teil, und der »älteste Teenager der Welt« und Memphis-Bluesoriginal Rufus Thomas erzählt, er als Conferencier habe den Riley jeden Sonntag auftreten lassen, weil er wußte, daß der Jüngling dringend den einen Dollar Gage brauchte. Zehn Monate lang schlug sich Riley durch, bekam von seinem Vetter Bukka White Gitarrenunterricht, denn Bukka galt als einer der schärfsten Country-Blues-Gitarristen, und kehrte nur kurz nach Arkansas zurück. Doch weder er noch Ehefrau Martha hatten viel Bock auf Landarbeit, also fuhren sie mit dem nächsten Zug wieder nach Memphis.

Nach einigen Radioauftritten als Künstler – unter anderem bei besagtem Rufus Thomas, der einer der beliebtesten Plattenaufleger der Stadt war – bekam Riley 1950 endlich seine eigene Sendung, jeden Wochentag eine Viertelstunde. Aber das reichte, um mit Arbeit zugedeckt zu werden, denn jeder Nachtklubbesitzer wollte einen Act, für den es im Radio umsonst Werbung gab. Erst hieß er »Riley King, The Blues Boy from Beale Street«, aber da Riley etwas langsam sprach, ging bei der Ansage schon ein gewaltiger Teil Sendezeit drauf. Also wurde er zum »Beale Street Blues Boy«, dann »Blues Boy«, endlich »BB« – und damit waren alle Beteiligten zufrieden.

So kennen wir ihn heute – BB King. Was alles andere als politisch korrekt ist, denn »Boy« sagt höchstens ein uralter

BB King ist nicht nur Blues- sondern auch Popstar – und wird sogar vom Papst gehört.

Ku-Klux-Klanler zu einem Afroamerikaner, aber an solche Feinheiten wagte zur Jahrhundertmitte kaum ein Schwarzer ernsthaft zu denken, und die Mehrzahl der Weißen kapierte nicht, was daran falsch sein sollte.

Der BB machte also in Memphis Rundfunkkarriere, und mit ihr erweiterte sich die Musikerlaufbahn. Die eigene Band wurde getrimmt und verändert, bis sich eine Supergruppe gebildet hatte, man nahm bei Sam Phillips in dessen Sun Studio in der 706 Union Avenue Schallplatten für alle möglichen Labels auf und hatte mit »Three O'Clock Blues« einen ersten Rhythm-and-Blues-Hit. Eine hektische Tour gab der Single den nötigen Schub und BBs Gitarre einen neuen Namen. Im Arkansas-Kaff Twist trat er auf, und während er auf der Bühne stand, begann ein Faustkampf im Saal. Eine Petroleumlaterne wurde umgeworfen, die Flammen loderten, alles floh, und als BB draußen merkte, daß seine Gitarre noch im brennenden Saal lag, lief er hinein, um sie zu holen. Es stellte sich heraus, daß die beiden Streithähne wegen einer Dame namens Lucille aneinandergeraten waren. Seither heißt jede BB-King-Gitarre Lucille.

BB King tourte schon 1952 bis Chicago und New York, kam zwei Jahre später an die Westküste und spielte ab 1955 jährlich fast 300 Shows im gesamten Land – und hielt das Tempo über 20 Jahre durch. Er gründete sein eigenes Label, Blues Boys Kingdom, aber er merkte bald, daß ihm die Zeit für eine eigene Schallplattenfirma fehlte, und er unterschrieb einen lukrativen Vertrag bei Kent-Crown in Los Angeles. Während der Fünfziger waren 20mal Songs von ihm in den Hitparaden, und am Ende der Dekade ging er endlich zu einem Multi, ABC-Paramount. Damit war der Vertrieb weltweit gesichert. Mit »The Thrill Is Gone« wurde er 1969 zum Star. King of the Blues war er schon, nun hatte er Popstarstatus.

BB King begann 1950, sehr intensiv zu arbeiten, und er hat diesen Lebensstil beibehalten. Ab 1967 tourte er auch durch Europa, dann kamen Japan und Australien hinzu, er bereiste mehrmals die ganze Welt, ist ein gefragter Filmmusikkomponist, hat sich sowohl um das Popgeschäft als auch um seinen Mississippiblues gekümmert, spielt zunehmend Benefizkonzerte, denn eine Tochter hatte sich allzusehr an harte Drogen gewöhnt und saß dafür einige Zeit im Knast ab, was BB King zum Anlaß nahm, Druggies seine Hilfe anzubieten. Er hat sich Indianolas erinnert und gibt jeden Sommer ein Konzert im Park für seine Geburtsstadt. Begeisterter Flieger ist er und stolz auf seinen Pilotenschein. Seine Kollegen in der Blues Foundation ehrten ihn im Oktober 1997 mit der Lebenswerkauszeichnung, dem Life Achievement Award. Sogar der Papst meldete sich als Fan; zu Weihnachten 1997 spielte BB King dem Stellvertreter des King of Kings was vor, und nach Konzertende schenkte der Mann aus Indianola dem Johannes Paul eine seiner Lucilles.

Dem BB King gehören einige gutgehende Blueskneipen in Hollywood und auf der Beale Street in Memphis, und er ist im Alter vielfacher Millionär geworden. Wenn jemand dafür Zeugnis ablegen kann, daß sich der Blues lohnt, dann Riley B. King.

BB Kings Blues Club in der Beale Street.

Der Bahnhof von Tutweiler – Die Wiege des Blues

Daß die Deutschen überall hinkommen, ist eine allgemein akzeptierte Erkenntnis des modernen Lebens. Kein Winkel auf dieser Welt, wo nicht unvermittelt einer fragt, wie Schalke gespielt hat.

Vor hundert Jahren kann's nicht viel anders gewesen sein – von der Frage nach Schalke einmal abgesehen. Nur so ist zu erklären, daß das Dorf, in dem die ganze Blueserei angeblich angefangen hat, Tutweiler heißt. Nicht Tuttown oder Tutville, sondern Tutweiler. Und diese Bastion ausländischen Deutschtums – wenn man vom Namen auf das Treiben schließen will – soll nun die anerkannte Wiege des uramerikanischen Sounds sein.

Einen Geburtsort oder gar -termin des Blues feststellen zu wollen, ist zwecklos. Die Gelehrten streiten sich über die Herkunft der Musik, aber sie sind sich ziemlich einig, daß sie um die gleiche Zeit überall dort entstand, wo die Lebensbedingungen farbiger Landpächter oder Landarbeiter ähnlich waren. Daß Rhythmen und bestimmte Gesangsformen aus afrikanischer Vorzeit stammen, gilt als gesichert. Daß schwarze Landarbeiter oft allein auf dem Feld oder am Berghang schufteten, ist überliefert. Überall auf der Welt kommunizieren Bewohner dünnbesiedelter Landstriche mittels Rufe, Jodler oder melodischer Schreie; die Ibizencos haben den Dreh ganz besonders trillernd raus, wie auch die Nordafrikaner. In Mississippi wie in Georgia, Louisiana, Alabama hießen die Schreie, die mühelos von Feld zu Feld oder über Hügel hinweg dringen, Arhoolie. *Field-hollers*, sagten die weißen Aufseher, Feldschreie, und die fanden Eingang in die Musik, die man nach Feierabend oder am Wochenende spielte.

Als die vielen Schwarzen im Gelobten Land ankamen, kümmerten sich puritanische Christenmenschen um die

Glücklichen, die der in Afrika grassierenden Menschenfresserei dadurch entgangen waren, daß man sie einfing und gebündelt verschiffte. Diese Meinung herrschte wirklich; man redete die Versklavung und Verbringung in eine fremde Hölle dadurch schön, daß wilde Schauermärchen über afrikanische Gepflogenheiten zu barer Münze erklärt wurden. Nach der Ankunft wurde sofort getauft, damit die dunklen zweibeinigen Maulesel dereinst nicht unerlöst umherwanderten und damit sie der heidnischen Naturreligion abschworen. Nützlich war auch, daß die Bibel der Weißen Gehorsam predigte, erziehungstechnisch ein Coup ersten Ranges. Und so kam der schwarze Mensch zum Christengott und der Christenmensch zum schwarzen Helferlein.

Wenn die Versprechungen der Religion nicht gewesen wären, hätte sich die Geschichte vielleicht anders entwickelt, aber so bauten viele Afroamerikaner auf den biblischen bunten Lockvogel: Die Letzten werden die Ersten sein, oder eher geht ein Kamel durch ein Nadelöhr …

Wenn Vorsänger auf einen antwortenden Chor treffen, wenn die Begleitmusik aus Händeklatschen und Stampfen besteht, wenn die Responssänger durch den eintönig-rhythmischen Vortrag des Vorsängers in einen tranceähnlichen Zustand verfallen, dann findet das Ganze entweder in einer westafrikanischen Versammlung statt oder im Süden der Vereinigten Staaten in einer afroamerikanischen Kirche. Gepredigt wird in einem sich stets in Lautstärke und Tonhöhe steigernden Singsang, und der Übergang zum gesungenen Spiritual ist kaum feststellbar. Die Antworten der Gemeinde auf die Ermahnungen und Anrufungen des Gottesmannes kommen taktgerecht in der Pause zwischen den Strophen der Predigt; der Preacher geht vom Sprechgesang zur Melodie über, indem er den Stil seines Vortrags der Stimmung seiner Hörer anpaßt. Und wenn die ganze Gemeinde wie auf ein verabredetes Zeichen zu singen und zu jubilieren beginnt, dann ist die Inbrunst fast greifbar. Die Black Church mag zwar fundamentalistisch-christlich sein, aber sie ist in erster Linie eine Versammlung Gleichartiger. Da werden Sünder nicht Gott anbefohlen, sondern der Gemeinde ans Herz gelegt. Da wird zwar auf später verwiesen – *pie in the sky religion* nennen das Spötter aller Hautschattierungen –, aber es wird auch versucht, hier und jetzt zu helfen. Nicht zuletzt war die Kirchenversammlung oft der einzige Ort, wo Schwarze unter sich sein konnten, ohne daß der Aufseher Meuterei vermutete.

Daß die ländliche schwarze Musik von den Spirituals abstammt, ist eine logische Folgerung. Europäische Volksmusik kam dazu, Reels und Jigs, mit denen sich manch ein farbiger Musiker auf weißen Straßen ein Zubrot verdiente. Ragtime, der Pop des ausgehenden 19. Jahrhunderts, beeinflußte ebenfalls den werdenden Blues. Die Arhoolies trugen über den wildesten Krach im bummvollen Chicken Shack ebenso wie über Entfernungen im Feld; und in afrikanischer Call-and-response-Tradition ergaben aneinandergereihte Arhoolies den Work Song, den gesungenen Rhythmus der Arbeit. Die entstehende Musik mußte mit einfachen Mitteln gespielt werden können; weil im überwiegenden Teil Amerikas Trommeln bis zur Sklavenbefreiung verboten waren, klopfte man einfach Rhythmen mit sauber abgenagten Rippenknochen oder schlug ihn mit der hohlen Hand auf Oberschenkel und Brust. Flöten wurden geschnitzt, in Flaschen konnte geblasen werden, auf umgedrehte Waschtröge wurden Besenstile montiert und bespannt. Und aus Afrika stammte die Banza, aus der das Banjo wurde, das den Boden für die Nutzung moderner, industriell hergestellter Gitarren bereitete. Alter Tradition folgend, erzählten die Musiker mit ihren Liedern Begebenheiten, die allerdings mangels einer kohärenten Sozialgeschichte meist vom Leben oder den Wünschen des Vortragenden selbst handelten. Wer zweimal die gleiche Zeile sang, hatte Zeit gewonnen, um auf einen passenden Reim zu kommen.

Das Delta wurde erst im halben Jahrhundert vor Beginn des Bürgerkrieges trockengelegt und bebaut, es hat also eine relativ kurze Baumwoll- und somit Sklavengeschichte. Als die ersten Ernten eingefahren wurden, fing auch schon der Ärger mit dem Norden an, und erst als die Baumwollstaaten des Südens den Krieg 1865 verloren hatten, wurde die Gegend zur Heimat des »King Cotton«. Die Erfahrungen der farbigen Bevölkerung wurden eher durch die Armut in Freiheit als durch den Horror der Leibeigenschaft geprägt. Und diese zu einem Blues getexteten Erfahrungen hörte William Christopher Handy, als er auf dem Bahnsteig in Tutweiler, Mississippi, auf den Zug wartete, der ihn aus dieser kulturellen Einöde wieder in seine hochnoble Wohnung im feinen Memphis bringen sollte.

Er war in Clarksdale gewesen, wie so oft in letzter Zeit, denn dort war ein Orchester beheimatet, dessen Leitung der 30jährige Schwarze übernommen hatte. Sein Zug fuhr nur bis Tutweiler, und dort sollte er Anschluß nach Memphis bekommen. Er saß also auf dem Bahnsteig, der Zug nach Memphis war um einige Stunden verspätet, und der Dirigent entschlummerte. Er wurde durch einen »unvergeßlichen Gitarrenlauf« aus dem Schlaf gerissen. »Neben mir saß ein abgerissener Neger«, schrieb W. C. in seiner Autobiographie, »und spielte einen noch nie gehörten Stil. Er wiederholte den Text dreimal, und als ich fragte, was er da spiele, rollte er die Augen. Er singe über die Eisenbahn bei Morehead, wo die Schienen der Southern-Eisenbahngesellschaft die der Yazoo-Delta-Railroad kreuzen, und die Yazoo-Delta heiße im Volksmund Yellow Dog. Was jeder Neger wisse, fügte er schnippisch hinzu.« Handy wußte es nicht. Er hatte sich ganz den schönen Künsten gewidmet, schrieb Operetten und Märsche und war total verblüfft über die Delta-Sounds, zumal der Nachbar noch mit einem Flaschenhals über die Gitarrensaiten strich, »wie man es von Hawaiianern schon gehört hatte«.

Er merkte sich die Progression, und als er zu Hause ankam, schrieb er auf, was er für Blues hielt. Einige Jahre später hatte er ein einschneidendes Erlebnis. Sein Orchester spielte in Cleveland, Mississippi, zum Tanz, als jemand fragte, ob eine hiesige Gruppe während der Pause einen oder zwei Songs spielen dürfe. Handy willigte ein und ärgerte sich, als drei schmuddelige Menschen mit Gitarre, Baß und Mandoline auf die Bühne tappten. »Sie gaben eines dieser Lieder, die weder Anfang noch Ende haben und da-

Die Wandmalerei erinnert an die Geburt des Blues auf dem Bahnhof von Tutweiler.

zwischen aus wiederholten, langweiligen Passagen bestehen, Musik, wie man sie von Zuckerrohrfeldern her kennt.« Doch als die Boys fertig waren, regnete derart viel Kleingeld auf sie hinunter, »mehr als meine Kapelle für einen ganzen Abend bekommt«. Handy setzte sich zu Hause hin und komponierte den »Memphis Blues«. Weil seine Komposition die erste war, die als »Blues« in einem Musikverlag erschien, gebührt unserem feinen Musiker die Ehre, der »Vater des Blues« genannt zu werden. Und das öde Tutweiler ging in die Geschichte ein als Wiege des Blues.

Der Bahnhof ist längst abgerissen, aber ein Gebäude gegenüber der ehemaligen Bahnstation ist mit Blues- und Handy-Motiven bemalt. Auf dem riesigen Gemälde ist auch das Grab »Sonny Boy« Williamsons eingezeichnet, das ganz in der Nähe liegen soll.

Zwischen der BB-King-Heimat Indianola und Tutweiler liegen weltberühmte Orte, die den Einheimischen nicht viel gelten. Sunflower und Ruleville sind Bluespilgerstätten, auf den Dockery Farms zwischen Ruleville und Cleveland wohnten sowohl Robert Johnson wie auch Howlin' Wolf, und der Weiler Drew war in den Zwanzigern und Dreißigern ein richtiges Bluesnest. Sechs oder sieben Meilen weiter liegt das schon erwähnte Parchman-Farm-Zuchthaus, direkt an der Straße zwischen Drew und Tutweiler. Zu beiden Seiten des Zuchthauses mahnen Riesenschilder, ja nicht anzuhalten, und man glaubt den Aufstellern, daß die Warnung ernst gemeint ist.

Zehn Meilen nordwestlich von Tutweiler trifft man auf Clarksdale. Das nun ist das moderne Zentrum des Blues.

John Lee Hooker und »Boogie Chillen«

Wenn eine Provinzstadt mit knapp 20 000 Einwohnern immer wieder in der Fachliteratur auftaucht, ist sie meist Heimat eines industriedominierenden Großbetriebes. Im Falle des Deltanestes Clarksdale ist diese Industrie der Blues und die Stadt selbst ein Sammelbecken der verschiedenen Stile, die ihre berühmten Söhne und Töchter in die Welt trugen.

Das Geburtsregister dieser Ansammlung einstöckiger, eintöniger bunter Hamburger-Paläste und Bretterbuden, deren Zwischenräume wie häßliche Zahnlücken wirken, liest sich wie eine Traumtournee: Jackie Brenston und Willie Brown, Sam Cooke und Lil Green, Raymond Hill, Earl und John Lee Hooker, Johnny B. Moore, Junior Parker, Ike Turner und Johnny »Big Moose« Walker stammen aus Clarksdale.

Wie ein gewaltiger, von der Mississippihitze aufgeheizter Hufeisenmagnet zog Clarksdale schon immer Entertainer an. Muddy Waters wohnte auf Stovall's Plantation, einen Katzensprung nördlich, W. C. Handy hatte in späteren Jahren in der Issaquena Avenue ein Haus, und die noch jugendfrischen Ike Turner und Raymond Hill spielten 1951 in der Red Top Lounge, die abwechselnd auch Smitty's oder Pig Tail Inn hieß, aber schon immer in der Yazoo Avenue stand. Und daß sich etwas außerhalb der Stadt die Highways 61 und 49 kreuzten, das weiß die Musikwelt, seit Robert Johnson dort seinen Pakt mit dem Teufel schloß.

Clarksdale ist außerdem Heimat des Delta-Blues-Museums und schon allein deshalb einen Aufenthalt wert. Das Museum wurde zu einer Zeit gegründet, als der Blues noch eine eher peinliche Abart amerikanischen Musikschaffens war, doch die für die Gründung verantwortlichen Stadtbibliothekare haben nie am Wert der einheimischen Kultur gezweifelt. Die Zeit gab ihnen recht. Was 1979 noch – oder wieder – als Spinnerei einiger verrückter Weißer und weniger heimatverbundener Farbiger galt, ist 20 Jahre später ein neben Jazz und Rock anerkanntes und angesehenes Genre mit eigener Tradition und eigenen Stars. Top-Bluesspieler stehen mit Rockern und Popstars auf einer Ebene. Das unbestechlichste Maß ist noch immer die Konzertgage: In den USA werden nur Countrystars besser bezahlt als Rocker, Popper und Blueser.

Die Parität ist eine relativ neue Sache. Erst seit Elvis Presley verdienen »Primitivmusiker« einigermaßen ordentlich. Vor 1955 war daran gar nicht zu denken. Bluesspieler bekamen im Studio üblicherweise einen festen Satz pro aufgenommenes Lied sofort ausbezahlt – oft zwischen 25 und 50 Dollar, womit dann aber auch sämtliche weiterführenden Rechte an den Schallplattenboß abgetreten waren. Verdienen konnten sie nur durch ihre Auftritte – entweder eine Garantiegage, einen Teil der Tageskasse oder was im herumgereichten Hut hängenblieb.

Der junge John Lee Hooker sah, was sein Stiefvater William Moore von seinen Auftritten nach Hause brachte. Viel war's nicht, und John Lee nahm zwar alles begierig auf, was mit Musik und speziell mit Gitarre zu tun hatte, aber Musiker wollte er deshalb nicht werden.

Moore war Bauer in der Nähe von Clarksdale, hatte John Lees Mutter aufgenommen und behandelte ihren Sohn wie den eigenen. Der Bauer wäre am liebsten Profimusiker geworden, aber daran war mit Frau und Kindern nicht zu denken. Also durfte John Lee tun, was Willie sich selbst versagte. Er war stolz, als John Lee Mitglied der Gospelgruppe wurde, denn ohne Religion ist der Mensch verloren, und außerdem gab's nach der Probe immer was zu futtern. Als sich der Kleine eine Barn-Door-Gitarre baute und als Bespannung alte Fahrradschläuche zu Saiten zerschnitt, freute sich Willie und zeigte ihm die gängigen Griffe auf seiner piekfeinen Gitarre, Marke Stella. Und als John Lee begann, den Stiefvater bei seinen Wochenendgigs zu begleiten, da war der Ersatzpapa überglücklich.

Junior übernahm den supereinfachen Country Blues vom Alten, spielte im Duett mit Willie; einen dröhnenden Boogiebeat legte John Lee auf der Gitarre vor, eher Rhythmus als Melodie. Der Takt wurde mit dem eisenbeschlagenen Absatz auf einem Brett geklopft. Dazu kam nach dem Stimmbruch der sonore, beängstigend dreidimensionale Bariton, eine schwindelerregende Stimme, in der man sich leicht verlieren konnte. John Lee Hooker, so jung er war – mal heißt es, er sei 1917 geboren, dann behauptet er, es sei 1920 oder 1923 gewesen –, John Lee hatte seine Erfahrungen schon hinter sich. Das verriet seine Stimme.

Wenn wir uns auf das Geburtsjahr 1917 einigen, dann war er 14 Jahre alt, als er 1931 ausriß, allein nach Memphis zog und sich dort als Musiker durchschlug. Dürr und kleingewachsen wie er war, nur mit den Grundfertigkeiten seiner ländlichen Musik vertraut, brauchte es einigen Mut, um 120 Kilometer von zu Hause entfernt, den Schritt in die Selbständigkeit zu wagen.

In Memphis angekommen, spielte John Lee, wo immer er Gelegenheit dazu fand – auf dem Bürgersteig der noch ordentlichen, noch einigermaßen bürgerlichen Beale Street oder in übelsten Juke Joints, zusammen mit Robert Nighthawk und Willie Love. Zwischenzeitlich hielt er sich mit Hilfsarbeiten über Wasser. Zwei Jahre ging das so, und dann zog es ihn nach Norden. In Cincinnati stieg er aus dem Zug, pleite, aber glücklich, es so weit geschafft zu haben. Dann suchte er sich einen Job. Platzanweiser im Kino war er, und eine Zeitlang schuftete er in einem Hüttenwerk. Die Gitarre hängte er an die Wand seiner Mietwohnung und nahm sie nur sehr selten herunter. John Lee Hooker hatte das Leben der Erwachsenen kennengelernt, und er wollte in erster Linie gut essen, dann seiner Seele etwas Rückversicherung verschaffen, und wenn einer gutes Geld bot, spielte John Lee zum Tanz oder zum Umtrunk auf. Sonst nicht.

Er sang wieder Gospel; mit seinem Wahnsinnsbaß ankerte er die Spirituals der *Delta Big Four* und der *Big Six*. Gut eingelebt hatte er sich, war als Nachbar und Sänger in seiner Gemeinde hochangesehen. Doch er hatte Größeres vor, als Cincinnati bieten konnte, also zog er wieder um. Diesmal ging's nach Detroit, wo es 1943 viele offene Stellen und kaum Bewerber gab. Mitten im Zweifrontenkrieg war in der Automobilfabrik jeder Mann willkommen, selbst ein schwarzer, und John Lee wurde Hausmeister bei Chrysler. Tagsüber schob er einen Besen durch die Hallen, und abends spielt er Blues, denn jetzt, wo jeder einigermaßen gesunde weiße Ami mit Gleichgesinnten die Freiheit verteidigte, waren Musiker so rar wie Hühnerzähne. Entsprechend wurde verdient, und das war John Lee Hookers Sache. Im Forest Inn spielt er mit einem Trio, war im Club Basin zu sehen und kam sogar bis nach Atlanta im Ostküstenstaat Georgia.

Doch jeder Krieg ist irgendwann einmal vorüber, und von einem Tag auf den anderen gab's wieder ein Überangebot an talentierten Musikern. Es dauerte bis 1948, ehe sich die große Chance in der Person des Talentsuchers Lee Sensations meldete. Der Mann mit dem prophetischen Namen hörte Hooker in der Detroiter Monte Carlo Bar und legte ihm sofort einen Vertrag seines Arbeitgebers Modern Records vor. Einige Tage darauf, am 3. November 1948, saß John Lee Hooker allein im Studio und nahm sein selbstverfaßtes »Boogie Chillen«* auf. Eine Million mal sollte sich die Platte in den nächsten fünf Jahren verkaufen. Der kleine Herr mit der großen Stimme war auf Anhieb eine »Race-Music«-Sensation, und selbst als die peinliche Bezeichnung zugunsten des »Rhythm and Blues« fallengelassen wurde, blieb John Lee Hooker aufgrund des Erfolges seiner allerersten Platte ein riesiger Star der Schwarzen Musik.

Der Pragmatiker wußte, daß er nur durch einen sehr hohen Plattenausstoß einigermaßen von der Musik leben konnte. Also begann im Dezember 1948 mit der zweiten Studiosession eine Hooker-Tradition, die weit über zehn Jahre währen würde. Mit dem Produzenten Joe Von Battle nahm er seinen »Black Man Blues« auf, aber weil Battle auch etwas verdienen, Hooker jedoch auf nichts verzichten

* Eine Verballhornung von children, dt.: Kinder.

wollte, verscherbelten die beiden den Song am Modern-Records-Vertrag vorbei nach Cincinnati, an King Records. Damit ihnen keiner auf die Schliche kam, wurde Hooker als »Texas Slim« ausgegeben.

Er wußte, daß im amerikanischen Alltagsrassismus niemand einen Schwarzen vom anderen unterscheiden konnte. Das behauptete sogar der Volksmund mit dem oft gehörten »they all look alike«*. Darauf baute John Lee seine Nebenkarrieren auf. Er nannte sich mal »John Lee Booker« und mal »Delta John«. Dann war er »Johnny Williams« oder »Birmingham Sam«. Ganz einfache Songs stammten von »Boogie Man«. So pseudonymisierte er sich das Alphabet hoch und runter. Zwischen Dezember 1949 und Mitte 1952 verkaufte der an Modern Records exklusiv gebundene Musiker seine Scheiben an die Labels King, Regent und Savoy, an die Firmen Chess, Acorn, Regal und Gone, Staff, Deluxe und Gotham. Daß sich eine wie die nächste anhört, werden sich die Rassisten gedacht haben.

John Lee Hooker war eingeführt – unter zehn verschiedenen Namen, bei über zwanzig verschiedenen Labels, auf etwa 70 Platten. Wenn er nicht im Studio war, jobbte er als DJ beim lokalen Black-Music-Sender, abends spielten er und seine Band live, und die Engagements wurden immer nobler: Club Carribe (sic), die Vogue Lounge und der Sensation Club – alle in Detroit. Hooker galt als König des Nachtlebens in der wohlhabenden Industriestadt. Er tourte mit Muddy Waters und arbeitete solo im ganzen Land, während immer mehr regionale Labels Platten herausbrachten, die sich verdammt nach John Lee Hooker anhörten.

Amerikaner kauften Autos wie nie zuvor, waren vollbeschäftigt und verdienten gut und hatten einen riesigen Entertainment-Nachholbedarf. Seit den Zwanzigern hatte das Leben hauptsächlich aus Fron bestanden. Erst war der Schnaps verboten worden, was zur größten Verbrechenswelle in der amerikanischen Geschichte geführt hatte, dann kamen Börsenkrach, Weltwirtschaftskrise und Massenarbeitslosigkeit. Nun, nach dem fast vierjährigen Weltkrieg,

* Dt.: Sie sehen alle gleich aus.

schien's wieder bergauf zu gehen. Die Boys hatten sich wieder eingelebt, mit Geldern der Veteranenhilfe studiert, das erste Häuschen gekauft und geheiratet.

Im Oktober 1955 unterschrieb Hooker wieder einen Vertrag, diesmal mit dem Vee-Jay-Label in Chicago. Die Firma war eine Gründung farbiger Geschäftsleute, und sie stand in direkter Konkurrenz mit der erheblich größeren und reicheren – Chess. Radiomoderatorin Vivian (Vee) Carter und ihr Verlobter James (Jay) Bracken hatten zwei Jahre zuvor mit einer Aufnahme von Jimmy Reed angefangen, und obwohl die ersten und zweiten Reed-Bänder ziemlich miserabel klangen, begründete seine dritte Aufnahme für die Firma, »Boogie In The Dark«, seinen Ruhm und sorgte für das finanzielle Grundpolster des Labels. John Lee Hooker unterschrieb also bei einer Firma, die das Geld für gute Produktion und massive Werbung hatte. Vivian und James hatten einen ganz bestimmten Sound im Sinn, auf den sie ihren neuen Mann trimmen wollten – weg vom lockeren Countrystil mit seinen Improvisationen und undisziplinierten Taktmaßen, hin zum Urban Blues mit gutverkäuflichen Rhythm-and-Blues-Anklängen. Daß John Lee seinen Patentsound nicht ändern würde, war ihnen klar, aber sie konnten ihn durch Beigabe einer anpassungsfähigen Studiogruppe in die gewünschte Richtung lenken. Was sie auch taten, mit schönstem Erfolg.

John Lee Hooker wäre sich allerdings selbst untreu geworden, wenn er Gelegenheiten nicht genutzt hätte. Dann und wann setzte er sich wieder in fremde Studios und veröffentlichte unter den bekannten Pseudonymen neue Scheiben bei Fortune, Riverside, Lauren und Galaxy, Decca, Prestige und Atco. Allmählich änderte sich das Geschäft, denn einige Kreative hatten begriffen, daß das Geld in der verkauften Stückzahl und den Aufführungsrechten lag, aber wer sich nicht auf einen anhaltenden Streit mit den Labels einlassen wollte, der kassierte nach wie vor ein einmaliges Honorar pro Song und kümmerte sich nicht weiter darum. Nur ausgesprochen hitverdächtige Künstler durften überhaupt wagen, einen Vertrag zu verlangen, der ihre Rechte wahrte und Stücktantiemen festlegte, denn die

Labels betrachteten die Mehrzahl der ihnen vertraglich Verbundenen als Lieferanten, die eine einmalige Leistung verkauften. Und wenn ein potentieller oder erwiesener Umsatzgigant Sonderkonditionen verlangte, dann bekam er sie, allerdings mit Einschränkungen: Stückabrechnung bedeutete erst mal Rückerstattung der Herstellungs- und Vertriebskosten, und die waren so hoch, wie sie ein geübter Buchhalter haben wollte. Noch heute gilt, daß die teilweise horrenden Vorschüsse und Vertragsabschlußboni erst mal zurückverdient werden müssen, ehe weiteres Bares die Hand wechselt.

Für John Lee Hooker waren Vertragsbedingungen kein großes Thema. Bluesmusiker gehörten Anfang der Sechziger nicht zu den bevorzugten Hitmachern. Er hatte seinen Dreh gefunden, lebte sehr gut davon und machte weiter.

Seit er mit »Crawlin' King Snake« 1949 seinen zweiten großen Hit hatte, in den Fünfzigern »I'm In The Mood« und »Dimples« äußerst erfolgreich waren und er 1962 mit »Boom Boom« erstmals in die amerikanischen Popcharts kam, waren Kompositionen von John Lee Hooker gern gecoverte Publikumsfavoriten. Eric Burdon und *The Animals* wandelten »Boom Boom« und »Dimples« in reines Gold um, »Crawlin King Snake« legitimierte Jim Morrison von den *Doors* als Bluessänger, die *Yardbirds* wurden erst durch John Lee schwarz, und seit Jimi Hendrix trieben tausend Kids in tausend Ami-Garagen mit »Little Wheel« die Nachbarn zur Raserei. Kein Wunder also, daß John Lee von der einflußreichsten weißen Bluesband vereinnahmt wurde.

Seine Karriere tuckerte schön vor sich hin, mit Fernsehauftritten, Europatourneen und als Festivalheadliner, als sich Al Wilson von *Canned Heat* meldete. John Lee war 1966 zum ABC/Dunhill-Label übergewechselt, aufgrund seines weltweiten Erfolges erstmals mit günstigen Vertragskonditionen, wohnte seit 1969 in Mill Valley bei San Francisco in Kalifornien und hörte sich an, was Wilson vorschlug.

Canned Heat hatte mit dem *Memphis-Jug-Band*-Mitklatschschlager aus den Zwanzigern »Goin' Up The Country« einen gewaltigen Hippiehit gelandet, war fortan die typische Bluesrockgruppe der späten Sechziger mit Alben wie »Boogie With Canned Heat« und »Living The Blues« und hatte schon einige gemeinsame Konzerte mit Hooker gespielt. Jetzt wollten die Boys mit John Lee ein »echtes« Boogiealbum aufnehmen. Alan »Blind Owl« Wilson war ein Gitarrencrack, was er bewies, als er den seit Jahrzehnten musikabstinenten Son House besuchte. Son sollte sein erstes Konzert in Newport geben und hatte keine Ahnung mehr, was und wie er 20 Jahre zuvor in Mississippi gespielt hatte, also setzte sich der 21jährige Al mit seiner Slide vor den Blueser hin und spielte ihm notengenau und gefühlsperfekt dessen Songs vor. Son hatte immer nur genickt und sich gefreut, als er sich zunehmend erinnern konnte. »That's me; that's how I play«, soll er staunend gesagt haben. Das bin ich, so spiele ich. Al Wilson war also ein Spitzengitarrist, und wenn er nicht gleich nach der Aufnahme mit John Lee an einer Überdosis Heroin gestorben wäre, dann wäre das entstandene Doppelalbum seine Eintrittskarte als Blues-Superstar gewesen. Al Owl Wilson spielte nämlich auch ein sagenhaftes Bluesklavier und eine böse Mundharmonika.

»Hooker 'n Heat« etablierte John Lee Hooker beim großen weißen Publikum als aufgeschlossenen Bluesmann, der gern mit Popstars arbeitete, denn er wollte auch gern Popstar sein. Da war das große Geld zu machen, alles andere war nur Geplänkel.

Er arbeitete extrem; vom Auftritt beim Ozark Mountain Folk Fair in Arkansas über die Teilnahme am französischen Film »L'Aventure du Jazz« und der Brooklyn Academy of Music bis hin zum Nordsee Jazzfestival sah man John Lee Hooker live mit seiner *Coast to Coast Blues Band* oder solo. Er wechselte zwar 1974 zu Atlantic Records, aber die hatten ihre Blaue Periode schon länger hinter sich, und von John Lee Hooker kamen nur zwei Originalalben auf den Markt. In den späten Siebzigern und durch die Achtziger hindurch ging er nur selten ins Studio, meist für Minilabels wie Tomato; daß er 1980 im Kultfilm »The Blues Brothers« auftauchte, half der langsam abflauenden Karriere auch nicht wieder auf die Beine. Und durch die vielen Kompilationen, die jeder herausbrachte, der noch genügend Kredit hatte, um 2 000 Langspielplatten pressen zu lassen, war der Markt an schlecht zusammengestellten John-Lee-Hooker-Alben übersättigt. Erst als er 1989, schon halb vergessen und nun eindeutig unterbeschäftigt, mit seinem langjährigen *Coast-To-Coast*-Bandchef Roy Rogers ins Studio ging und ihm Fans wie Bonnie Raitt, Carlos Santana und Robert Cray zur Seite standen, hatte er seine Erfolgsformel für die Neunziger entdeckt. »In The Mood«, sein Duett mit Bonnie Raitt auf dem »Healer«-Album, bekam einen Grammy als beste traditionelle Bluesaufnahme. Seither hat das Glück den John Lee nicht mehr verlassen.

Er hatte schon sporadisch mit seinem Nachbarn Van Morrison gearbeitet, aber jetzt taten sich die beiden richtig zusammen. John Lee half Van mit dessen Songs, Van unterstützte John Lee. Von John Hammond über Branford Marsalis bis hin zu Black-Rock-Coalition-Gründer Vernon Reid kam jeder »Besserseller« in den Genuß eines John-Lee-Hooker-Gastauftrittes. Seine neueren Alben »Mr. Lucky«, »Boom Boom« und »Don't Look Back« profitieren vom Kultstatus des alten Herrn; er wirkt ruhiger, weniger gehetzt, er darf ganz einfach besser sein, als er's in den Achtzigern war. Daß seine berühmten Rock- und Popfreunde nun mit auf jedem Album sind, läßt sich wohl kaum vermeiden, und warum auch? John Lee Hooker hat sich mit nie erlahmender Kraft und verbissener Energie aus der Menge herausgehoben. Er kann machen, was er will.

Dreimal verheiratet war er und lebt jetzt allein in einem mittelprächtigen Haus im San-Francisco-Vorort Redwood City. Er hat sich ein Studio gebaut, hinten im Haus, und da verbringt er einige Stunden des Tages. Konzerte gibt John Lee nur noch selten und dann möglichst in Kalifornien, nahe genug, um in ein paar Stunden wieder zu Hause zu sein. Sein zweites Haus in Long Beach bei Los Angeles hat er verkauft, weil er nur noch selten in der Popmetropole zu tun hat. Und zu Hause hat er immer einige weibliche Fans – wie er im fortgeschrittenen Alter –, die ihn bekochen und bemuttern. Das hat er gern, denn das Flirten habe ihm immer Spaß gemacht, sagt er grinsend.

Mehr als hundert Alben mit seinem Namen sind erschienen: John Lee Hooker.

An der Wand hängt ein Foto des Gitarristen John Lee Hooker mit dem Saxophonisten Bill Clinton. Darauf ist er stolz, wie auf die beiden Grammies, die Aufnahme in die Rock 'n' Roll Hall of Fame und den Preis, den ihm die Blues Foundation für sein Lebenswerk verlieh. Über hundert Alben mit seinem Namen sind erschienen, unzählige Singles, und jetzt ist er sogar Partner und Namensgeber einer Musikkneipe in San Francisco. Geschafft! kann er da sagen und sich den Schweiß von der Stirn wischen.

John Lee Hooker aus Clarksdale ist zufrieden. Nur eines wurmt noch immer mächtig: der endgültige Verlust der millionenschweren Rechte an seinem ersten Hit »Boogie

Chillen«. Nach jahrelangem Prozeß befand ein Gericht, daß er in seiner Jugend zu viele Namen benutzt hatte und auf zu vielen Labels erschienen war, um seine Urheberschaft einwandfrei nachweisen zu können. Sicher schmerzt die späte Zurechtweisung mehr als das verlorene Geld, denn John Lee Hooker ist ein reicher Mann.

Er möge ewig leben. Tut er's nicht, stirbt mit ihm der letzte große Innovator des Urblues, der Letzte, der die Anfänge noch erlebt hat. So jung ist der Blues. So jung wie John Lee Hooker.

Take me higher, Lord: Clarksdale und der Gospel

Zur Ehrenrettung der Delta-Kleinstadt Clarksdale sei an die vielen Tiefgläubigen erinnert, die an der Kreuzung beider Blues-Highways aufwuchsen und der schwarzen Welt eine umfassende Kirchenmusikkultur gaben. Hier, in der staubigen Trostlosigkeit der Baumwollfelder, etablierte sich nämlich das Zentrum des Gospel, wurde die Aussage der alten Spirituals durch die neue Sakralmusik der Moderne angepaßt, und wie nebenher führte für Viele der Berufsweg vom Kirchenchor ins Aufnahmestudio oder auf die Bühne. Gospel selbst hat sich zum Big Business gemausert.

Die Spirituals, die Afroamerikaner seit Jahrhunderten singen, stammen im Gegensatz zum Gospel aus dem europäischen Ritual, das Predigt und Gesang trennt. Diese mögen sich zwar überschneiden, sind aber doch unabhängige Bausteine eines Gottesdienstes. Das mag zwar Europäern gefallen, aber Afrikaner haben damit schon immer ihre Probleme gehabt. Ihrer Verehrung Gottes geben sie mit Körper und Seele Ausdruck. Die wird nicht sorgfältig in Einzelteile zerlegt, die dann je nach Bedarf oder Ablaufplan abgerufen werden, sondern die Lobpreisung Gottes wird zum gemeindeumfassenden Erlebnis. Da wird gebetet und gepredigt, und während beider Übungen antworten Gemeindemitglieder dem Prediger, oder sie rufen ihre Zustimmung. Der Gottesdienst ist eine musikalische Handlung; er beginnt mit *call and response*, mit Ansprache und Erwiderung, wird vom leichten Wiegen des Körpers begleitet, im Takt mit der Sprachmelodie des Predigenden, der Takt wird leise mitgeklatscht, und wenn der Preacher zu stottern beginnt, überwältigt von der schieren Größe seines Themas – ein Kunstgriff, den übrigens auch Bluessänger übernahmen –, dann setzt der Klavierspieler leise ein, wenn vorhanden, kommen Schlagzeug, Orgel und Gitarre hinzu, sanft nur, den Takt betonend, nicht die Melodie. Die wird vom Preacher angestimmt, zur rechten Zeit vom Vorsänger des Chores aufgegriffen, und wenn die Gemeinde die halbgesungene Predigt oder den halbgepredigten Song durch lauter werdende Zurufe unterstützt, dann ist die Zeit gekommen, richtig loszulegen. Dann ist aus dem Singsang der Predigt eine Gospelmelodie geworden, die Musiker legen sich ins Zeug, der Chor wiegt sich und singt, was das Zeug hält, und aus dem Augenwinkel sieht man Gott in der dunklen hinteren Saalecke, mit den Fingern schnipsend und mit dem Fuß den Takt stampfend: »Take me higher, Lord, take me higher.«

Das hat mit der sanften Andacht mitteleuropäischer Prägung nichts zu tun. Das ist pure Hingabe, denn Gospel heißt Evangelium, und das wird beschworen, gelehrt, angenommen. Das Leid der aus ihrer Heimat Verschleppten schafft sich hier Raum, wird befreit herausgebrüllt, im Bewußtsein des Miteinanders.

Je nach Glaubensrichtung werden die Rituale des Kultes, der Kirche oder Bewegung zum Mittelpunkt der Handlung: die Southern Baptist Church tauft, wie der Name schon sagt. Nicht den symbolischen Wassertropfen auf die Stirn, sondern ein prustendes Ganzkörpereintauchen im nächsten Bach, See, Meer oder notfalls Swimmingpool, begleitet von lautem Gebet und Gruppengesang, Händeklatschen und jubelnden »Hallelujahs!«. Die Methodisten lehren ihren etwas doktrinären Glauben, aber sie dienen ebenso freudig, bewegt und unüberhörbar wie die Baptisten. Und wem das alles noch zu zahm ist, wer ein Kirchenerlebnis haben will, wie er's noch vom Land her kennt, der geht in eine der *store front churches*, die sich in einem aufgegebenen Laden oder einer alten Lagerhalle etabliert haben. Das sind oft Pentecostal Churches, Holiness Churches, eher Sekten als Kirchen, und dort gehört *shouting* und *speaking in tongues* zum guten Ton. Da zündet die Gemeinde sofort, da schenkt man sich das aufschaukelnde Vorspiel, da wird gleich aufs Klavier gehämmert, die Snaredrum muß herhalten, der Preacher läuft mit wedelnden Gewandschößen handauflegend und segnend durch die Stuhlreihen, und wer Gott in sich spürt, der fällt mit dramatischer Geste um. *Speaking in tongues* gilt als heilige Besessenheit, und wer das Glück hat, Unverständliches herauszubrüllen oder gar wie ein Hund bellen zu können, ist ein angesehener Mensch.

Was alle afroamerikanischen Religionen abstößt, sind profane Musik, Kartenspiel und Suff. Da sind sich alle einig, auch wenn es in der Liturgie einige Streitpunkte gibt. Ein gottesfürchtiger Mann darf weder saufen noch Blues spielen. Das Klavier in der Diele ist zur höheren Ehre Gottes da, nicht, um Ragtime zu üben, daran hat sich überhaupt nichts geändert. Wer fromm ist, der hält sich von der Teufelsmusik fern. Deshalb auch die Gewissensqualen, die nicht nur Little Richard und Aretha Franklin zu schaffen machten, fromme Abtrünnige beide, die immer wieder in den Schoß der Kirche zurückkehrten. Al Green wurde wieder Prediger, hatte seine eigene Kirche, bis er erneut Soul singen mußte, weil er pleite war. Sam Cooke wurde innerhalb eines Jahres verehrt und verstoßen, weil er nach einem herzzerreißenden Gospelsong eine Soulballade aufnahm. Aber da fangen wir lieber am Anfang an.

Die hochaktiven Rituale des schwarzen Glaubens brauchten eine flottere Musik als die Spirituals, und als der Bluessänger »Georgia« Tom auftauchte, da hatte Gott eine Überraschung parat. Tom war ein durch und durch verdorbener Zeitgenosse, sang über das Glück im Spiel und in der Liebe und konnte einiges an Mondscheinwhisky in sich hineinschütten. Eigentlich hieß er Thomas A. Dorsey, aber diesen Namen kannten nur seine Familie und mehrere Polizisten in einigen Staaten. Tom kam herum, schrieb und verkaufte seine Songs. Wenn der Papa, ein Baptistenprediger aus Atlanta, zahlte, studierte er sogar ab und zu Musik. Doch sein Blueserleben als »Barrelhouse« Tommy oder Georgia Tom machte ihm bald keinen Spaß mehr, denn die religiöse Erziehung setzte sich immer stärker durch. Er begann also gegen 1920, Spirituals zu schreiben, allerdings noch immer unter dem Einfluß seiner gerade beendeten Blueskarriere. Was er schrieb, war religiöser Blues, den er mit einem Damenquartett aufführte, das seine Songs vortrug; er selbst saß am Klavier.

Mister Thomas A. Dorsey verlegte seine Lieder selbst, nannte sie »Gospel«, damit jeder gleich wußte, daß es sich bei ihnen nicht um Verbotenes handelte, und wurde ein unglaublich erfolgreicher Mann. Er hatte den religiösen Markt so beim Kragen, daß seine Notenblätter im Volksmund 20 Jahre lang »Dorseys« hießen.

Beim Nationalen Baptistentreffen 1930 wurde er als Star gefeiert, denn er schrieb die Songs, die in die Zeit paßten: rhythmisch, einfach, einprägsam, mit Texten, die glatt von der Zunge gingen und teilweise wörtlich den Evangelien entnommen waren. Ab 1930 war Mister Dorsey ein angesehener Mann, dem Gott sein Vorleben verziehen hatte, und der bekehrte Sünder machte sich dran, das Geschäft mit seiner Gospelmusik auszuweiten. Erst mal entdeckte er Mahalia Jackson in einer Chicagoer Kirche, wo sie seine Lieder sang. Er schleppte sie zu Decca, besorgte ihr einen Vertrag und nahm mit ihr 1937 die ersten Scheiben auf, darunter »Peace In The Valley«. Mister Dorsey wurde Chorleiter, Veranstalter, Chef der Amerikanischen Gospelvereinigung, Lehrer, Vortragsreisender, und immer wieder schrieb er Songs, über eintausend insgesamt, und viele von ihnen wurden dann doch zur Teufelsmusik. Elvis Presley coverte Mister Dorseys »Take My Hand, Precious Lord«, und das galt als Blasphemie, weil jeder wußte, daß Elvis' Karriere vom Teufel gesteuert wurde. Little Richard und »Screamin'« Jay Hawkins sangen Gospelmelodien mit weltlichen Texten, und ihre Performance stammte direkt aus der Holiness Church. Selbst Ray Charles versündigte sich mit seinen Gospelsongs, die immer in einer Eroberung endeten.

Die größte Enttäuschung war jedoch Sam Cooke aus Clarksdale. Der sang schon, als er fast noch in den Windeln steckte. Eines der acht Kinder eines Baptistenpredigers, die alle in der väterlichen Kirche sangen, wurde Sam mit seiner Engelsstimme Vorsänger des Chores, und er arbeitete zusätzlich mit zwei Schwestern und einem Bruder als die *Soul Children*. Seine Kindheit fand in der Kirche statt.

Der 14jährige wurde Tenor bei der bekannten Gospelgruppe *The Highway QCs*, wechselte zu den *Pilgrim Tra-*

Sam Cooke fand seine Chance bei den Soul Stirrers, *der ersten Gospel-Profigruppe.*

velers und bekam 19jährig, im Herbst 1950, das Angebot, die verwaiste Tenorstimme der ältesten Gospelgruppe Amerikas zu übernehmen. Sam Cooke sagte sofort zu, denn die *Soul Stirrers* waren nicht nur angesehen, sondern innovativ. 1928 gegründet, waren die *Stirrers* die erste fünfköpfige Gospelgruppe, vier Sänger, die gleichzeitig die Band bildeten, ein Vorsänger. Der letzte war der anerkannt großartige R. H. Harris gewesen, und Sam ersetzte ihn nicht nur, er sorgte dafür, daß Mister Harris alsbald aus dem Gedächtnis der Fans verschwand.

Ein alter Schulfreund von Sam trat mit ihm zusammen den *Soul Stirrers* bei, LeRoy Crume, der seit seiner Kindheit Gitarre spielte, und für den Gospelgig Baß dazunahm. LeRoy und Sam brachten junges Blut in die über 20 Jahre alte Gruppe, deren Mitglieder sich nach und nach aus dem aufreibenden Tourgeschäft zurückzogen. Die *Stirrers* waren nämlich die ersten Gospelprofis, die von Kirche zu Kirche und von Gemeindesaal zu Turnhalle tourten und sich davon ernährten. Sam Cooke wurde also recht schnell bekannt, denn er trat ständig irgendwo anders auf. Und allmählich merkte Sam, daß mehr in ihm steckte, als er selbst wahrhaben wollte.

Sechs Jahre sang Sam Cooke mit den *Soul Stirrers*, wurde mit ihnen zum absoluten Gospel-Top-Act und nahm beim Specialty-Label in Los Angeles regelmäßig Schallplatten auf. Die Firma von Art Rupe, die ja eine der führenden im Rhythm-and-Blues-Geschäft war, trennte sehr scharf zwischen sekulärem Talent und Gospelriege. Boß Art hatte da ganz klare Vorschriften, und gegen die verstießen sein Lieblingsproduzent Bumps Blackwell und sein größter Gospelumsatzbringer Sam Cooke, als sie den Popsong »Lovable« aufnahmen und ohne sein Wissen auch pressen und verkaufen ließen. Sam Cooke nannte sich auf der Scheibe zwar Dale Cooke, aber die Stimme war nicht zu verkennen. Als die ersten Kirchendamen böse Briefe schrieben und die ersten Baptistenprediger der sündigen Meute im gottlosen Los Angeles Boykott androhten, warf Art Rupe seine besten Pferde im Stall kurzerhand raus.

Die *Soul Stirrers* machten zwar mit Sam weiter, aber als der beim kleinen Keen-Label in Los Angeles einen Vertrag unterschrieb und dort ein Jahr später mit seiner Komposition »You Send Me« an die Chartspitzen schoß, konnte die Gruppe nicht mehr mit ihm arbeiten, sie wäre sonst selbst aus Kirchen und Tonstudios vertrieben worden. S. R. Crain, Sams Mentor bei den *Soul Stirrers*, übernahm sein Management, und Sams Karriere war nicht mehr aufzuhalten. Er gründete in Los Angeles, wohin er gezogen war, sein eigenes Label SAR, und die Talente, die er und Harold Battiste in der gemeinsam gegründeten Soul Station entdeckten, förderten sie im Rahmen der eigenen Label- und Produktionsgeschäfte.

Sam säße noch heute an der Spitze der Soulmeute, wenn es nicht einen unerfreulichen Zwischenfall gegeben hätte. Am 11. Dezember 1964 war Sam nach seinem Auftritt im PJ's Club in Los Angeles mit der 22jährigen Elisa Boyer im verdammt heruntergekommenen Hacienda Motel in der South Figueroa Street abgestiegen. Nachts tauchte Elisa plötzlich im Büro der Managerin Bertha Franklin auf, schrie »Vergewaltigung« und verlangte die Polizei. Bertha schob ihr das Telefon hin und griff selbst zum Colt, als der notdürftig bekleidete Sam Cooke ins Büro stürmte. Die dicke Bertha fühlte sich bedroht und ballerte los. Sam fiel tödlich getroffen zu Boden, und der Gerechtigkeit wurde Genüge getan, als die Jury befand, Bertha habe in Notwehr gehandelt. Daß die beiden Damen weiß, der Tote dagegen schwarz war, tat nichts zur Sache.

Mit dem Tode Sam Cookes endete auch die Hoffnung der *Soul Stirrers* auf eine erneute Zusammenarbeit mit ihm. Die Jungens hatten sich nie richtig von Sam getrennt; erst viel später wurde bekannt, daß die Hintergrundstimmen auf einigen Sam-Cooke-Hits den schwarzarbeitenden *Soul Stirrers* gehörten. Sein Freund LeRoy Crume verließ jetzt die Gruppe und wurde Gitarrist einer Fernsehkapelle, spielte jahrelang in der Band von Aretha Franklin und begleitete die Gospelfamilie *The Staple Singers*, die er schon seit seiner Kindheit kannte; mit zwei der Schwestern war er in Clarksdale zur Schule gegangen. LeRoy überließ seinem Bruder Arthur Crume seinen Job bei den *Soul Stirrers*, und Arthur ist noch immer Manager der Gruppe.

Der poppige LeRoy, der Rhythm and Blues über alles liebte, der Songs wie den Otis-Clay-Titel »Precious Love« schrieb und der ein vielgefragter Studio- und Tourbandgitarrist blieb, bekam doch Gewissensbisse ob des gottlosen Popgeschäftes. Reumütig kam er wieder zu den *Soul Stirrers* zurück, 15 Jahre nachdem er sich für die grellen Bühnenscheinwerfer und den hedonistischen Lebensstil entschieden hatte, und er blieb der Gruppe bis heute treu. Sie sind noch immer die Gospelband, die Tradition hochhält, die im neunsitzigen Kleinbus mit Instrumentanhänger durch Amerika reist und überall spielt; wo man wenig Geld für sie aufbringt, treten sie ebenso auf wie zu den Jubilees, den Gospel Festivals und in den Riesenkirchen der Großstädte. Am Ende gleicht sich's aus. Die *Soul Stirrers* haben ihr eigenes Label, spielen einen außergewöhnlich gefälligen Gospelsound ein, und sie sind jedes Jahr auf Tournee in Europa. Zu Hause, in den Farbigenvierteln der Städte und den afroamerikanischen Kirchen auf dem Land, sind sie hochangesehene Bürger und Künstler und genießen einen makellosen Ruf, den kein Blues- oder Soulmensch je haben wird, denn sie spielen ihre Musik zum Lobe des Herrn.

Die *Soul Stirrers* machen kein Aufhebens davon, daß sie schon 1989 als Unsterbliche in die Rock 'n' Roll Hall of Fame eingingen.

Hill Country Blues

Im nördlichen Drittel des Deltas, zwischen Lula in Mississippi und der Tennessee-Großstadt Memphis, sieht der aufmerksame Beobachter die Krümmung der Erde, ich schwör's. In diesem Landstrich ist der Hund so tief begraben, daß der Bluesbeflissene sich gern in Richtung Osten begibt, zumal er dort durch Traditionsnester wie Como, Heimat der uralten Bluessängerin Jessie Mae Hemphill, kommt.

Jessie Mae hatte vor einiger Zeit einen Schlaganfall, was ihr Gitarrenspiel doch sehr erschwert, aber sie ist eine der Nutznießerinnen der Hill-Country-Blues-Wiederentdekkung. Als sie noch aktiv war, fürchtete Jessie Mae immer die lange Heimfahrt durch das leere nördliche Delta, die Taschen voller Gage, allein im alten Auto. Deshalb schleppte sie meist zwei oder drei geladene Colts mit sich herum, und wenn sie zu Hause ankam, ballerte sie erst mal eine Salve durch den Garten, damit jeder im Gebüsch Lauernde wußte, daß sie es ernst meint. Im gleichen Nest wohnte Mississippi Fred McDowell, und was er und Jessie Mae Hemphill spielten, ist eine potente Mischung aus Delta Blues und Hill Country.

Wer sich nach Senatobia durchschlägt und dann rechts in Richtung Holly Springs abbiegt, der kommt durch eine abseits liegende, Anfang 1998 noch fast unentdeckte Bluesgegend, die gerade erst den Weltmarkt auf sich aufmerksam macht. Was das Delta gegen Ende der Dreißiger für Vater und Sohn Lomax war, ist das Hill Country für heutige Musikhistoriker. Denn der Sound der Hügel ist völlig verschieden vom Delta Blues, und er zeigt die getrennte Entwicklung beider Landstriche und ihrer jeweiligen Bevölkerung auf.

Highway 4 von Senatobia nach Holly Springs führt in

Mississippi Fred McDowell spielte traditionellen Delta Blues.

sanfter Steigung bergan, und unterwegs staunt man immer wieder über die vollständig von Kudzu überwucherten Wälder. Wie japanische Naturtarnnetze bilden sie einen Silhouettenwald, Zeichentrickbäume stehen da am Straßenrand, denn die Details sind unter einem dichten grünen Bewuchs versteckt. Die Hügel, nach denen dieses Nordostviertel Mississippis benannt ist, verdienen ihren Namen nur durch die unmittelbare Nachbarschaft des platten Deltas. Sie erheben sich kaum, aber sie bieten durch ihre Wellenform doch Abwechslung – und Abgeschiedenheit. Die Gegend eignet sich nur bedingt für den Anbau von Baumwolle und Sojabohnen. Viehzucht und höherwertige, arbeitsintensive Produkte, die, auf kleineren Feldern angebaut, einen ausreichenden Ertrag bringen, werden im Hill Country bevorzugt.

Die hügelige Landschaft erforderte also geschickte, verläßliche und relativ selbständige Arbeitskräfte. Die Sklaven, die im Hill Country lebten, galten daher als wertvollste Ware, eine, mit der sorgfältig umgegangen wurde. Sie wurden nicht, wie im Flachland üblich, wie Herdenvieh ge- und verkauft, sondern blieben in der Familie und wurden vererbt. Aus dem Archiv des Kreisgerichtes des Landkreises Marshall stammt der folgende Auszug aus dem Testament des Joseph A. Davis vom 1. Mai 1850: »... hinterlasse ich meinem Bruder John Davis die beiden Negerjungen namens Samual, ein etwa 35jähriger Mulatte, und Alexander, Mulatte, etwa 24 Jahre alt, zusätzlich sämtliche Stadtimmobilien, die ich in der Stadt Chulahoma besitze ...«

Die individuelle Behandlung besserte das Los der Schwarzen um keinen Deut, aber sie förderte womöglich eine stärkere Bindung an die Landschaft und – nach der Aufhebung der Sklaverei – an ihre ehemaligen Besitzer. Die Arbeit ging weiter, nur wurde jetzt Arbeitsleistung gegen Wohnung, Verpflegung und Versorgung aufgerechnet; was übrig blieb, bekam die farbige Familie ausbezahlt. Das Verfahren erinnert an den Witz von dem Pfarrer, der die Kollekte hochwirft und Gott anbietet, den Teil, der oben bleibt, für sich zu nehmen.

Die Menschen blieben, weil sie keine Alternative hatten und das Geld für Umzug und Neubeginn fehlte. Im Laufe des Jahrhunderts wurden Kleinbauern aus den Sklavennachfahren.

Die Musik, die sich hier entwickelte, spricht wie der Blues des Deltas von schweren Zeiten und den Freuden des Feierabends, aber der glatte Stil des Delta Blues fehlt vollkommen. In den Hügeln regiert Natur pur. Hier im Tate County spielt Othar Turner's *Fife and Drum Band* noch Musik, die in gerader Linie nach Westafrika zurückreicht, grelle Querpfeifentöne und hypnotische Perkussion. Seine endlosen Trommelmelodien haben Avantgardisten wie den Violinisten Dave Soldier und die Memphis-Underground-Chanteuse Lorette Velvette bewegt, die Gruppe *The Kropotkins* zu gründen, die nun versucht, auf der *Fife-and-Drum*-Basis modernen Pop anzubauen. Musiker wie CeDell Davis, »Junior« Kimbrough und R. L. Burnside wurden in den Neunzigern »entdeckt«, als sich der Markt für Poliertes verengte und sich amerikanische Musikkonsumenten verstärkt der Weltmusik zuwandten. Was David Lindley aus Kalifornien mit norwegischen Tundrabewohnern und madegassischen Tarikas fabrizierte, war hier, mitten in der Heimat, fast umsonst zu haben. Man mußte sich nur darum kümmern.

Wenn es Junior Kimbrough nicht gäbe, hätte ihn ein cleverer Promotionmann erfunden. Seit seiner Geburt in Hudsonville am 28. Juli 1930 lebt Junior im Marshall County, im Landkreis, der zwischen dem Tallahatchie River im Süden und der Staatsgrenze im Norden das Herz des Hill Country umschließt. Er behauptet, daß er gerade acht Jahre alt war, als er zwei prägende Erlebnisse hatte: Er trank seinen ersten Schluck Mondscheinwhisky und hielt erstmals eine Gitarre in der Hand.

Das Whiskybrennen war 1938 noch eine edle Tradition in allen abgelegenen Gegenden des Südens. Die Prohibition hatte fünf Jahre zuvor ausgedient, Amerikaner tranken als Folge des 14jährigen Verbotes mehr denn je, und der nachts, bei Mondschein, tätige Schwarzbrenner verdiente mit dem Saft einen ordentlichen steuerfreien Batzen. Nur selten trauten sich Finanzpolizisten in die waffenstarrenden Berge, um dem Treiben ein Ende zu setzen, also riskierte der »Moonshiner« nur bei Transport und Verkauf seine Freiheit. Wer auf der Straße erwischt wurde, konnte sich auf ein jahrelanges Dasein auf Staatskosten gefaßt machen. Eher wurde also geschossen als angehalten. Und was nicht in die Stadt verkauft wurde, das durfte zu Hause ausgepichelt werden. Mondscheinwhisky war gesund, Kind und Kegel wuchsen damit auf.

Der kleine Junior – eigentlich heißt er ja David, aber so nennt ihn keiner – soff sich also durch und griff zur Gitarre, wenn die älteren Familienangehörigen aufs Feld gingen. Im Laufe der Jahre lernte er von einheimischen und fahrenden Musikern die Feinheiten des Gitarrenspiels, besonders von Fred McDowell aus Como und dem Nachbarn Eli Green, dem wie Robert Johnson nachgesagt wurde, er stecke mit dem Teufel unter einer stinkenden Decke.

Junior lernte von ausgewiesenen Fachleuten. Er trug das

Wissen nach Chicago, als er 24 war, spielte dort einige Jahre ohne großen Erfolg, kehrte zurück und blieb kurz vor der Heimat in Memphis hängen. 1958 nahm er beim Sun Studio einige Bänder auf, aber wieder blieb der Erfolg aus. Junior hackte einfach zu brutal auf den Saiten herum, und sein Down-home-Stil stieß das Stadtpublikum ab, das sonderbarerweise auf den ähnlich klingenden Howlin' Wolf flog. Junior trampte also die 70 Kilometer zurück und blieb fortan im Marshall County.

Er wurde Mechaniker und Landpächter, schuftete auf dem Feld und mußte den überwiegenden Teil seiner Ernte abgeben. Am Wochenende spielte er zum Tanz. Während sich sein Ruhm als Musiker von Jahr zu Jahr mehrte, eröffnete er über die Jahre mal hier, mal dort eine Landkneipe. Junior suchte sich ein verlassenes Gebäude an einer der wenigen schmalen Straßen im Landkreis, machte es notdürftig wetterfest, und schon hatte er eine neue Kneipe. Die öffnete nur am Wochenende, aber dann war der Teufel los. Junior spielte seine Musik, seine Familie betrieb den Ausschank, und um Genehmigungen kümmerte sich in der abgelegenen, menschenleeren Gegend niemand. Nur wenn einer umgebracht wurde oder gar ein Weißer zu Schaden kam, dann tauchte der Sheriff auf und machte die Bude dicht. Bald darauf gab's jedoch an anderer Stelle Ersatz. Nur die Musik und der Schnaps zählten, und beides konnte der Kneipier selbst produzieren.

Vor einigen Jahren hat sich Junior außerhalb des Dorfes Chulahoma niedergelassen, wieder mit einer Kneipe, doch diese ist inzwischen weltbekannt. Eine riesige Bretterbude für hiesige Verhältnisse, eine ehemalige Kirche, gut 100 Leute gehen an einem regnerischen Winterabend hinein, und hinter dem Ausschank hat Junior für sich und seine Familie Wohnraum geschaffen. An einer flachen Stelle zwischen Wald und Highway 4 steht die Hütte, die trotz ihres hohen Alters noch immer einen provisorischen Eindruck macht. Davor ein unbefestigter Parkplatz, auf dem breite tiefe Pfützen stehen, wenn es regnet (und hier oben regnet es dauernd), gegenüber kudzubewachsener Laubwald. Sein Freund R. L. Burnside wohnt gleich nebenan, was günstig ist, denn die beiden älteren Herren teilen sehr gern ein Gläschen Moonshine und spielen dabei ihre Songs.

Kimbrough hatte das Glück, daß sich sein Ruf bis nach Oxford herumgesprochen hatte. Dort ist die University of Mississippi, und dort hat sich auch zu Beginn der Neunziger eine kleine Plattenfirma etabliert. Fat Possum Records heißt der Verein, gegründet von zwei Mitarbeitern des von der Universität herausgegebenen bunten Fachblattes *Living Blues*. Die wollten ihrem heimischen Blues Gehör verschaffen und fanden riesiges Interesse für den obskuren Sound.

Junior spielte also nach 30jähriger Abstinenz wieder einige Songs für ein kommerzielles Label ein. Jahre zuvor war er schon Gegenstand einer professoralen Aufnahmesession gewesen, aber da ging's um eine Dokumentation des Hill Country Blues. Und von seinen Cuts auf den zwei Anthologien und den beiden Minilabel-Singles will er nichts mehr wissen. Nun erschien von ihm das Album »All Night Long«, und seine Wochenend-Blueskneipe in der wackligen Hütte war auf einmal überlaufen. Aus allen Ecken kamen sie, Deutsche und Japaner, sogar Amis aus Kalifornien und von der Ostküste. Junior Kimbrough war ein Star.

Das neugegründete Fat-Possum-Label schob sofort ein Album des ebenfalls gut abgehangenen CeDell Davis nach, gefolgt von einem Longplayer R. L. Burnsides – und mit dem kam das große Geld ins Haus.

R. L., nur vier Jahre älter als Junior Kimbrough, hatte sich bereits zur wohlverdienten Ruhe gesetzt und witterte nun auf seine alten Tage Musikindustrie-Morgenluft. Er hatte seit Jahrzehnten mit Junior gearbeitet, aber nach seiner mit unglaublicher Begeisterung aufgenommenen ersten Fat-Possum-CD »Bad Luck City« trennte er sich vom Nachbarn und ging auf Tour.

R. L. Burnside hatte schon in den Achtzigern ein Album und zwei Singles aufgenommen, die aber nur seinen Ruf in der Umgebung stützten, mehr war nicht. Nachdem seine Brutalgitarre auf dem »Bad-Luck«-Album gehört wurde – und jeden sofort an einen methamphetaminzappelnden John Lee Hooker erinnerte, ein Speedfreak-Erlebnis erster

Die beiden Blueser aus dem Marshall County sind alte Freunde: R. L. Burnside (Foto oben) und Junior Kimbrough haben ihr Leben zu Musik gemacht.

Güte –, kamen die Angebote, das beste von Jon Spencer. Der gestandene New Yorker Altpunker flippte total aus, als er den rockigen Burnside hörte, und er nahm ihn auf eine US-Tour als Opener mit, schleppte ihn nach Europa und machte aus dem 70jährigen einen Kultstar der Alternativszene. Jon Spencers Gruppe hieß ja *Blues Explosion*, weil sie alles spielten, nur keinen Blues. Aber nach den gemeinsamen Touren und einem zusammen aufgenommenen Album, »A Ass Pocket Of Whiskey«, ist Jon überzeugt: So einem frenetischen Boogie gehört die Zukunft. Zum »Whiskey«-Nachfolgealbum »Mr. Wizard« trug *Blues Explosion* auch einiges bei, aber man merkt, daß R. L. vermeintlich verschenktes Gelände wieder an sich gezogen hat.

Die alten Freunde aus Chulahoma verstehen sich nicht als Konkurrenten. Sie haben auswechselbare Lebensläufe, der Junior und der R. L., haben gelebt und ihre Erfahrungen zu einer Wahnsinnsmusik verarbeitet. Diese Geradlinigkeit in der Entwicklung fehlt dem Delta Blues seit vier Jahrzehnten; unten im Flachland richtete man sich allzusehr nach den Wünschen des Publikums, der Plattenkäufer, und die waren seit den Sechzigern überwiegend weiß. Im Hill Country scherte man sich nicht um Kundenwünsche. Wer trinken wollte und tanzen, der würde am Samstagabend schon dort auftauchen, wo die Musik spielte.

Sie haben im Alter eine Goldader entdeckt, die Blueser aus dem Marshall County. R. L. ist ständig unterwegs, fährt durch die Weltgeschichte und erschreckt die Leute mit seinem rücksichtslosen Gitarrenangriff. CeDell Davis war um Weihnachten '97 im Studio, um für Fat Possum wieder ein Album aufzunehmen. Nur Junior, mit dem die ganze Bescherung anfing, hat zurückgesteckt. Er arbeitet seit Jahren jedes Wochenende in seinem Juke Joint, und gelegentlich geht er auf ein Bluesfestival oder eine kurze Tour, und er gönnt sich nicht viel Freizeit. Doch Ende 1997 hatte er einen Autounfall, kam mit inneren Blutungen ins Krankenhaus, und dort wurde ihm unmißverständlich klargemacht, daß er ab sofort seine blühende Diabetes nicht mehr ignorieren dürfe. Also hat er sich eine kleine Wohnung in Holly Springs gemietet, und dort spielt er Gitarre, nimmt seine Medikamente, schaut sich im Fernsehen sämtliche Seifenopern an und geht ab und zu hinüber zu seinem Freund Mister Caldwell, dem ein Elektroladen gehört. Da sitzen die beiden dann und zocken, und oft kommt jemand herein, der Junior Kimbrough sucht. Der zuckt entweder mit den Schultern, womit er zu verstehen gibt, daß er den Typen nicht kennt, oder er schaut freundlich auf und nickt. Je nachdem. Moonshiner, auch wenn sie schon lange keine mehr sind, müssen verdammt vorsichtig sein.

Elvis in Memphis

Die eine Fahrstunde von Holly Springs bis in die Innenstadt von Memphis ist eine Reise aus der Vergangenheit ins Gestern. Viele Teile des Marshall County – Holly Springs, Chulahoma – scheinen noch in einer lange zurückliegenden, langsameren Zeit zu verweilen, Memphis dagegen macht den Eindruck einer Großstadt, die bald dort ankommen wird, wo andere schon längst waren. Sie hat zwar auch ihre Hochhäuser und ihre heftig umstrittene Monumentalarchitektur – in dem Fall eine gewaltige Pyramide, die nach dem Willen der Stadtväter ein Grammy-Museum werden soll –, aber sie macht dennoch den Eindruck einer unter glühender Sonne dahinwelkenden Stadt.

Das erfuhr schon der junge Knabe Elvis aus dem Nordostmississippi-Städchen Tupelo, als er mit seinen Eltern nach Memphis kam.

Elvis Aaron war das einzige Kind der Eheleute Presley, denn sein Zwillingsbruder Jesse Garon wurde tot geboren. Als Elvis drei Jahre alt war, mußte sein Vater Vernon wegen einer stümperhaften, sofort aufgeflogenen Scheckfälschung acht Monate im Horrorknast Parchman Farm zubringen, doch auch nach der angestrebten Verhaltenskorrektur kam Vernon einfach auf keinen grünen Zweig. Nur beim Kirchgang und dem gemeinsamen Singen in der Pentecostal First Assembly of God konnte die Familie Presley so scheinen wie ihre Nachbarn: sauber, gottesfürchtig, angesehen.

Mutter Gladys, etwas jenseitig veranlagt, konnte mit ihren dunklen Augenringen und dem ewig am Rande des Weinens zitternden kleinen Mund einem heranwachsenden Knaben Gottesfurcht einflößen. Elvis liebte seine Mutter, die ihn immer verzweifelt an sich gedrückt hatte, als Vernon die langen Monate »weg« war und sie die Baudarlehensraten nicht bezahlen konnte. Sie mußten ihr Haus verlassen und zu Verwandten ziehen, was Gladys' Gemütsverfassung noch verschlimmerte.

Vor der Geburt seiner Söhne hatte Vern 180 Dollar geborgt und der Familie in der Old Saltillo Road ein Haus gebaut. Im ländlichen Süden heißt so eine Holzhütte, deren zwei Zimmer hintereinander liegen, *shotgun house*, weil man zur Vordertür eine Ladung Schrot hineinballern kann, die wegen der Kürze des Hauses hinten ungestreut wieder austritt. Das Haus hatte weder Veranda noch Garten, weder Strom noch Toilette, nur ein Plumpsklo gab's hinter der Hütte.

Als Darlehensgeber Orville Bean Mutter und Sohn Presley vor die Tür setzte, schien der Traum des eigenen Hauses endgültig ausgeträumt. Doch als Vernon wieder ein freier Mann war, zog er allein nach Memphis und fand einen Job in der Rüstungsindustrie. Als er nach Kriegsende wieder heimkam, hatte er 200 Dollar gespart, und mit der Anzahlung kauften die Presleys in East Tupelo ein ähnliches Häuschen. Und wieder schlug das Schicksal zu; Vernon arbeitete einfach nicht oft genug, um seinen Verpflichtungen nachzukommen. Noch mal war es Orville Bean, der mit dem Sheriff im Schepptau seine Schuldner aufforderte, das Haus zu räumen.

Elvis war ein einsames Kind. Am liebsten spielte er allein, und als er zehnjährig bei der Mississippi-Alabama-Landwirtschaftsausstellung in Tupelo die Schnulze »Old Shep« sang – a cappella, weil ihn niemand begleiten wollte – und dafür den fünften Preis bekam, war er von der Musik nicht mehr wegzubringen. Sein Onkel Vester, genauso faul wie Vater Vern, spielte Fiedel, und er zeigte seinem kleinen Neffen einige Tricks. Elvis nörgelte und schmeichelte so lange, bis Gladys endlich eine Gitarre kaufte. Der neue Pentecostal-Preacher Johnnie Smith zeigte ihm die gerade populären Griffe, und Elvis saß monatelang hinterm Haus und übte.

Sie zogen oft um, einmal in ein recht nettes Mietshaus, aber das stand im farbigen Teil der Stadt, was selbst für einen arbeitsscheuen ehemaligen Knacki als Abstieg galt.

Elvis jedoch lernte dort fürs Leben; so etwas wie die Musik, die aus jedem zweiten Haus kam, hatte er noch nie gehört, und er stieg voll in die Radio- und Verandakultur der Schwarzen ein. Er schleppte nun seine Gitarre jeden Tag mit in die Schule. 13 war Elvis, hatte nur wenige Freunde und wurde von seinen Klassenkameraden ausgelacht, weil er eine Mischung aus Hillbilly und Blues spielte: Negermusik, spöttelten sie.

Am 6. November 1948, einem Sonnabend, war die Familie schon bei Sonnenaufgang in Memphis. Sie hatten ihre ganze Habe in den Kofferraum des klapprigen 1937er Plymouth gepackt und waren ohne genaues Ziel nach Memphis aufgebrochen. Dort wollten sie endlich ein neues Leben beginnen. Tupelo lag endgültig hinter ihnen.

Es dauerte ewig, bis Vater Vernon wieder einen festen Job hatte; die drei Presleys wohnten einige Monate eng zusammengepfercht in einem winzigen Hotelzimmer. Erst als Vern bei der United Paint Company Arbeit fand, konnte er eine Sozialwohnung beantragen und bekam sie im September 1949, in der Winchester Street, mitten in Memphis. Dort blieben sie, denn Gladys war's zufrieden, und Vernon war am Ende seines Ehrgeizes angelangt.

Elvis ging zur Humes High School, war so unscheinbar, wie es ein Durchschnittsschüler mit einer bösen Akne und wenig Taschengeld nun mal ist, und bereitete sich auf einen Job als Lastwagenfahrer vor. Das wollte er werden, deshalb ließ er sich schon die Haare zum Entenschwanz wachsen und schmierte sie in Truckermanier mit ordentlichen Mengen Brylcreem glänzend und glatt. Zunächst wurde er jedoch Platzanweiser im Loew's Kino, malochte nach der Schule und kaufte sich irgendwann – trotz der mietsubventionierten offiziellen Armut – einen riesigen 41er Lincoln, mit dem er die Beale Street hinunterglitt, am Lansky-Brothers-Herrenausstatter vorbei. Vor dem Laden hingen breitgepolsterte Sakkos unter der Markise, und superscharfe schwarzweiße Lederslipper zu roséfarbenen Hemden über anthrazitgrauen Hosen machten den modebewußten Herrn aus. Zuhälter ließen sich bei Lansky elegant machen, örtliche Schnapsgangster, Spieler und Hijacker kleideten sich dort ein, und Elvis starrte sehnsüchtig in die schmalen Fenster des Ramschladens. Eines Tages, eines Tages …

Er wußte ja, daß die Musik seine Eintrittskarte zum schicken Leben sein würde, und er bekam erstmals eine Vorstellung davon, als er an einem High-School-Wettbewerb teilnahm. In der Humes High School war nicht bekannt, daß er überhaupt spielen und singen konnte, und als er mit der Gitarre auf die Bühne trat und einen seiner Tupelo-Songs sang, da wurde aus dem verlachten Außenseiter ein Held, einer, den jeder zum Freund haben wollte. Der Langhaarige, der wegen seiner weibischen Tolle dem Footballteam nicht beitreten durfte, konnte nun unter den atombusigen Cheerleader-Blondchen, die bislang den Helden des ovalen Balles zu Übungszwecken vorbehalten gewesen waren, wählen. Der 18jährige Elvis suchte sich eine 14jährige aus, und mit der »ging« er.

Im Sommer 1953 begann für den Jungen aus dem Sozialwohnblock der Ernst des Lebens. Truckerjobs waren rar, also ging er erst mal zur Firma Parker, die ihn für 33 Dollar pro Woche die Werkhalle ausfegen ließ. Elvis kämmte jeden Morgen sorgfältig die pomadenschweren Haare zu einem Entenschwanz, einem *duck's ass* zusammen, steckte sein gestreiftes Hemd mit dem aufgestickten Vornamen in die weite Cordhose und fuhr auf dem Weg zur Arbeit an der 706–710 Union Avenue vorbei.

Das zweistöckige Eckgebäude verlor in seiner Verlängerung ein Stockwerk. Der Backsteinbau in der Union Avenue war trotz seiner Innenstadtnähe relativ preiswert, denn er lag in einer Gegend, die jedes Jahr ein Stückchen mehr verkam. Der junge Sam Phillips hatte das Haus gemietet, denn als Tonstudio war's völlig in Ordnung; Musiker scherten sich kaum um gute oder schlechte Nachbarschaft, zumal er es meist mit Schwarzen zu tun hatte. Der Rundfunktechniker war nach Memphis gekommen, weil er sich selbständig machen wollte, und er hatte 1950 in der einstöckigen Hälfte des Gebäudes seinen Memphis Recording Service aufgemacht. Das Geschäft ging ganz ordentlich. Sam hatte gute Ohren und eine annehmbare technische Ausstattung im Studio. Damit hatte er Songs von Ike Turner – »Rocket 88« –, von Ike Jackie Brenston, von Howlin' Wolf und Junior Parker, von BB King und Bobby Blue Bland aufgenommen. Mit »Bear Cat« von Rufus Thomas hatte er einen Hit, und mit Platten von Walter Horton und Earl Hooker hatte er Erfolg. Er hatte so viele gute Songs aufgenommen und an Schallplattenfirmen weiterverkauft, daß er 1953 sein eigenes Label gründete. Nun stand »Sun Records« über der Aufschrift am Fenster. Jeder konnte in sein Studio kommen und für vier Dollar eine Schallplatte einspielen. Da wurden Grüße an die Omi aufgesagt und mehrmals täglich »Happy Birthday« gesungen. Sam war's egal, der machte seine Arbeit und wartete nur auf einen »weißen Kerl, der wie ein Schwarzer singt«. Mit dem wollte er dann eine Million machen. Irgendwo da draußen war so einer, das wußte Sam. Er stammte aus Florence, Alabama, und er kannte seine Southern Boys. Irgendwo war einer, und Sam würde ihn finden.

Elvis hatte den Besen gegen einen kleinen Lieferwagen tauschen dürfen. Er arbeitete noch immer für den Werkzeugmacher Parker und lieferte Geräte aus und holte Reparaturen ab. Und während er durch die schwüle Metropole am Mississippi tuckerte, sang er lauthals seine Lieder. Ein Glücklicher. Kein Mutiger, denn er traute sich lange nicht, einfach mal in die 706 Union Avenue hineinzumarschieren, trotz der Einladung am Fenster. Als er sich endlich doch ein Herz faßte, zahlte er bei der netten Mrs. Keisker seine vier Dollar und nahm »als Geburtstagsgeschenk für meine liebe Mutter« die sechs Jahre alte Schnulze »My Happiness« auf. Sam saß hinter der schrägen schalldichten Studioscheibe und machte seinen Job. Und dann, weil er für seine vier Dollar auch noch eine Rückseite haben konnte, sang Elvis »That's When Your Heartaches Begin« – allerdings etwas langatmig, denn als das rote »Schluß-jetzt«-Lämpchen aufleuchtete, war er noch mitten in der Strophe und brach den Song mit einem resoluten »das wär's« ab. Frau Keisker war beeindruckt genug, eine Karteikarte mit Elvis' Namen und Anschrift anzulegen, und Sam schlief hinter seiner Scheibe weiter.

Die Zeit fließt zäh in Memphis, besonders wenn ein 19jäh-

Im Sun Studio nahm Elvis als Geburtstagsgeschenk für seine Mutter seine erste Scheibe auf – die Schnulze »My Happiness«.

riger darauf wartet, endlich entdeckt zu werden. Elvis hatte den Arbeitgeber gewechselt, fuhr nun nicht mehr mit dem Lieferwagen des Werkzeugmachers, sondern mit dem Kleinlaster der Crown Electric am Studio vorbei, schaute ab und zu mal rein, aber mit dem Entdecktwerden dauerte es. Sam suchte nach wie vor seinen schwarzen Weißen, nahm Rhythm-and-Blues-Hits auf, verscherbelte sie für den Verbrauch im Ghetto, und Memphis döste vor sich hin. Elvis gab noch mal vier Dollar aus, aber auch die beiden neuen Songs rissen niemanden von den Stühlen. Und dann schien's endlich zu klappen.

Der Musikverleger Red Wortham hatte Phillips ein Lied zukommen lassen, das der sich einige Male anhörte. Kein übler Song, aber auf dem Demoband so amateurhaft gesungen, daß er an den Knaben mit dem schmierigen Entenschwanz denken mußte. Wie hieß der doch? Frau Keisker wußte es, also rief sie Elvis an. Der erzählte später gern, daß sie noch den Hörer in der Hand hatte, als er schon keuchend und strahlend die Studiotür aufriß.

Den ganzen Nachmittag nahmen sie das Lied auf, und es war eine riesige Scheiße. Sam war die ganze Sache peinlich, und er versuchte wirklich alles, aber aus dem Knaben war nichts Brauchbares herauszukitzeln. Endlich ließ Phillips den Burschen wieder gehen und ärgerte sich über einen vertanen Sonnabend. Doch eine Woche später kam Scotty Moore überraschend ins Studio, und von dem wußte Sam, daß er einen Balladensänger suchte. Also riefen sie Elvis an, aber Scotty war genausowenig begeistert wie Sam. Schlecht war er nicht, der Typ, aber nichts Besonderes. Trotzdem gingen sie am Abend darauf zu Sam ins Studio.

Totale Zeitverschwendung, fand Sam, und die beiden Begleitmusiker Scotty Moore und Bill Black waren auch nicht sehr optimistisch. Elvis sang jeden Song, den Sam vorschlug, aber alles war flach und flau. Sam hatte schon lange das Tonband ausgeschaltet und wollte auch schon das Licht ausdrehen, als der um seine große Chance gebrachte Elvis dem Schicksal zum Trotz seine Gitarre nahm, sich breitbeinig vors Studiomikrofon stellte und wie ein Berserker mit dem Arthur-Crudup-Song »That's All Right Mama«

loslegte. Bill horchte auf, schnappte seinen Baß, und der von der Verrücktheit angesteckte Scotty griff zur Gitarre. Elvis gluckste und zitterte, zupfte und jodelte mit einer Weltvergessenheit, und Sam konnte es nicht fassen. Er kannte den Song, denn der alte schwarze Arthur war bei ihm unter Vertrag, aber so hatte er noch keinen singen hören. Ein Weißer, der wie ein Schwarzer sang, stand da vor ihm. Eine Million Dollar auf wild zappelnden Beinen.

Zweimal Graceland

Wie es Elvis erging, ist bekannt. Seine Lebensgeschichte gehört in den Hort der Legende: Poor Boy wird reich, wird Druggie und stirbt fett und vereinsamt. Ein trauriges Schicksal, so traurig wie die vielen Fans, die noch immer glauben, daß Elvis irgendwo in Alabama Tankwart ist, und die seine alte Villa Graceland besuchen und am Grab weinen. Nicht wegen der Leichenfledderei, die dort mit dem toten Helden täglich getrieben wird, sondern weil der heimgegangene Elvis ein Teil ihrer Jugend, ihres Lebens war und ihnen jetzt fehlt. Angeblich.

Daß Elvis die Musik auf den Kopf stellte, konnte ihm das ganze Land nicht verzeihen. Als »That's All Right, Mama« und – auf der Rückseite – »Blue Moon Of Kentucky« herauskamen, begann eine Hexenjagd auf Elvis. Weiße Sheriffs, Pastoren und Bürgermeister, die den Einfluß seiner *nigger music* auf weiße Kids fürchteten, verteufelten den Burschen aus Memphis, und als er in der Countrymusik-Hochburg Nashville im Grand Ole Opry auftrat, nörgelte das Publikum an ihm herum. Opry-Chef Jim Denny riet Elvis, sich wieder einen Kraftfahrerjob zu suchen. Elvis kümmerte sich wenig um die Rednecks und spielte für Kids, die ihn auf Anhieb nicht nur annahmen, sondern vergötterten.

Die Reaktion auf Elvis Presley zeigte die tiefe Kluft zwischen den Generationen auf, eine Kluft, die sich in den folgenden 15 Jahren zu einem fast unüberbrückbaren Graben ausweiten sollte. Denn die Nachkriegsjugend war so selbständig wie keine Generation vor ihr, lebte nicht nur ihre eigene Utopie, sondern bildete auch eine enorme Verbrauchergruppe, die kaum ein Industrie- oder Handelszweig übersehen konnte. Es gehörte zum guten Ton im Nachkriegsamerika, daß Schüler ihr eigenes Geld verdienten. Mitte der Fünfziger betrug der Durchschnittsverdienst jedes Heranwachsenden zehneinhalb Dollar pro Woche, so viel, wie 15 Jahre zuvor eine ganze Familie verdient hatte. 13 Millionen Jugendliche nahmen sieben Milliarden Dollar ein – solch eine gewaltige neue Käuferschicht wurde natürlich heftig umworben. Fast Food ersetzte Mutters Hackbraten; die Kids stopften Hamburger, Chips, Pizza und Milchmixgetränke in sich hinein, Zeug ohne großen Nährwert, aber wohlschmeckend. Modemacher kamen auf den Trichter, und Plattenspielerhersteller entwickelten kleine, tragbare Geräte, die erstmals Kids allein gehörten. Erst dadurch konnte der Rockmarkt entstehen, denn auf das Familiengerät in der guten Stube kam kein Rock 'n' Roll.

Elvis war also Nutznießer eines neuen Phänomens; er kam gerade rechtzeitig, um der entstehenden Jugendkultur als Leithammel vorgesetzt zu werden. Daß er es von Erziehung und Veranlagung her nicht war, spielte keine Rolle. Der hüftwackelnde Revoluzzer war Mister Höflichkeit, vollendet. Er nannte Männer, auch gleichaltrige, immer Sir und Damen immer Madam, was bei ihm als Erzsüdstaatler zu »Mäham« verkam. Elvis wackelte, weil er gelernt hatte, daß man das so tut bei Musik, die einem in die Knochen fährt. In der Kirche seiner Jugend, in der Holiness Church, hatte er das gelernt. Daß die Herkunft seiner Hüft- und Knieakrobatik nicht sofort erkannt wurde, lag nur daran, daß spöttelnde Journalisten von Holiness Churches nicht die geringste Ahnung hatten. Arme Südstaatler kannten die Holy Shakes, aber arme Südstaatler wurden selten Journalisten. Der wohlerzogene, eher verklemmte Elvis hätte sich nie öffentlich über Sex lustig gemacht oder gar, wie ihm die Zeitungen vorwarfen, auf der Bühne sexuelle Bewegungen vollführt. Was prüde Amis an Koitus erinnerte, entstammte eindeutig den Gottesdiensten seiner Jugend.

Er war allerdings in einem ein gutes Vorbild: Elvis verdiente bombig, und er gab die Kohle mit beiden Händen wieder aus. Er kaufte Cadillacs en gros, um sie Leuten zu schenken, die ihm einen Gefallen taten. Die Villa Graceland kaufte er hauptsächlich seinen Eltern zuliebe, und er freute sich, daß Mutter Gladys dort endlich wieder Hühner halten konnte. Seinem Onkel Vester gab er den Job des Obertorhüters; der Tunichtgut saß 20 Jahre lang an der Graceland-Einfahrt und hielt die Hand auf. Elvis umgab sich mit Jugendfreunden und ließ alle gut verdienen. Selbst heute, da aus Elvis eine Witzfigur geworden ist und fallschirmspringende Imitatoren in straßbesetzten Overalls das Volk in Las Vegas zum Jubeln bringen, verdienen sich seine Erben eine goldene Nase mit der Vermarktung seines Ruhmes.

Als Elvis am 26. März 1957 stolz wie ein Spanier 100 000 Dollar auf den Tisch blätterte und dafür die Eigentumsurkunde des Hauses 3764 Highway 51 South am Stadtrand von Memphis bekam, hatte er sein als Kind oft gegebenes Versprechen wahrgemacht, den Eltern ein Haus zu kaufen, wenn er berühmt und reich würde. Daß die Villa Graceland nach seinem Tod Mittelpunkt einer unvergleichlichen Kitschorgie wurde, hat er nicht verdient.

In den vergangenen vier Jahrzehnten wuchs Memphis krakenartig um das Haus und sein riesiges Gartengelände herum, der numerierte Highway wurde zum Elvis Presley Boulevard und das der Villa gegenüberliegende Grundstück zu einem disneyhaften Vorhof des Elvis-Happenings. Neon, Kitsch und klingelnde Kassen bereiten die jährlich 700 000 Besucher auf die Wallfahrt zur anderen Straßenseite vor. Leise flötet Elvis aus versteckten Lautsprechern Lieder, die sich in altertümlichen Fahrstühlen ausgezeichnet machen würden. Vom Elvis-Automuseum über ein Elvis-Kino und die Elvis-Flugzeuge ist alles da, Elvis-Burger gibt's im Elvis-Retrorestaurant, Elvis-Klamotten im Elvis-Bekleidungsladen. Und wer sich sattgekauft und sattgesehen hat, der ist für das kommende Erlebnis weichgeklopft.

Riesige Ventilatoren quirlen den Memphissmog über die Menschenschlange, die auf den Kleinbus nach Golgatha wartet. Und am heiligen Ort selbst wird der unbedarfte Besucher den Eindruck nicht los, die fleißig verdienende Familie nehme Rache am toten Rockstar. Kitsch kann durchaus schön sein, sogar erhebend, aber was hier gezeigt wird, sind Geschmacksverirrungen unglaublichen Ausmaßes. Der Gipfel der pietätlosen Ausbeutung sind die im Garten nicht zu verfehlenden Gräber der Familie. Man erwartet irgend-

Das Elvis-Denkmal in Memphis.

wo auf dem Gelände eine Elvis-Statue mit riesigen schwarzen Mauseohren.

Rock ist Rebellion, auch wenn Elvis kein Rebell war. Rock ist Auflehnung gegen elterliche Erwartung und eingefahrenes Verhalten, gegen den Erwachsenenbuckel. Während seiner Jugend ermunterte der Rock seine Fans, sich ihre eigene Welt zu schaffen. Die meisten von uns nahmen eine Weile die Lebenshilfe dankbar an und taten dann achselzuckend doch, was Eltern, Lehrer und Mitbürger von uns erwarteten. Insofern ist das inoffizielle Graceland, das von den Gralshütern des Einzigen Wahren Graceland verachtete und verwünschte Graceland Nummer Zwei, noch ein Stück echter Auflehnung, ein Rebellenhort, auf den eingegangen werden muß, wenn Elvis zur Sprache kommt. Denn die winzige Kopie in einem Mississippidorf, das Graceländchen mit den Termiten im Gebälk und dem welligen Dach ist die für Elvis- und Rockfans echtere der beiden Wallfahrtsstätten, weil seine Gründer und Betreiber sich dem Rockcredo verschrieben haben.

Wir waren schon mal da, und jetzt fahren wir wieder hin. Nach Holly Springs in Nordmississippi, nur eine Stunde vom Großstadtghetto mit dem gierigen Graceland entfernt. An der Ecke der Gholson Avenue, dort, wo sie endet, steht ein zweistöckiges weißes Holzhaus mit überdachtem Eingang auf einem Grundstück in Mittelklasse-Standardgröße. Überhaupt ist in der Nachbarschaft alles Standardausführung, von der Straßenbeleuchtung über die oft geflickten Asphaltdecken bis zu den beiderseits von allsonnabendlich gemähten Rasenflächen eingefaßten Bürgersteigen. Ein- und zweistöckige Wohnhäuschen stehen da, eine Wohngegend, in der Kinder erwachsen wurden, sich hier einkauften und ihre eigenen Kinder hatten. Amerika eben. Etwas ländlich, aber das will man ja, wegen der Liebe zum Land, die man Kindern beizeiten beibringen muß, damit sie zu guten Bürgern heranwachsen. Aber in dem zweistöckigen weißen Holzhaus am Ende der Gholson Avenue bricht die sorgfältig gepflegte Bürgerlichkeit unvermittelt ein wie ein Schlittschuhläufer bei Tauwetter. Hier ist das Ende der Bürgerlichkeit, denn hier wohnen Paul MacLeod und Elvis

Elvis Aaron Presley McLeod und sein Vater Paul sind »The World's Number One Elvis Fans«.

Aaron Presley MacLeod, und die sind »The World's Number One Elvis Fans«.

Paul ist seit seinem 13. Lebensjahr überzeugter Presleyaner. Da hatte Elvis gerade seine erste Sun-Single herausgebracht. Fortan gab's für Paul nichts Schöneres als eine neue Elvis-Platte, außer einem Elvis-Auftritt natürlich, denn dann stand er zum Greifen nahe live auf der Bühne, und man konnte als Jungfan seiner Phantasie freien Lauf lassen. Elvis kaufte Cadillacs mit seinem vielen Geld, Paul verkaufte Cadillacs für miese Provision. Elvis heiratete, Paul heiratete. Elvis drehte Filme, Paul sammelte alles, was mit Elvis zu tun hatte. Elvis wurde Vater von Lisa Marie, Paul nannte seinen Sohn Elvis Aaron Presley – mit Vornamen! Elvis starb, und Paul fand eine Lebensaufgabe. Er gab die Cadillac-Verkauferei auf, zog mit Frau und seinem eigenen Elvis nach Holly Springs und kaufte das 140jährige zweistöckige Holzhaus, das mit viel gutem Willen und einer gehörigen Portion Optimismus dem Elvis-Wohnsitz Graceland im nahen Memphis ähnelt. Und dort installierte er seine Sammlung, seine Passion, sein Lebenswerk. In jedes Zimmer kamen Elvis-Devotionalien, bunte Plakate mit seinem Namen und Eintrittskarten längst vergessener Konzerte, Zeitungsausschnitte mit seinem Foto und Schallplatten aller Art und Herkunft, Hauptsache Presley. Elvis-Möbel und Elvis-Bücher, vielfarbig angestrahlt, Elvis-Spiegel mit lebensgroßen Elvis-Porträts, Samtgemälde und Ölschinken, alle mit bekanntem Motiv. Elvisförmige Whiskyflaschen, lamettaglänzende, hautenge Nudieanzüge und Presleyana aus der untersten Schublade des entstehenden Totenkultes wurden angeschafft und ausgestellt, echte Blütenblätter vom echten Elvis-Grab wurden angeschleppt, und Elvis-Puppen jeder Provenienz mußten her. Die Gattin McLeod stampfte eines Tages nach 22jähriger Ehe auf und verlangte, daß Paul sich entscheide: Entweder Elvis oder ich!, aber das war doch keine Entscheidung, da gab's doch nichts abzuwägen. »Ich warf sie hinaus und habe es bis jetzt keine Minute bereut«, sagt der Sammler, der Bewahrer, der Hohepriester des Elvis-Kultes. Elvis Junior nickt grinsend. Dem fehlt sie auch nicht.

Sie leben allein in ihrem Museum, die McLeods, Paul und Elvis, schlafen Schicht und haben ständig ein Auge auf die neun Fernsehgeräte und sechs Videorecorder in der Medienzentrale. Sobald ein Elvis-Hinweis gesendet wird, notiert der Diensthabende Zeit und Sender, und die Notiz wird säuberlich in eine Kartei eingetragen, in der Elvis-Nennungen aus drei Jahrzehnten gesammelt sind. Sie achten darauf, daß einer immer wacht, denn sonst würden sie ja etwas verpassen, und das ganze Lebenswerk wäre unvollständig.

Radios sind an, Satellitenschüsseln folgen den künstlichen Monden, und Zeitungen werden gesichtet. Die McLeods haben die umfassendste Sammlung alter Fernsehprogrammzeitschriften, in denen jede Elvis-Erwähnung mittels Büroklammer auffindbar ist, falls sich mal jemand interessiert. Sie sammeln alles. Alles. Und sie finden immer irgendwo noch einen Platz dafür. An der Decke hängen Devotionalien, auf dem Klo und im wegen Überfüllung nicht mehr begehbaren Treppenhaus. Sie kassieren fünf Dollar Eintritt und geben dafür eine Führung, die drei Stunden dauern kann – egal wann, denn einer von ihnen ist ja immer wach. Sie wissen beide absolut jedes Detail aus dem Leben und der Arbeit Elvis Presleys, und wie sich Hund und Hundehalter im Laufe der Zeit ähneln, so nimmt der junge Elvis Aaron Züge und Sprechweise des verblichenen Originals an; eine wohl unumgängliche Metamorphose findet in Holly Springs statt, eine nur scheinbar aus einem Hollywooder Science-Fiction-Streifen stammende Einswerdung, die Doriangrayisierung des Elvis Aaron Presley McLeod.

Sie kümmern sich keinen Deut um Spötter, sie machen einen glücklichen, zufriedenen Eindruck. So ein Über-den-Dingen-Schweben nennen die Amis *fuck you attitude*, und das drücken die Zwei aus, obwohl sie's nie aussprechen würden.

Rock ist nicht im kniehohen Kitsch von Graceland zu Hause, Rock rülpst, furzt und ist kerngesund bei den McLeods in ihrem langsam zerbröselnden Fünfdollar-Graceland, ihrem ureigenen Rockpalast. Der andere Elvis, der aus Tupelo, der hätte das begriffen.

Blues is a feeling

Rock hätte eine andere Entwicklung eingeschlagen, wenn Elvis nicht im winzigen bornierten Tupelo aufgewachsen wäre, wo man seine stets am Rande des Abgrunds lebende Familie als »Neger« behandelte. Das war zur Jahrhundertmitte noch immer die schlimmste Beleidigung, die man einer weißen Familie aus dem Süden antun konnte (von den Schwarzen ganz zu schweigen), und der Vergleich zielte bewußt auf die gesellschaftliche Unsichtbarkeit der farbigen Amerikaner, deren Bedeutungslosigkeit. »The White Negro« – so nannte Norman Mailer einen seiner langen autobiographischen Essays, denn er kannte die Schockwirkung der Analogie auf seine überwiegend weiße Leserschaft.

Durch seine räumliche Nähe zur bettelarmen afroamerikanischen Minorität lernte der junge Elvis, Lieder und Jargon der Schwarzen zu schätzen, und er verlor die Berührungsangst, die beide Rassen noch immer erfolgreich trennt. Elvis demonstrierte auf allerehrlichste Weise seine Farbenblindheit; er coverte im Frühstadium seiner Karriere drei Songs des Bluessängers Arthur Big Boy Crudup aus Mississippi, und er honorierte die Urheberschaft des Schwarzen, was im Popgewerbe noch zehn Jahre später gänzlich unüblich war. Nicht, daß es Arthur viel nützte. Der Emigrant hatte unter der Chicagoer Hochbahn in einem Pappkarton gewohnt, als er gegen Ende 1940 vom Race-Music-Produzenten Lester Melrose entdeckt worden war. 14 Jahre später, nach einigen gutverkauften Platten immer noch arm wie eine Kirchenmaus, haute Arthur wieder nach Mississippi ab, wo zu seiner Verblüffung Presley-Tantiemen auf ihn warteten. Doch die liefen auch irgendwann aus, und gegen ’61 machte Arthur noch mal ein Album für das Fire-Label in Harlem – wo er derart zur Brust genommen wurde, daß er sich einen Feldarbeiterjob suchte, um nicht zu verhungern. Erst als das Bluesrevival in vollem Schwung war, fand ihn Delmark-Chef Bob Koester, und auf dessen Chicagoer Blues Label wurde Arthur Big Boy Crudup einigermaßen glücklich. Er spielte auf Festivals und Konzerten, bis er 1974 starb. Was bei Gott nicht an Elvis lag. Der hatte treu und brav seine Komponisten bezahlt (auch wenn sein Manager, der angebliche Ami Colonel Parker und echte Holländer Andreas Cornelis van Kuijk dafür sorgte, daß sein Schützling einiges zurückbekam, indem er ihn als Komponist solcher Songs anmeldete, deren Urheberschutz ausgelaufen war und nicht erneuert wurde).

Elvis Presley war nicht der erste weiße Bluessänger, aber der bis dahin prominenteste. Und er hatte auch mit der Frage zu kämpfen, die noch heute die Gemüter erhitzt: Kann ein Weißer den Blues mit Überzeugung singen, darf er das überhaupt? Bekanntlich stammt der Blues aus der schwarzen Erfahrung, ist ein Aufschrei der unterdrückten Minderheit, dokumentiert Schmerz, Ungerechtigkeit und demonstriert Überlebenswillen. Nach den gleichen schwachsinnigen »Naturgesetzen«, die Schwarzen die Fähigkeit absprechen, Rock zu spielen, sollen Weiße unfähig sein, einen authentischen Blues zu spielen. Selbst die von der University of Mississippi herausgegebene Zeitschrift *Living Blues* weigert sich mit dem Argument, der Blues sei ausschließlich ein Ausdruck schwarzer Kultur, über weiße Bluesspieler zu berichten. Diesem Blödsinn muß energisch widersprochen werden – und zwangsläufig steckt im Widerspruch die Frage nach der aktuellen Bedeutung der Kunstform Blues im heutigen afroamerikanischen Leben.

Wenn davon ausgegangen wird, daß sich Menschen verschiedener Rassen, aber gleicher Staatsangehörigkeit im wesentlichen durch ihre Hautfarbe voneinander unterscheiden, dann steckt darin die Annahme, daß alle Einwohner eines Staatsgebietes einer dominanten Kultur unterworfen sind, in ihr aufwachsen und sie als solche akzeptieren. Daß Untergruppen eine eigene Kultur zusätzlich pflegen, ist wünschenswert, denn sonst gäbe es weder Pizza noch Piroggi, weder Ouzo noch Oktoberfeste. Demnach sollte sich also niemand wundern, von Jimi Hendrix ein feedbackgeladenes Rocksolo zu hören. Tut man aber, sonst hätte nicht der junge Gitarrenfeuerwerker Vernon Reid 1985 die Black Rock Coalition mitgründen müssen, damit seine Rockgruppe *Living Color* überhaupt eine Überlebenschance bekam (was sie trotz hervorragender Alben und dem Opening Gig bei der *Rolling Stones* Steel Wheels Tour nicht hatte).

Ich denke bei der Kann-ein-Weißer-den-Blues-spielen-Kontroverse gern an meinen Freund John. Der spielt seit ewigen Zeiten einen ganz scharfen Blues, denn er hat fast alle Attribute, die ein Bluesspieler angeblich braucht. John wuchs arm auf, ohne Vater, weil der kurz nach Johns Geburt starb. Seine Mutter sorgte für ihn, auf dem Land und in der Kleinstadt, aber der Knabe wurde mit einem Sehfehler geboren, wuchs also fast blind heran, was seine Entwicklungschancen stark beeinträchtigte. Die Mutter und er suchten die Freiheit – und sie fanden sie unter Einsatz des eigenen Lebens im nächtlichen Kugelhagel. Der Heranwachsende wurde aus seinem Kulturkreis gerissen und in eine fremde Welt gesteckt, die er weder sehen noch verstehen konnte. Wenn der Begriff »Blues« laut Langenscheidt »melancholisch sein« bedeutet, dann hat John das Recht, *the blues* zu haben, *blue* zu sein, Blues zu singen. Pech nur, daß er weiß ist. Dadurch geht ihm wohl die Authentizität ab, die einem schwarzen Studenten aus reichem Haus ohne zu zögern zuerkannt wird.

Man sieht, die Hautfarbenkarte ist eine falsche.

Bleiben wir bei John. Der hat nämlich noch ein Megamanko – er heißt eigentlich Joachim Krauledat, stammt aus Ostpreußen und ist Rocker. Dazu hat ihm der Blues verholfen. Gerade schließt sich der Kreis, wie das bei Kreativen wünschenswert ist; nach einem Dritteljahrhundert als Rockstar hat er sich aufs Land zurückgezogen und spielt wieder verstärkt Blues.

Joachim suchte sich für seine Geburt das Kriegsjahr 1944 und den Ort Tilsit aus. Weder Zeit noch Ort gelten als gesund; Mutter Krauledat, vom Heldentod des Gatten benachrichtigt, packte notdürftig Fotos und Urkunden, die letzte warme Bekleidung und festes Schuhwerk ein und zog mit dem Säugling im Treck nach Südwesten. Sie waren zufällig im thüringischen Arnstadt, als die US-Army ein Weiterkommen unmöglich machte.

Sie wurden von einer Familie Kranz aufgenommen und bezogen im oberen Stockwerk des Kranz-Hauses ein Zimmer, das die nächsten vier Jahre ihre Heimat war. Die Army hatte sich inzwischen wieder zurückgezogen und Thüringen der siegreichen Sowjetarmee überlassen. Und die grenzte sich, wie man weiß, gegenüber dem Kapitalismus ab und bewachte die Demarkationslinie. Da kam keiner mehr durch.

Erst mal wurden Reparationen gezahlt, dann begann das Arbeiter- und Bauernparadies. Also ging Inventar nach Osten, im Tausch kam Ideologie. Doch der kleine Joachim brauchte Vitamine und Mineralien, denn er war farbenblind und extrem lichtempfindlich. Die richtige Ernährung war unerläßlich, wenn sich sein Zustand nicht verschlimmern und eine völlige Erblindung eintreten sollte. Mutter Krauledat wagte den schweren Schritt und haute nach Westen ab. Der Knabe robbte gerade ins andere Deutschland, als ihm Kugeln um die Ohren pfiffen. Die fliehende Gruppe Frauen und Kinder schaffte irgendwie den Übergang, das Schicksal der nachfolgenden Männer blieb ungeklärt; Joachim Krauledat war vier, als er im Lager Friedland landete, und schon hatte er genug durchgemacht, um fortan mit Überzeugung den Blues singen zu können.

Mutter und Sohn kamen nach Hannover, wo die Mutter als Näherin arbeiten konnte. Noch nachts saß sie zu Hause unter der trüben Funzel, damit der Knabe bekam, was er brauchte. Zwei Jahre darauf kam ein Stiefvater ins Haus. Gerhard war ein angenehmer Zeitgenosse: arbeitsam, fürsorglich, skatversessen.

Durch seine Sehbehinderung hatte Joachim in der Schule Probleme. Der Lehrermangel der Nachkriegsjahre schloß eine Sonderstellung des Schülers aus. Also wechselte er auf die Waldorfschule und fand dort eine geistige Heimat. Er lernte, seine Kreativität zu nutzen, konnte sich ungehindert entfalten und legte damit einen der Grundsteine für die spätere Karriere.

Den zweiten Karriereanstoß fand er auf dem Rummelplatz. Zwischen Achterbahn und Schießbude lief in nichtendender, begeisternder Abfolge der in den Fünfzigern als »amerikanische Urwaldmusik« verpönte Rock 'n' Roll. Little Richard, Elvis Presley und Fats Domino, *The Crickets*, Chuck Berry und *The Everly Brothers*. »That'll Be The Day« und »Wake Up, Little Susie«, dazwischen Instrumentalohrwürmer wie »Flamingo« des Saxophonisten Earl Bostic. Ganz scharfe Musik, die sich nur der hippe junge Underground anhörte, denn so etwas galt in besseren Kreisen als primitiv-dekadent. Auf Rummelplätzen, in Milchbars und vielleicht noch auf dem Soldatensender American Forces Network oder nachts im kratzigen Radio Luxemburg waren die heißen Sachen zu hören, während der Bildungsbürger zu Caterina Valente die Finger schnipste und von Italien träumte. Joachim nahm Little Richard hostiengleich in sich auf und wußte fortan, was er später werden wollte: Rocker.

Aber dazu mußte man erst mal raus aus Hannover, am besten gleich ganz aus Deutschland weg. Joachim hatte Glück. Sein Stiefvater bekam die Chance, nach Kanada auszuwandern, und er griff sofort zu. 1958 verabschiedete sich die Familie aus Hannover. Zu der Zeit war in Amerika die zusammengewürfelte weiße Studiogruppe *The Champs* aus Los Angeles gerade mit »Tequila« an die Spitze der *Billboard* Top Ten geklettert – fünf Wochen die Nummer eins, der erfolgreichste R&B-Hit des Jahres, wofür es den ersten Rhythm-and-Blues-Grammy überhaupt gab.

In Kanada konnte nun ein neues Leben beginnen, da war alles möglich. In Toronto würde alles viel besser werden.

Zumindest anders war's in Toronto: viel größer, viel beängstigender. Eine fremde Sprache, eine völlig ungewohnte Umgebung, aber der gleiche Rock 'n' Roll – nur viel, viel mehr davon. Aus dem Nachnamen wurde Kay, weil sich die Anglozunge nur unwillig um Krauledat wickelt. Und Joachim kam auch nicht in Frage; das heißt doch sicher John? Also John. John Kay. What the hell. Warum nicht.

Der erste einsame kanadische Sommer verging mit Musik aus dem Radio und von den ersten selbstgekauften Alben. John hörte Country, Gospel, Rock und Pop von US-Sendern im nahen Staat New York. Und auf dem täglichen Fußweg zum Einkauf fiel ihm eine Akustikgitarre auf, 55 kanadische Dollar, ein kleines Vermögen, aber sie wechselte nach einer Weile doch in seinen Besitz über. Der Traumberuf rückte ein ganzes Stück näher.

Überall auf der Welt müssen Einwanderer Doppelschicht fahren. Sie bekommen gewöhnlich die miesesten Jobs, und während sie lernen, sich in der neuen Sprache und Kultur zu bewegen, müssen sie erneut eine Grundausstattung anschaffen, die Einheimische meist mühelos im Laufe des Erwachsenwerdens zusammenbringen. Die Anstrengung prägt; in den USA werden Neueinwanderer nicht selten wohlhabender als der Landesdurchschnitt, machen sich öfter selbständig und gelten als strebsam. Sie hören einfach nicht auf anzuschaffen, wenn sie den mittleren Lebensstandard erreicht haben.

John besorgte sich also einen Job neben der High School, und während er verdiente, lernte er fleißig Gitarre – und endlich die Texte, die er seit seiner Jugend in Hannover singen wollte. In der neuen Sprache wurde er bald heimisch.

Die erwachende Rockszene Torontos wurde von Ronnie Hawkins beherrscht, dessen Gruppe *The Hawks* einen groovenden Rock draufhatte. Die *Hawks* siedelten jedoch bald – ohne ihren Frontman – in die Staaten über und machten als *The Band* hinter dem elektrifizierten Dylan weiter. John beendete sein letztes High-School-Jahr in Toronto, dann schnappte er seine Gitarre – inzwischen eine elektrische Harmony mit kleinem Übungsverstärker – und verduftete ebenfalls in die Heimat des Rock 'n' Roll.

Mit der Präsidentschaft John F. Kennedys kam Leben in die verstaubte amerikanische Bude. Die Eisenhower-Jahre hatten zwar einen gewaltigen wirtschaftlichen und militärischen Aufschwung gebracht, waren aber stockkonservativ. Als der 70jährige dem 44jährigen im Januar 1961 die Macht übergab, wurde neben Pflichten und Arbeit auch Lebensfreude zur Bürgertugend. Der Rock – oder was von ihm noch übrig war – wurde Mainstream, sein Vorläufer, die Folk Music, war schon seit dem verpoppten »Tom Dooley«

Top-Ten-Material, und mit Ray Charles, den *Shirelles* und den *Marvelettes* machte sich in der Hitparade Soul breit. Die turbulenten Sixties meldeten sich mit leichter Verspätung unüberhörbar an.

John stand im Coffee House und zupfte Folkiges. Er hatte die E-Gitarre schleunigst wieder gegen eine Akustik-Gibson getauscht, holte sich bei der örtlichen Bibliothek Folkalben und die Bluesscheiben, die Muddy Waters und Huddie Ledbetter damals mit John A. Lomax und dessen Sohn Alan für die Library of Congress eingespielt hatten, und er lernte. Gospel und Country hörte er, merkte sehr bald, woraus sich die modernen Rocksounds zusammensetzten, und trat nun mit dem neuerworbenen Wissen professionell auf. Seinen Tagesjob in der Kerzenfabrik – 32 Dollar die Woche, brutto – konnte er bald schmeißen. Musik machen lohnte sich.

Der nächste Schritt mußte Kalifornien sein, denn dort war die Zukunft der Jugendmusik. Im Sommer 1964 fuhr er mit einem Freund die Route 66 von Chicago über Saint Louis, Albuquerque und Barstow an den Pazifik. San Francisco, die Sierra, Big Sur und Los Angeles taten ihre Wirkung; John holte seine Eltern aus Kanada nach, und sie landeten in der Sixth Street in Santa Monica, fünf Minuten vom Strand entfernt. Bei der beneidenswerten Adresse kam die Bluesauthentizität erstmals ins Wanken.

John fand einen Gig im New Balladeer. Das Coffee House war wie das Ash Grove des Randy-California-Onkels Ed Pearl und das Troubadour des Folkimpresarios Doug Weston eines der Szenehäuser der Filmstadt. Trat bei Ed das echte Texas-Bluesgenie »Lightnin'« Hopkins auf, spielte John Kay einen verblüffend gekonnten Lightnin' im New Balladeer. Taj Mahal trat im Café auf, Taj, der nach Los Angeles gekommen war, weil er den blutjungen Ry Cooder sehen wollte, von dem jeder an der Ostküste sprach. Auch David Crosby und seine Freunde spielten im Balladeer, ehe sie sich zu den *Byrds* mauserten. John wurde Manager der Folkkneipe, lernte immer mehr Leute kennen und spielte sich in die Kreise der Macher hinein. Die Aufnahme erfolgte graduell, hier eine Party, dort ein gemeinsames High, und

Taj Mahal: Der eklektische Perfomer war nicht nur im Downhome Blues zu Hause.

ehe man sich's versah, steckte man in einem unbefriedigenden Pennertrott.

John kehrte zurück nach Toronto. Dort lebte der Folk noch, mit einheimischen Barden wie Neil Young, Joni Mitchell und Gordon Lightfoot. John Kay fand sofort einen Gig als Bluesspieler. Und er fand neue Freunde, Dennis und Jerry Edmonton. Die hatten eine Rockgruppe namens *The Sparrows* und waren gerade dabei, ihren British-Invasion-

Stil zugunsten eines Bluesrocksounds abzulegen. John setzte sich zu ihnen und spielte Jimmy Reed und John Lee Hooker. Das war's, genau den Sound suchten sie. Mitte September 1965 nahmen sie John in die Gruppe auf. Die *Sparrows* waren Profis, bekamen gute Gigs, sogar einige Gastauftritte, und waren Opener für Popgruppen wie *Gary Lewis and The Playboys*.

Im ersten Starfieber lief John die junge Jutta Maue über den Weg. Die stammte aus Hamburg, war seit drei Jahren in Kanada und kellnerte im Folkieviertel Torontos. Sie wurden unzertrennlich, zogen zusammen (ein Zustand, der noch heute anhält), und John machte sich daran, mit der Gruppe endlich aus der Enge Torontos auszubrechen. Sie hatten Vorbilder; *The Byrds* waren jetzt riesig, sogar Neil Young, der noch vor kurzem in Toronto mit den *Mynah Birds* des schwarzen Rockers Rick James aufgetreten war, hatte nun in Kalifornien mit Steven Stills die *Buffalo Springfield* gegründet und spielte die ersten Gigs. Die *Sparrows* gingen nach New York und nahmen einige Demos auf, die ihnen einen Columbia-Plattenvertrag einbrachten. Singles wurden eingespielt und verstaubten, während die Gruppe in modischen Samtuniformen und gestylten Langhaarfrisuren auf Society-Gigs schrammelte. Los war nichts, aber die Aussichten waren sagenhaft.

Sie waren für einige Auftritte in Los Angeles gebucht, also reihten sie sich wieder in die Überlandschlange auf der Route 66 ein. John hatte einige Jahre zuvor den Songwriter Hoyt Axton kennengelernt, und Hoyt hatte ihm seine Komposition »The Pusher« vorgespielt. Nun grub John den Song wieder aus und nahm ihn ins *Sparrow*-Repertoire. Für den knallharten Weichdrogensong war die Zeit gerade reif geworden: »Laßt mir den Marihuana-Dealer, denn der bringt nur Träume, aber Gott verdamme den Pusher, denn der verkauft den Tod.« In der Szene wuchs die Besorgnis über harte Sachen, über Zeug, das gespritzt wurde und dem zunehmend mehr Freunde zum Opfer fielen. Sie spielten den »Pusher« in der Höhle des Löwen, im San Francisco des Frühsommers 1967, und sie ernteten den ersten richtigen Respekt. Das war Rock; mit dem »Pusher« hatten sie

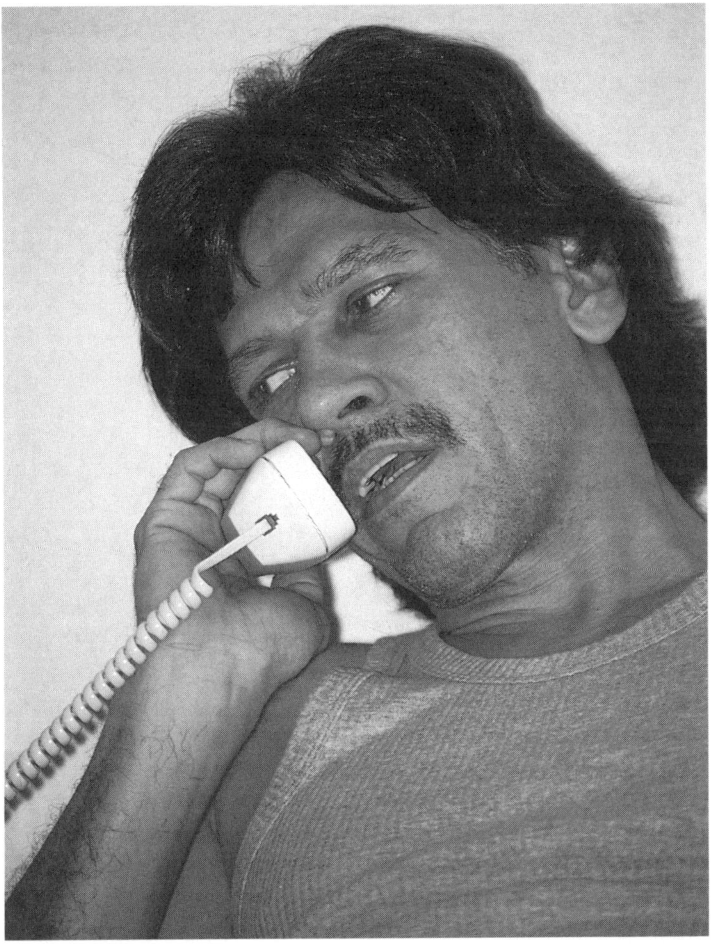

Joachim Krauledat alias John Kay, der mit seiner Band Steppenwolf *zur Rocksensation wurde, ist einer der besten weißen Blueser.*

Pop überholt. Doch für die Plattenfirma Columbia kam der Sound zu spät, die wollten ihre Investition verzinst haben. Das Label kündigte den Vertrag. Die Gruppensolidarität zeigte erste tiefe Risse.

Mitten in der Ungewißheit heirateten John und Jutta, was bis zu ihrem Geburtstag im Februar 1968 geschehen sein mußte, sonst konnte sie ausgewiesen werden. Kurz darauf fiel *Sparrow* auseinander. Man hatte sich überlebt. Doch mit der Band zerbröselte auch jede Hoffnung auf ein geregeltes Einkommen. Jutta hatte wieder einen Job als Kellnerin, aber John saß auf dem Trockenen. Ein Versuch, als Komponist zu arbeiten, scheiterte. Zu viele gute Leute in L. A. Und dann, als die Wolken nicht dunkler werden konnten, stellte Jutta fest, daß sie schwanger war.

Die beiden wohnten in der Fountain Avenue in Hollywood, und ihr Nachbar war Gabriel Mekler. Der war Talentmann für das ABC Dunhill Label, und dem gefiel, was der arbeitslose John da auf seiner Gitarre spielte. Gabriel kam rüber, setzte sich, hörte zu und bot John eine Demosession im Studio seines Arbeitgebers an. Der trommelte zwei seiner *Sparrow*-Kollegen zusammen, Keyboarder Goldy McJohn und Drummer Jerry Edmonton. Jerrys Bruder Dennis wollte keine Musik mehr spielen, sondern nur noch komponieren. Er nannte sich jetzt Mars Bonfire und hatte einen Song geschrieben, den er überall anpries. »Born To Be Wild« hieß das Ding, war ein echter Rocker und gefiel John. Der holte sich noch den Gitarristen Michael Monarch und fand aufgrund eines Inserates den Baßspieler Rushton Moreve. Pleite, abgerissen, mit zusammengeborgten Instrumenten, denn die eigenen waren noch in der Pfandleihe, nahmen sie ihr Demoband auf. Die nötige instrumentale Improvisation brachte erstaunlicherweise den vollen Markensound der Gruppe – zusammengewürfeltes Zeug, aber im goldrichtigen Verhältnis –, und der neue Song von Mars Bonfire paßte wie gegossen ins Repertoire. Eine Passage aus dem Text, »heavy metal thunder«, würde als Genrebezeichnung in die Musikgeschichte eingehen, würde den harten Rock der Gruppe definieren.

Die neue Band brauchte noch einen Namen. Mekler, der gerade den bei Hippies in hoher Gunst stehenden Hermann Hesse gelesen hatte, schlug »Steppenwolf« vor – einfach auszusprechen, ein Begriff in progressiven Kreisen –, und die Boys waren einverstanden. Mekler nahm also das Demoband und spielte es seinen Bossen vor. Die hatten gute Ohren, was damals noch als Boß-Voraussetzung galt. Die brandneue Band *Steppenwolf* unterschrieb also Aufnahme- und Verlagsverträge. Mit den 1 500 Dollar Vorschuß holten sie erst mal ihre Instrumente aus dem Pfandhaus zurück.

Im American Recording Company Studio auf dem Ventura Boulevard nahm *Steppenwolf* in vier Tagen das erste Album auf. 9 000 Dollar kostete die neue Scheibe – Aufnahme, Abmischen, komplett. Und als sie im Januar 1968 herauskam, verkaufte sie sich millionenfach, wie die folgenden Alben und ausgekoppelten Singles. Denn *Steppenwolf* wurde zur Rocksensation; die alten *Sparrow*-Aufnahmen wurden der neuen Gruppe untergejubelt, jeder hängte sich an den Erfolg, und als ein Jahr später »The Pusher« und »Born To Be Wild« im Soundtrack des neuen Filmes »Easy Rider« auftauchten und dessen Kultstatus unterstrichen, war *Steppenwolf* unschlagbar. Sie galt als *thinking man's band*, liefen Sturm gegen den Krieg in Vietnam, hatte als Gruppe ein ausgesprochen politisches Engagement, mit »Snowblind Friend« einen unter die Haut gehenden Antidrogensong herausgebracht und taumelte nach über vierjährigem Dauererfolg ihrem Ende entgegen. Im Februar 1972 gab John Kay die Auflösung von *Steppenwolf* bekannt. Über 40 Millionen Dollar Schallplattenumsatz konnten sie verzeichnen.

Sam Yorty, der prominenten Steuerzahlern immer herzlich zugetane Oberbürgermeister von Los Angeles, erklärte den 14. Februar, den Valentinstag, zum Steppenwolf Day.

Natürlich ruht keines der ehemaligen Bandmitglieder. Jeder macht Soloaufnahmen, einige gehen mit ihrer eigenen Steppenwolf-Version auf Tour, Bootlegs kommen auf den Markt, und trotz aller Geschmackswendungen und Trenddrehungen verkaufen sich die alten Alben immer besser, schon weit über 20 Millionen Mal, und es ist noch kein Ende in Sicht.

John hat acht Jahre nach der Gruppenauflösung von Möchtegern-Steppenwölfen die Schnauze voll und geht mit seiner Neugründung *John Kay and Steppenwolf* auf Tournee – und siehe, die Sache hat Beine, die Touren schließen nahtlos an den alten Erfolg an, neue Alben werden aufgenommen, und die *Steppenwolf*-Fanbasis wächst sich in den Achtzigern und Neunzigern zu ungeahnter Größe aus. Nicht unbedingt Nostalgie ist das Geheimnis des wiederholten Erfolges – obwohl ein Biker ohne »Born To Be Wild« im Kopfhörer sein Hobby verpaßt hat –, sondern schon klassisch gewordene Songs, die modern gespielt werden. Deshalb gehen die Leute immer noch und schon wieder zum *Steppenwolf*-Konzert.

John ist vor einigen Jahren mit der Familie nach Tennessee gezogen, gar nicht weit vom Highway 61 entfernt, aufs Land. Dort hat er sein Studio, und dorthin kehrt er nach der Tourerei immer wieder zurück. John spielt wieder viel Blues; damit hat's in Kanada angefangen, darauf basierte der Erfolg von *Steppenwolf*, und der Blues hat ihn zeitlebens begleitet. Ob in der TV-Sendung über amerikanische Highways, wo ein slidespielender John Kay unerwartet mit einem akustischen Blues, der von Robert Johnson stammen könnte, auftaucht, oder im Film, wo seine Songs der Handlung immer wieder Dampf machen, er ist eng mit der Musik des Deltas verbunden. Sein neues Soloalbum ist ein Bluesalbum.

Wenn Weiße keinen Blues spielen können, dann ist John Kay ein Hirngespinst; wer Weißen das Recht dazu abspricht, hat Joachim Krauledat nie spielen gehört.

Bleiche Blueser: Ry Cooder, Bonnie Raitt, Freebo

Für Rocker wie John Kay ist die erneute Hinwendung zum Blues eine bewußte Abkehr vom profitablen Popmarkt, von Publikum und Radiosendern, die oft den engen Zusammenhang der Stile nicht kennen oder nicht akzeptieren.

Wer zweigleisig fährt, der verzettelt sich, heißt es, aber es gibt genügend Erfolgsgeschichten, die das Gegenteil beweisen. Ein Ry Cooder, der seit über dreißig Jahren den »echtesten« Blues Amerikas spielt, hat aus seiner Vielseitigkeit eine hochrespektable Musikkarriere gebaut. Der am 15. März 1947 in Los Angeles geborene Ryland Peter Cooder tendierte früh zur Musik der schwarzen Unterschicht. Seine Eltern waren überzeugte Sozialisten, und das Weltbild des Sohnes blieb davon nicht unberührt. Ry spielte schon vierjährig einfache Liedchen und 16jährig eine solch ungewöhnlich scharfe Gitarre, daß er der Bluesband Jackie DeShannons beitrat – die ebenfalls musikalisch Frühreife schrieb Hits wie »What The World Needs Now« –, und zwei Jahre später war er Mitbegründer der Bluesgruppe *Rising Sons*.

Wie sein Freund David Lindley spielt Ry alles, was Saiten hat, und wie Lindley beschränkt er sich nicht auf einen Stil. Vom Blues kam Ry auf den Avantgarderock des Captain Beefheart. Dessen Gruppe verließ er, um im Studio Qualitätsrocker auf ihren Alben zu begleiten, darunter die *Rolling Stones* (die ihm angeblich den Gitarrenjob in der Gruppe anboten, als Mick Taylor 1974 ausstieg), deren langjährigen Klavierspieler Nicky Hopkins, *Little Feat* und Randy Newman. Er stellte eigene Gruppen zusammen, mit denen wunderschöne, miserabel verkaufte Alben entstanden: von »Into The Purple Valley« (1972) mit Jim Keltner und Jim Dickinson über die vom eklektischen Stil her zusammengehörenden »Paradise And Lunch« und »Chicken Skin Music«

mit Leuten wie dem hawaiianischen Slack-Key-Gitarristen Gabby Pahinui und Flaco Jimenez mit seinem Tex-Mex-Akkordeon bis hin zur David-Lindley-Ry Cooder-Kooperation »Bop Till You Drop«. Das wurde 1979 vom Warner-Brothers-Studiomeister Lee Hershberg höchstselbst aufgenommen, das erste digitale Rockalbum eines weltweit operierenden Labels, und es ist, trotz der damals noch brandneuen, unerprobten Technik, eines seiner schönsten Alben.

Ry hat sich auf Filmmusik spezialisiert, denn da kann sich der Kenner ausleben. Das machen einige südkalifornische Musiker, die den breiten Volksgeschmack einfach nicht bedienen wollen. Der geniale Songwriter Randy Newman ist einer von ihnen, Lindley schreibt Filmmusik, und Ry ist ein Meister des Genres geworden. Nicht ohne Grund gibt er europäischen Produktionen wie »Paris, Texas« den richtigen Sound. Auch hier war David Lindley mit von der Partie. Als die Musiker erfuhren, daß Regisseur Wim Wenders ein ausgesprochener Fan von »Blind« Willie Johnson ist, der schon in den Zwanzigern mit Grabesstimme »Motherless Children« zur Welt gebracht hatte, ging die Sache flott von der Hand, denn beide Gitarristen verehren den alten Texas-Gospel-Blueser auch. Solche Übereinstimmung ist selten in einem Gewerbe, das normalerweise nur auf Massenmarketing baut. Gelegentlich kommen auch gute einheimische Aufträge wie der Bluesfilm »Crossroads«, dafür lohnt sich dann schon die Tüftelei an Schnulzen wie »Southern Comfort« und »Johnny Handsome«.

Spätestens, seit er mit Jim Keltner, John Hiatt und Nick Lowe die Gruppe *Little Village* gegründet und das gleichnamige Album eingespielt hat, ist Ry auch weniger interessierten Rockfans ein Begriff, und für sein Album »Talking Timbuktu« mit Ali Farka Toure bekam er den Grammy. Ry tritt jetzt gelegentlich mit seinem Sohn Joachim auf, der als Perkussionist seinem Vater Takt beibringt, und 1997 waren die beiden auf Kuba. Dort spielten die Cooders mit einigen der allerschärfsten kubanischen Spieler drei Alben ein, die in Europa Furore machten; Amerikaner haben noch zu viele Vorbehalte gegen die Zuckerinsel, um die Schönheit der Alben zu genießen, aber wir lernen's auch noch.

Ry Cooder 1979: Das Multitalent spielt nicht mehr nur Blues, sondern hat auch andere Genres für sich entdeckt.

Für uns ist Ry Cooder immer noch ein Bluesspieler, und das soll er ruhig bleiben. Denn auf der Slide macht ihm kaum einer was vor – höchstens Lindley.

Viele großartige weiße Blueser haben sich in den Vereinigten Staaten etabliert, von Johnny Winter bis Charlie Musselwhite, der als »Memphis Charlie« in der Band von Muddy Waters spielte. Auch Stevie Ray Vaughan kniete sich schon in frühester Jugend in den Blues, und als er dobrospielend auf einem Alligator-Album des Altrockers Lonnie Mack auftauchte, lud ihn Buddy Guy ein, mit ihm zusammen »Mary Had A Little Lamb« aufzunehmen – eine Art Bluesritterschlag, erzählte Stevie Ray. Junge Typen wie Jonny Lang gibt's im Bluesgeschäft und altgediente wie den seit drei Jahrzehnten in Los Angeles lebenden Vater des britischen Blues, John Mayall. Bluesgitarristinnen wie Debbie Davies und Bonnie Raitt, deren Duettpartner Freebo auch tief im Bluesgewerbe steckt.

Bonnie studierte 1969 am Radcliffe College, als ihr damaliger Freund, der Bluesimpresario Dick Waterman, wiederentdeckte Originalblueser anschleppte. Bonnie spielte Son House und Fred McDowell vor, und beide Herren lobten ihr Talent. Also verließ sie die Nobelanstalt für höhere Töchter (Vater John Raitt ist Musicalstar am Broadway) und tat sich mit dem Bassisten und Gitarristen Freebo zusammen. Der spielte zu der Zeit bei der Rockband *Edison Electric*, als ihn die unglaublich talentierte Slidespielerin und Bluessängerin bedrängte, mit ihr zusammen aufzutreten. Da Bonnie neben ihrer gewaltigen Stimme noch weitere sagenhafte Attribute hatte, willigte Freebo ein. Die beiden zogen durch die Blueskneipen der Ostküste und machten genügend Furore, um im November 1971 das Album »Bonnie Raitt« bei Warner Brothers herauszubringen. Von da an ging's flott bergauf. Ihre Folgealben, die sie mit Freunden wie Jackson Browne und *Little Feat*, Tom Waits und Taj Mahal einspielten, machten Freebo und Bonnie zu Alternativurgestein. Mitte der Siebziger waren sie nicht mehr aus der Szene wegzudenken. Und 1977 hatte Bonnie mit dem alten Del-Shannon-Schlager »Runaway« einen Überraschungshit. Von da an wurde sie immer poppiger, und Freebo seilte sich langsam ab. Der wollte mehr Studioarbeit machen, wollte wieder verstärkt Tuba spielen in Rockkapellen und Zydecogruppen, wollte vor allem mehr Bluesiges.

Freebo verabschiedete sich also von seiner Mitstreiterin. Danach tauchte er als Multiinstrumentalist bei allerlei Produktionen auf, wurde selber als Produzent aktiv und tat sich mit Bob »Catfish« Hodge, Keyboarder T. Lavitz von den *Dixie Dregs*, Schlagzeuger Larry Zack und Paul Barrere von *Little Feat* zur Band *The Bluesbusters* zusammen. Sie nahmen 1981 das Album »This Time« auf und gingen damit auf US-Tour. Die Gruppe war eine Sensation, für alte *Feat*-ischisten ebenso wie für Bluesrockfans. Echte Musiker eben, keine Komiker, die als Blues Brothers einen Sketch mit Eigenleben in die Welt setzen. Sie gehörten zu den Besten, die sich auftreiben ließen. Barrere hatte mit Lowell George und Bill Payne die *Feat*-Songs geschrieben, war de

Slidespielerin und Bluessängerin Bonnie Raitt kehrt nach ihren Abstechern in die Popwelt immer wieder zum Blues zurück.

facto Chef der Gruppe gworden, als sich der kranke Lowell immer weiter zurückzog, und war ein gefragter Sänger und Gitarrist. Mit Bob Catfish Hodge hatten *The Bluesbusters* einen Blueser, der seit seinem ersten Album 1970 das Genre in Richtung Rock erweiterte, der Typen wie Dr.

John und Bonnie Raitt, Sneaky Pete Kleinow und Larry Zack 1975 auf seinem Album »Soap Operas« vereinigte und der an der Ostküste einer der beliebtesten, wildesten Bluesrocker wurde.

Freebo ist in den Achtzigern auf Alben von Michelle Shocked zu hören, auf der »No Nukes«- Kompilation, auf der »Best of Ringo Starr«, und er tourt mit John Mayall. Er ist wieder auf neuen Bonnie-Raitt-Zusammenstellungen zu finden und spielt auf dem *Subdudes*-Album, einem New Orleanser Kritikerliebling. Mit Aaron Neville arbeitet er, ist mit Mayall und der Los Angeles Zydecokapelle *Zydeco Party Band* mehrmals in Europa und Japan gewesen, spielt mit Willy Deville und Al Stewart und tourt als Duo mit Billy Watts. Und dazwischen immer wieder *Bluesbusters*, neue Alben und Tourneen. Als sich *Little Feat* 1988 wieder formiert, ist lange nichts von der Bluesband zu hören, aber im Frühjahr 1997 tritt sie in der alten Besetzung wieder an, denn ihre Alben sind Sammlerstücke, ihre wenigen Auftritte sind sofort ausverkauft, und ihr Stil kommt gegen Ende des Jahrhunderts wieder gewaltig an.

Freebo macht seine Soloalben; 1997 kam eine eklektische, vom Blues bis zum Hard Rock reichende CD von ihm auf den Markt, »Freebo«, und natürlich sind viele alte Freunde wieder mit dabei – von Bonnie Raitt über Bluesgitarrencrack Walter Trout bis hin zu Catfish, der mit seinem Kinderalbum »Adventures At Catfish Pond« einen Wahnsinnserfolg hat, auf dem er Kindern die Entwicklung der amerikanischen Musik anhand einer Tiergeschichte spielerisch erläutert. Gerade ist er dabei, das Konzept ins Fernsehen zu bringen. Und die *Catfish Hodge Band* spielt natürlich jedes Jahr vor -zigtausenden »Fishheads«, wie sich die Fangemeinde seit fast 30 Jahren nennt. Paul Barrere ist mal Chef der *Little Feat*, mal Gitarrenspieler der *Bluesbusters*, und das Doppelleben scheint ihm gutzutun. Sie sind alle Freunde geblieben, nicht zuletzt durch die gemeinsame Liebe zur Musik des amerikanischen Südens. Sie sind supererfolgreich, und sie haben noch den Spieltrieb, diese Neugier, die immer wieder zu neuen Sounds und neuen Projekten führt.

Diesen Antrieb braucht der Blues, damit er sich fortentwickelt, sich erneuert, denn man hat ihn im Verdacht, die Farbe gewechselt zu haben. Der Blues, behaupten Beobachter, ist in den vergangenen drei Jahrzehnten zu einem Lieblingszeitvertreib der Weißen geworden, und im gleichen Maß, wie er dort Freunde gewinnt, verlassen Schwarze die Musik ihrer ländlichen Ahnen. Bluesfestivals werden wie auch Blueskneipen überwiegend von Weißen besucht. Nur noch im tiefen Süden bedienen sie ihr altes Stammpublikum. Zuviele farbige Städter schämen sich der armen Vergangenheit ihres Volkes, und sie wollen mit der *slave music* nichts mehr zu tun haben. Die Aktualität ist dem Blues schon lange abhanden gekommen; Rap und Hip Hop haben die alte Erzählfunktion des Blues eingenommen. Und doch ist er zum Verständnis moderner Musikformen unerläßlich, und die Geschichte der Afroamerikaner ist ohne Kenntnis ihrer Bluesgeschichte nicht vollständig und oft auch nicht nachvollziehbar. Solange sich junge Bluesspieler bei alten Meistern Tips holen, solange die Alten den Jungen zeigen, wie man's macht, solange wird es auch eine ungebrochene Bluestradition geben. Ob die nun rein schwarz oder musikalisch rein sein soll, müssen die Fans entscheiden. Denn nur sie können den Blues am Leben halten. Erst wenn keiner mehr zuhört, stirbt die Musik aus.

Memphis Soul

Die Stadt Memphis hat im amerikanischen Verständnis immer einen Sonderplatz eingenommen, denn sie gilt als eine der Hochburgen südstaatlerischer Lebensart, der höflichen, verbindlichen Lebensweise, die durch viel Geld und wenig Arbeit ermöglicht wurde. Das Ideal-Memphis wurde von der wahren Mississippimetropole nie im Entferntesten erreicht, denn die Mehrzahl ihrer Einwohner plagt sich genauso wie Menschen überall. Und ein gewisser Verfall, der sich seit Jahrzehnten amerikanischer Städte bemächtigt, hat auch Memphis nicht verschont. Die Wohnbezirke, in denen einst Musikgeschichte geschrieben wurde, verkommen. Das betrifft nicht nur die Union Avenue, in der das Sun-Studio angesiedelt war; Memphis beherbergte die heißesten Soul-Labels Amerikas, doch heute wächst Unkraut, wo Otis Redding und Wilson Pickett Unsterbliches aufnahmen.

Stax und Hi hießen die zwei Konkurrenten, die den schwarzen »Memphis Sound« schufen. Beide Labels hatten ihren eigenen Stil, und aus ihren Studios kam die funkigste Mischung aus Blues, Gospel und Pop, die die Welt bis dahin gehört hatte. Hatte sich Motown in Detroit auf Streicher und Händeklatschen verlegt, damit die weiße Kundschaft »weiß, wann sie den Arsch bewegen muß«, wie es einer der Produzenten damals ausdrückte, blieben Stax und Hi ihren südlichen Wurzeln und ihrer schwarzen Klientel treu.

Die Stax-Geschichte begann damit, daß der weiße Bankier und Feierabendmusiker Jim Stewart 1959 das Satellite-Label gründete, weil er in Ausübung seines Tagesjobs mitbekommen hatte, was im Popbusiness zu verdienen war. Er produzierte Country und Rockabilly, doch er blieb erfolglos, bis er Ray Charles' »What 'd I Say« hörte. Jim wußte, daß im Rhythm and Blues gutes Geld steckte, und mietete das alte, aufgegebene Capitol-Kino in der 926 East McLemore Street. Seine Schwester Estelle Axton richtete im Foyer ein Schallplattengeschäft ein, und bald wußten die zwei, was die schwarze Jugend in der Nachbarschaft verlangte. Jim erzählte, daß die Rassen im Süden so radikal getrennt waren, daß er als Sohn einer einigermaßen begüterten Familie den ersten Schwarzen kennenlernte, als er schon erwachsen war. Doch dann brach er konsequent mit den Rassenvorurteilen seiner Erziehung und stürzte sich Hals über Kopf in die schwarze Kultur der Sechziger.

Satellite mauserte sich zu Stax, eine Kombination aus den Anfangsbuchstaben beider Nachnamen der Geschwister, aber auch ein phonetisiertes »Stacks«, (Schallplatten-)Stapeln auf Plattenwechslern.

Jim und Estelle stellten eine Studiogruppe aus den besten Musikern Memphis' zusammen, und daß sie damit die Rassen kräftig mischten, schien sie nicht weiter zu beschäftigen. Mit dem damals 43jährigen Radio-DJ und Textilarbeiter Rufus Thomas und seiner 17jährigen Tochter Carla machten sie eine erste Single, verkauften sie über die Atlantic-Records-Organisation und hatten mit Carlas Nachfolgesingle einen internationalen Hit. »Gee Whiz« hieß das Ding, dessen Erfolg die Sängerin bis in die Neuzeit begleitet. Zu den Carla-Thomas-Hits kamen bald die Singles der Studioband *The Mar-Keys*, denn die wollte nicht nur anonym hinter Sängern auftreten. Mit »Last Night« begann deren Strähne; als Keyboarder Booker T. Jones hinzukam und sich die Single »Green Onions« der Studiogruppe gut anließ, wurden sie zu *Booker T. and The MGs* umbenannt. Die Gruppe, aus Booker T., Steve Cropper, Lewis Steinberg und Al Jackson bestehend, war eines Abends im Jahr 1962 heilfroh, daß ihre Session vorüber war. Sänger Johnny Jenkins war nicht besonders gut drauf, und die Boys wollten gerade einpacken und nach Hause gehen, als Jenkins' Chauffeur fragte, ob er ihnen ein selbstverfaßtes Lied vorsingen dürfe. Während sie die Instrumente reinigten und verpackten, sang der junge Mann »These Arms Of Mine«. Otis Redding hieß er, und er haute die abgebrühten Musiker derart vom Sessel, daß sie gleich wieder auspackten und den Titel mit Otis aufnahmen. Es war der erste seiner 15 welterschütternden Hits.

Otis Redding stammte aus Georgia und war wie sein Landsmann Little Richard ein *shouter*. Er schrie, kreischte, schüttelte und hüpfte, er coverte frühe Little-Richard-Songs und hatte so wenig Erfolg, daß er den Chauffeursjob beim Bandleader Jackson annehmen mußte. Otis hatte schon Singles herausgebracht, war mit »Shout BamaLama« ein Lokalheld in Macon, Georgia, aber erst durch die Chance bei Stax fand er einen neuen, erfolgreichen Stil, der sein Image gewaltig aufpolierte. Die Studiogruppe und ihre Bläserkollegen, die *Memphis Horns*, machten aus Otis' Kompositionen emotional geladene, tanzbare Soulmusik, und als aufgrund des Erfolges von Otis Redding immer mehr Soul im umgebauten Kino aufgenommen wurde, von Otis geschriebene Titel gecovered wurden – Aretha Franklin hatte im Frühjahr 1967 mit »Respect« einen Mordshit –, fand sich Stax an der Spitze des Soul- und Popgeschäftes. Don Covey hatte auf dem Label Riesenhits, William Bell, Eddie Floyd und Johnnie Taylor brachten viel Geld in die Stax-Kasse, und Bluesgitarrist Albert King spielte gut verkäufliches Traditionelles.

Daß Otis am 10. Dezember 1967 kurz nach seinem Auftritt beim Monterey Pop Festival mit dem Flugzeug abstürzte, drei Tage, nachdem er und der *MGs*-Gitarrenspieler Steve Cropper »Sitting On The Dock Of The Bay« geschrieben und aufgenommen hatten, bedeutete langfristig für Stax das Aus. Mit dem Tode seines Haupthitmachers und vier Mitgliedern seiner Tourband, den *Bar-Kays*, begann eine Dürre, die sich verschlimmerte, als Booker T. kündigte und nach Los Angeles zog – und als Martin Luther King in Memphis erschossen wurde. Nun galten weiße Musikmanager als Feinde, und Stewart mußte Federn lassen, um seine Produkte überhaupt verkaufen zu können. Dann kam der nächste Schlag. Atlantic Records, der Verkaufsarm von Stax, ging an Warner Brothers über, und Jim mußte feststellen, daß die alten Verträge auch eine Übereignung aller Tonträger an Atlantic einschlossen. Stax stand also ohne Tonbänder da.

Soul-Klassiker Otis Redding.

Mit David Porter und Isaac Hayes hatte das Label zwei Komponisten, die gleichbleibend guten Soul geliefert hatten. Um seinem Angestellten Hayes zu danken – und sicher auch, um wieder ein gutverkäufliches Album zu haben –, gab ihm Jim Stewart Gelegenheit, ein eigenes Album zu produzieren. Pech nur, daß die beiden zwar einen Arbeitsvertrag hatten, aber keinen Plattenvertrag; Isaac brachte sein Album bei der Konkurrenz unter, und Jim mußte Stax verkaufen.

Stewart und sein Partner Al Bell kauften die Firma zwar mit einem Darlehen der Deutschen Grammophon wieder zurück, aber interner Zwist brachte die Partnerschaft zu Fall. Bell machte mit neuen Unterlabel-Gründungen weiter, doch als ihm das Finanzamt sehr erfolgreich auf die Pelle rückte, meldete Stax im Januar 1976 Konkurs an. Inzwischen ist das alte Kino abgerissen, und nur eine Plakette weist darauf hin, daß hier, mitten im Ghetto, die Rassen einst friedlich miteinander auskamen.

Zu der Zeit, als Stax noch mit Otis Redding und Carla Thomas riesige Umsätze machte, kam Trompeter Willie Mitchell zum kleinen Hi-Label in Memphis. Das hatte sich seit seiner Gründung 1957 auf Rock-Instrumentalaufnahmen konzentriert, aber der Afroamerikaner Mitchell brachte eine erprobte Rhythmusgruppe zum Label, und die zog wieder schwarze Sänger an. Die Hodges Brothers, Teenie auf der Gitarre, Leroy am Baß und Keyboarder Charles hatten den Ausnahmedrummer Howard Grimes an sich binden können, und die vier waren unschlagbar. Hatte Stax einen Southern Rock Sound, knallten die Hi-Musiker elektrischen Deltasound hinter den Soul ihrer immer prominenter werdenden Sänger. Mit Ann Peebles (»I Can't Stand The Rain«) und der Neuentdeckung Albert Greene holte Mitchell, dem inzwischen die Produktion des Labels oblag, zwei unverwüstliche Gospel-Blues-Vokalisten ins Haus. Albert, den er im texanischen Kaff Midland gefunden hatte, taufte er erst mal zu »Al Green« um; ohne Schnörkel sollte der Prediger sich die Seele aus dem Leib singen, und das tat er. Al war eine Kombination aus Otis Redding und Sam Cooke: hart und drängend wie Otis, während er sich gleichzeitig wie Cooke einschmeichelnd ins Ohr der Hörer bohrte.

Mitchell übernahm die ganze Anstalt, als Label-Gründer Joe Cuoghi starb; ab 1970 produzierte er Feinstpop mit Otis Clay, Don Bryant und Syl Johnson neben Ann Peebles und Al Green. Sie pflegten den Soul durch die gesamte Discokatastrophe der Siebziger hindurch, machten mit dem Ann-Peebles-Erkennungssong nicht nur Fachleute wie John Lennon glücklich, dessen Lieblingslied »I Can't Stand The Rain« war, sondern verkauften auch zunehmend an Afroamerikaner Soulscheiben, die eine hörbare Verbindung zum Delta aufwiesen. Das Label wechselte 1977 den Besitzer, und Willie Mitchell verließ es zwei Jahre später. Daß Al Green sich wieder seiner Berufung zuwandte und die nächsten 15 Jahre nur in der Kirche sang, machte sein Gotteshaus am Stadtrand von Memphis zum wahrscheinlich bestbesuchten des Südens; daß er wieder Soul singt – und gelegentlich einen Rocksong – erfreut nicht nur ältere schwarze Damen, sondern auch eine junge afroamerikanische Klientel, die Al von Samples auf ihren Lieblingsraps kennt. Ohne die Kirchensongs wäre Rap langweiliger, ohne Al Green und Ray Charles würden wichtige Stilelemente fehlen. Was Willie Mitchell also in den Siebzigern produzierte, ist ein Vierteljahrhundert später noch immer hörenswert. Memphis verdankt ihm viel – wie auch dem Banker Jim Stewart. Ein Weißer und ein Schwarzer haben dafür gesorgt, daß die Sounds der afroamerikanischen Seele über die Landesgrenzen hinaus gehört werden konnten, und das allein zeigt, daß Dr. King nicht umsonst im miesen Lorraine Motel in Memphis starb.

Howlin' Wolf in Chicago

Das Lorraine Motel wurde durch den Sieg des Common Sense von seinem halbseidenen Dasein erlöst: 1991 wurde das Gebäude als Bürgerrechtsmuseum eingeweiht, womit es endlich einem positiven Zweck dient. Denn seit der Nobel-Friedenspreisträger Dr. Martin Luther King am 4. April 1968 auf dem Balkon seines Zimmers erschossen wurde, zog es Verrückte und White-Power-Typen magisch an. Die trauen sich nun nicht mehr dorthin, und diese Tatsache wertet die Nachbarschaft gewaltig auf. Heutzutage ist die 450 Mulberry Street eine Adresse, auf die Memphis stolz sein kann. Und seit dem Ende der Präsidentschaft Ronald Reagans wagt es auch kein halbwegs ernstzunehmender Politiker mehr, King einen Kommunisten zu schimpfen, womit der über Jahrzehnte verleumdete Führer der schwarzen Amerikaner eben doch als Sieger der Bürgerrechtsdebatte feststeht.

Die Großstadt am Mississippi, deren Beale Street jetzt mit einem Walk of Fame nach Art des Hollywood Boulevard endgültig zum Bluesdisneyland verkommt, verlassen wir in nordwestlicher Richtung, entlang der alten schwarzen Fluchtroute.

Die sechs Millionen Afroamerikaner, die seit 1917 den Pfad nach Norden getrampelt haben (davon allein eine Million zwischen 1920 und 1930), verließen bei Memphis die Sklavenstaaten des tiefen Südens und folgten dem Highway 61 durch den schlimmsten Sklavenstaat westlich des großen Flusses, Arkansas. Man kann sich denken, daß die wenigen schwarzen Autofahrer möglichst ohne anzuhalten den Baumwollstaat hinter sich haben wollten, immer die Straßenverkehrsgesetze im Auge, um keinem Sheriff einen Grund zu geben, sich an ihnen auszutoben. Noch 1957 klagte der Gouverneur des Staates, Orville Faubus, daß die Bundesregierung in Washington mit ihrer Nationalgarde Arkansas »besetzt« habe, weil sich der Rassistenstaat weigerte, die öffentlichen Schulen seinen schwarzen Bürgern zugänglich zu machen. Da will man als Afroamerikaner noch heute möglichst schnell durch. Solche Erinnerungen bleiben trotz der Gouverneurschaft Bill Clintons zäh kleben.

Die Fahrt durch Arkansas dauert nur zwei Stunden, auch bei penibelster Beachtung der Geschwindigkeitsregeln, und schon landet der Reisende in Missouri. Der zweispurige Highway zwischen Yarbro in Arkansas und Holland in Missouri wird von einem schmalen Betonbogen überspannt, der beidseitig mit dem Namen des jeweiligen Zielstaates versehen ist.

Die Fahrt durch Missouri ist angenehm, Städte wie New Madrid, Zentrum des bislang stärksten amerikanischen Erdbebens, laden zum Anhalten ein. Auch wenn der Mississippi damals, im Jahr 1811, in der am stärksten geschüttelten Zone seinen Lauf umkehrte und bergan floß – selbst Mark Twain glaubte das, und der war notorisch skeptisch –, sieht man dem Städtchen die Verwüstung des Erdbebens mit einer Stärke von 8,6 nicht mehr an. Und von St. Louis geht's auf der alten Route 66 über Springfield, Bloomington und Joliet durch den Chicago-Vorort Cicero und immer geradeaus, bis zum Lakeshore Drive. Von da aus sind's nur einige Katzensprünge bis zu den Blueszentren des Blueszentrums.

Die »klassische« Highway-61-Tour beginnt in New Orleans und endet in Memphis; alles darüber hinaus gilt den meisten Amerikanern nicht als besonders interessant. Doch wer sich für das afroamerikanische Leben interessiert, wird mit dem schwarzen Auswanderer erst auf der nördlichen Trasse aufatmen können. St. Louis, Missouri, war der Endpunkt des Jim-Crow-Südens. Dort erst konnten sich Schwarze in jedes gewünschte Zugabteil setzen, bis dorthin galten die Trennungsschilder, die Abteile nach der Hautfarbe ihrer Benutzer aufteilten. »Colored Only« stand auf dem Schild, mit dem Abteile, Toiletten, sogar die Trinkbrunnen bezeichnet waren. Auf der Rückseite des Umkehrschildes stand »White Passengers Only« – bei Bedarf konnte also erst mal die Mehrheit bedient werden. Jim Crow, eine Figur aus einem alten Negro-Song, wurde als Synonym für die Segregation verwendet, die mit dem Urteil im Falle Plessy versus Ferguson ab 1896 möglich wurde; damals stellte das Oberste Gericht den Grundsatz auf, wenn »nach Rassen getrennte, aber gleichwertige« Leistungen zur Verfügung stünden, sei der Verfassungsauftrag der Gleichbehandlung erfüllt. Die Folge waren getrennte Schulen, Wohnbezirke, Verkehrsmittel, Eingangstüren, Teile öffentlicher Gebäude; sogar die Bibeln im Gericht, auf denen Zeugen vereidigt werden, waren nach Rasse getrennt. Erst das Urteil im Fall Brown versus Board of Education von 1954 hob die amerikanische Apartheid offiziell auf und wurde Rechtsgrundlage der Bürgerrechtsbewegung der Fünfziger und Sechziger.

Wer die alte Eisenbahnstrecke der Auswanderer benutzt, der steigt irgendwo in Mississippi in einen Zug nach Memphis, wechselt dort in den Zug der Illinois-Central-Eisenbahngesellschaft und fährt quer durch Tennessee und Kentucky nach Anna in Illinois, über Centralia, Effingham und Urbana-Champaign bis nach Südchicago. Dort war man am Ziel, nicht gerade im Paradies, aber viele Menschen hißten doch im letzten, freieren Fahrtabschnitt mitgebrachte Banner, auf denen abgewandelte Bibelsprüche standen; »Going To The Promised Land« war recht beliebt, und »Entering The Kingdom Of Heaven«. Sie merkten recht bald, daß das Königreich Gottes doch nicht in Südchicago begann, denn Er wäre wahrscheinlich von den vergammelten Häusern, Straßen und Schulen im schwarzen Teil der Stadt nicht begeistert gewesen. Dennoch war das Leben im Norden, in der Stadt, einfacher als daheim in Louisiana, Mississippi oder Tennessee.

Während des Ersten Weltkrieges wurden Fabrikjobs frei, weil deren bisherige Inhaber nun Uniform trugen und die Einwanderung aus Europa schon seit einigen Jahren zum Stillstand gekommen war. Eine gewaltige Auswanderungswelle schwappte aus den Südstaaten über Chicago, Cleveland, Pittsburgh, Milwaukee und Detroit, und Schwarze bekamen Jobs, die mit drei bis fünf Dollar pro Achtstundentag vier- bis siebenmal besser bezahlt waren als die auf der Farm im Süden. Natürlich galt so ein Job als höchst erstrebenswert; der Mann ging in die Fabrik oder auf den Schlachthof, während die Frau das Haus hütete. Wohnungen gab's zuhauf, denn durch das funktionierende Nahverkehrssystem Chicagos konnten Besserverdienende an den Stadtrand ziehen, und sie überließen ihre alten Wohngebiete den Neuankömmlingen. Lebten noch vor dem großen Exodus zu Beginn des Weltkrieges nur 27 Prozent der amerikanischen Schwarzen in einer Großstadt, waren es um 1930 schon 43 Prozent. Der Zuzug riß nicht mehr ab; zwar zogen in den Folgejahren weniger Menschen in die Städte, doch die Migrationsroute führte immer von Süden nach Norden, nie umgekehrt. In Memphis konnte man sich, in St. Louis mußte man sich entscheiden, wohin: entweder weiter, in die Schwerindustrie und die Schlachthöfe Chicagos und des Nordostens, nach New York, oder in die entgegengesetzte Richtung, nach Kalifornien. Dort, im sonnigen Land am Meer, war das Leben für einen Schwarzen am freiesten, aber es war schwierig, dorthin zu kommen, und bis zum Zweiten Weltkrieg waren gute Jobs rar. Erst dann wurden Rüstungsarbeiter gebraucht, Werftarbeiter und Menschen für die Flugzeugfabriken, und Hunderttausende kamen aus Texas, Louisiana und Mississippi nach Oakland und Los Angeles. Doch während der Kriege war Chicago noch immer die nächstgelegene Rettungsinsel für freiheitsdurstige Schwarze. Afroamerikaner stellen heute über 40 Prozent der Einwohner Chicagos.

Sie akklimatisierten sich schnell, die neuen Chicagoer, und mit ihrer Entfernung von der alten Heimat veränderte sich auch ihre Musik. Der Country Blues, der Delta Blues, sie wurden zum Urban Blues, zum lauteren, schnelleren Sound mit Texten, die nicht mehr von Unterdrückung, Furcht, Hoffnung und Erlösung handelten, sondern von Suff und Liebe, von Jobs, Geld und Autos, von Reisen und schicker Kleidung. Mit Jazzer Eddie Durhams Idee, die Gitarre elektrisch zu verstärken, wandelte diese sich vom Rhythmusinstrument innerhalb einer Gruppe zum Melodieinstrument; sobald man die Gitarre aus der Menge heraushören konnte, nahm sie die Funktion ein, die sie als Soloinstrument im Delta schon immer hatte. Nun konnten wenige Musiker in vollbesetzten Kneipen spielen und gehört werden, eine neue Erfahrung, die den Stellenwert der Unterhaltungsmusik wesentlich erhöhte.

Der Zweite Weltkrieg brachte die allgemeine Wehrpflicht, die nur teilweise für Schwarze galt. Man war selektiv; manche Wehrbereiche stellten schwarze Kompanien zusammen, doch viele weigerten sich noch immer, Afroamerikaner als gleichberechtigte Mitbürger zu behandeln, was zur Folge hatte, daß viele Schwarze nicht dienten. Sie blieben im Land und gingen arbeiten, machten Musik, wenn sie konnten, und wurden Teil der neuen Nachkriegskultur, die sich endlich amüsieren wollte. In Chicago lieferten die Gebrüder Chess mit ihren Labels dazu die Sounds. Lester Melrose stellte seine Musikboxen in Kneipen auf und brauchte dafür Singles, die er gleich selber produzierte. Das Label Vee-Jay wurde gegründet, und der Glücksspieler Eli Toscano hatte sein Cobra-Label. Sie alle suchten den Hit, wollten nicht dokumentieren, sondern verkaufen, und durchkämmten die Musikszene ständig nach neuen Talenten, die Hits für Schwarze liefern konnten. Vee-Jay machte mit John Lee Hooker und Jimmy Reed gewaltige Ghettoumsätze, Chess und dessen Unterlabel Checker – einige Jahre auch Cobra – hatten mit dem Allroundmann Willie Dixon den Hitmacher und Produzenten, der den Sound Chicagos auf Jahrzehnte hinaus prägte, und der clevere Dixon schrieb nicht nur für Muddy Waters Hits, sondern belieferte auch den zweiten Mann im Chess-Stall, Chester Arthur Burnett.

Chester war 1952 nach Chicago gekommen, weil er seinen Heimatstaat Mississippi schon abgegrast hatte. Dort war er 1910 auf einer Farm in West Point geboren worden, hatte mit seinen fünf Geschwistern in der Kirche gesungen, wurde als 13jähriger Feldarbeiter der Young & Myers Plantation in Ruleville Feierabendmusiker, und der hochgewachsene Junge mit den riesigen Händen machte sich einen Namen. Er spielte Gitarre, als wollte er sie würgen, hielt ihren Hals umklammert, schlug mit der offenen Hand über die Saiten, kämpfte mit seiner verkratzten hellen Stella und lernte auf seinen Fußmärschen durch das Delta von Gig zu Gig andere Musiker kennen, die ihm allmählich ein manierliches Spiel beibrachten. Er schloß sich Texas Alexander an, zog mit Robert Johnson durch die staubigen Dörfer Nordmississippis, arbeitete mit seinem Schwager Sonny Boy Williamson, mit Charley Patton und Robert Jr. Lockwood in Chicken Shacks und Hinterhöfen und ging ab und zu wieder als Pflücker aufs Feld, wenn die Musik zum Leben nicht ausreichte. In den Dreißigern heiratete er die Schwester seines Kollegen Mister Willie Brown, und er wanderte von Memphis über Robinsonville und Tunica durchs Delta – das war sein Gebiet, da trat der wandernde Musiker auf, da kannte man ihn. »Big Foot« hieß er in einigen Gegenden, wegen seiner riesigen Füße, die durch die ständige Marschiererei nicht kleiner wurden; er nannte sich manchmal »Bull Cow« und manchmal »Howlin' Wolf«. Dabei blieb's. Howlin' Wolf, der heulende Wolf, das traf seinen Gesang noch eher als das heisere Stiergebrüll, das er gelegentlich von sich gab.

Der Riese aus Nordostmississippi ging freiwillig zur Armee, und dort durfte er seine Rassengenossen unterhalten, was eindeutig dem Erschießen fremder Menschen vorzuziehen ist. Vier Jahre diente Wolf, bis Kriegsende hielt er es aus, und dann ging er als Bauer wieder zurück aufs Land. Die Idylle trog, der Kohldampf siegte; schon 1946 gründete Wolf wieder eine Band. Er wollte nicht mehr solo auftreten. Die Leute hatten erstmals wieder etwas Geld, und Gruppen konnten bei Tanzveranstaltungen, in Bierkneipen oder auf Kirchenfesten recht ordentlich verdienen. Der Mann seiner Schwester hatte Wolf den Nachwuchsmundharmonikastar James Cotton gebracht. James war so scharf aufs Bluesspielen, daß er neunjährig von zu Hause weglief, sich an Sonny Boy Williamson heranmachte und ihm erzählte, er sei ein obdachloses Waisenkind. Sonny Boy nahm ihn auf, und James wurde einer der schärfsten, erfolgreichsten Mundharmonikaspieler.

Die Gruppe haute hin, und Howlin' Wolf schlug sich durch; er jobbte nebenher als Plattenjockey im Sender KWEM in

West Memphis, verkaufte gleichzeitig Werbung für seine Show und wurde von Ike Turner zu Sam Phillips geschleppt, um einige Singles aufzunehmen. Ike verdiente sich damals mit der Talentsuche für Labels an der Westküste und im Norden einige Dollars, und Sam nahm in seinem Memphis Recording Service bekanntlich alles auf, was durch die Tür kam. Wolf's »How Many More Years« und »Moanin' At Midnight« verkaufte Sam an Chess in Chicago und weitere zwei Songs an RPM im heimischen Memphis und überm Fluß in West Memphis, Arkansas.

Howlin' Wolf mochte es, Platten zu machen. Da mußte man nur seine Sachen spielen und bekam pro Song so viel wie sonst für einen ganzen Abend. Das war sein Ding. Also setzte er sich ohne seine Band nach Chicago ab und klopfte bei Chess an die Tür, denn die kannten ihn ja, hatten Sam seinen Song abgenommen. Die Chess Brothers waren auch ganz angetan, baten ihn herein und erklärten ihm genau, was sie von ihm erwarteten. Erst mal sollte er in ihrem 708-Nachtklub solo spielen. Dann würden sie mit ihm ins Studio gehen und wieder etwas aufnehmen. Daß seine ersten Singles riesige Hits in Chicago waren, verschwieg man besser.

Chester stellte sich also auf die kleine Bühne des 708, stöpselte ein und legte los. Gute einsneunzig war er, wog an die 135 Kilo und hatte eine Stimme, die Stahl bog und Eis zum Schmelzen brachte. Kratzig, rauh, kaputt. Nicht besonders tief, aber erschreckend. Trotz seiner imposanten Figur hetzte er über die Bühne, wälzte sich, schrie, heulte und sang; es war, als exorziere er die Dämonen, die von seinem Jugendkumpel Robert Johnson auf ihn übergesprungen waren.

Manchmal durfte er ins Studio, wenn er wieder einen neuen Song hatte oder wenn Willie Dixon etwas für ihn schrieb. Wolf und Muddy Waters waren sehr bald die Stars des Labels, und sie konkurrierten ständig um die Spitzenstellung. Mal hatte Muddy die Nase vorn, mal war Howlin' Wolf unschlagbar; als er mit Songs wie »Spoonful«, »Little Red Rooster« und »Evil« eine Strähne hatte, war bei Chess der Teufel los. Muddy beschuldigte Willie Dixon, die besten

Mit 40 nahm er seine erste Platte auf: Howlin' Wolf.

Songs Wolf zu geben, und wenn Muddy wieder Hits hatte, kamen die gleichen Vorwürfe von Wolf. Dixon nutzte die Feindschaft; wenn er wollte, daß Wolf einen Song aufnahm, spielte er ihm den vor und erzählte, der Song sei für Muddy Waters bestimmt. Wolf wurde daraufhin böse und stritt so lange, bis Dixon »nachgab« und ihm das Lied überließ. Der Dreh funktionierte natürlich umgekehrt genauso. Dixon erzählte, beide Streithähne hätten zeitlebens nicht geschnallt, wie er sie verarschte.

Wolf war auch im Studio etwas schwierig. Er konnte kaum lesen, also mußte ihm jemand so lange einen Liedtext vorsagen, bis er ihn intus hatte. Weil sich aber Wolf oft nicht für die Texte interessierte, hört man auf einigen Aufnahmen Willie Dixon, wie er Wolf seinen Text ins Ohr flüstert. Und weil Wolf auch nicht so toll zählen konnte, nützte Anzählen nichts. Wolf begann einen Song, wann er dazu Lust hatte. Chess-Studioingenieur Malcolm Chisholm behauptet, Howlin' Wolf war der dümmste Mensch, der ihm je begegnet sei. Nicht nur dumm, auch renitent und mißtrauisch, sagt er. Stur, zu stur, um auch mal nachzugeben.

Ein Bekannter erzählte vor Jahren, wie er als Jugendlicher oft zu Chess kam, um für den Laden seines Vaters Schallplatten abzuholen. Oft habe ihm ein riesengroßer Mann in Malermontur die Tür aufgemacht und ihn ins Lager begleitet. Dort habe der Mann die bestellten Pakete genommen und ihm hinterhergetragen, bis zum Fahrrad. Der Junge war baß erstaunt, als ihm aus Zeitungsbildern klar wurde, daß der vermeintliche Hausmeister Howlin' Wolf war. Die Chess Brothers steckten ihren Star wohl in Arbeitsmontur, wenn er nicht im Studio oder auf Tour war, und ließen ihn als Hausmeister arbeiten. Der Junge wurde nach seinem Studium Roadmanager bei den *Beach Boys*, aber er kam noch immer nicht über die Tatsache hinweg, daß jemand, der in Europa als Bluesgott verehrt wurde, zu Hause Drecksarbeit machte.

Wolf war gleich zu Beginn der American Blues Festivals in Europa mit dabei, tourte sogar durch die verbotenen Länder hinterm Eisernen Vorhang.

Wolf komponierte und nahm auch eigene Songs auf, von denen ihn einige überlebten: »Highway 49« und »I Ain't Superstitious« brachten ihm gute Tantiemen aus England ein, »Killing Floor« wurde zum Klassiker, den sich sein alter Mundharmonikaspieler James Cotton inzwischen zu eigen gemacht hat, »Smokestack Lightnin'« stammt vom Howlin'

Wolf, ein Song, der an dessen Kindheit im Hill Country erinnert.

Er tendierte zum Rock, der Chester Arthur Burnett, nahm auch mit englischen Rockern einiges auf und war gegen Ende der 60er seinem alten Kontrahenten Muddy Waters ebenbürtig. Wolf war erdnäher als Muddy, war einfacher, aber er konnte einen Blues nehmen und ihn so zurechtbiegen, wie er ihn haben wollte. Seine Bühnenshows, so voller Kraft und ungebrochener Energie, machten ihn zum Liebling progressiver amerikanischer Musikfernsehmoderatoren, und er war auf der Höhe seines Könnens und seines Ruhmes, als er 1970 gleich hintereinander einen Herzinfarkt und einen Autounfall hatte. Nach dem Infarkt mußte er erst mal kürzer treten, und als er wieder bei Kräften war, kam der Unfall, bei dem er sich einen Nierenschaden zuzog. Zu operieren war da nichts; Wolf mußte zur Dialyse und war fortan von der Maschine abhängig. Er arbeitete noch sporadisch, aber der alte Elan war dahin. Im November 1975 trat er noch mal mit BB King in Chicago auf – das wollte er sich nicht nehmen lassen –, und acht Wochen später war er tot. Die Nieren hatten versagt, aber nicht als Unfallspätfolge, sondern weil sie vom Krebs zerfressen waren.

Wenige Menschen haben einen solch bleibenden Einfluß auf das Leben einer Generation wie Howlin' Wolf. Er war ein aufrechter Mann, trotz aller Mucken, und er ging geradlinig seinen Weg. Chester gestattete einen Einblick in das Leben eines Armen aus dem tiefsten Mississippi, der sich aus eigener Kraft über mangelnde Bildung und Ausbildung hinwegsetzte. Als er – bereits 40jährig – seine erste Schallplatte aufnahm, da wußte er, was aus ihm werden würde, und als er Chicago erreichte, blieb er. Denn Howlin' Wolf war Realist, was man aus seinen Songs heraushört. Er wußte, wann es ihm gutging, und er wußte, daß Glück nicht dauerhaft ist. Howlin' Wolf genoß, solange er konnte.

Ein Hound-Dog-Fan gründet das größte Blueslabel der Welt

Als Howlin' Wolf seinen Autounfall hatte, begann gerade ein neuer Abschnitt in der Geschichte des Chicago Blues. Denn ein junger Typ aus Cincinnati, der beim Minilabel Delmark einen Job im Versand gefunden hatte, wollte unbedingt etwas für sein Idol tun. Dieses Idol war ein dürrer, altgewordener Bluesgitarrist namens Theodore Taylor aus Natchez in Mississippi, der seit ewigen Zeiten in Chicagoer Klubs spielte. Einen Stil hatte der, Feedbackgitarre, rauh, schneidend, das genaue Gegenstück von elegant, aber total begeisternd. 1942 war er nach Chicago umgesiedelt, 25jährig, und war in all den Jahren auf keinen grünen Zweig gekommen. Theodore Taylor mußte zusehen, wie andere die *dead presidents* kassierten, die toten Präsidenten, deren Konterfei alle Dollarnoten schmücken. Für ihn blieb nichts übrig.

Auf der elterlichen Farm bei Natchez hatte sich Theodore eine Zigarrenschachtelgitarre gebaut, und weil er viel lieber Musik machen wollte, als auf dem Feld zu versauern, lief er neunjährig von zu Hause fort und trieb sich mit Bluesmusikern in Mississippi herum. Das Kind bekam Unterricht von Elmore James, Sonny Boy Williamson, dem junge Musiker immer am Herz lagen, er zog mit Robert Jr. Lockwood und Chester Arthur Big Foot Burnett durch die Kneipen. Theo lernte auch, die Frauen zu lieben; er machte solche Fortschritte, daß er bald den Ehrennamen »Hound Dog« bekam, der einem Landjüngling verliehen wird, wenn er wie ein Jagdhund einem zitternden Wild vorsteht.

Er lebte eine Weile in Tchula, in der Nähe Belzonis im Delta, und kurz nach Kriegsbeginn zog es ihn, wie Millionen andere, nach Norden. Theodore arbeitete in einer Fabrik in Chicago, und nur gelegentlich trat er in der Maxwell Street auf, stand an irgendeiner Ecke und freute sich,

Hound Dog Taylor verdankt seinen Erfolg einem enthusiastischen Fan.

wenn jemand eine Münze in seinen umgedrehten Hut warf. Er sollte sich lange Jahre durch seine Fabrikarbeit ernähren; erst gegen 1959 gab er den Job auf und lebte nur noch für die und von der Musik. Und sofort war er wieder der »Hound Dog«, legte sich mächtig ins Zeug bei seinem Gitarrenspiel, und was er nicht an Technik draufhatte, machte er durch Lautstärke wett. Hound Dog und seine beiden Mitstreiter Brewer Phillips und Ted Harvey erspielten sich in den Sechzigern die Hausbandstelle bei Florence's Lounge im Süden Chicagos, und dort regierten sie über die gesamte South-Side-Juke-Szene. Sie blieben laut und schnell; auch durch tägliche Auftritte schlaffte Hound Dog Taylor nicht ab.

Eines Tages im Jahr 1971 ging die Tür auf, ein Lichtstrahl fiel in die düstere Kneipe, und Bruce Iglauer trat ein. Der war gerade volljährig geworden, liebte seit seiner Studienzeit an der Lawrence University in Appleton im Staat Wisconsin den Blues, hatte als Bluesprogrammgestalter beim Uni-Radiosender gearbeitet und in seiner Freizeit Blueskonzerte organisiert. Jetzt verpackte er beim kleinen Chicagoer Blueslabel Delmark Schallplatten. Bruce hatte versucht, Hound Dog Taylor seinem Delmark-Boß schmackhaft zu machen, aber der mochte den halbrockigen Elektrosound des wilden Mannes nicht. Da gab sich Bruce einen Ruck, erinnerte sich herzklopfend seiner kürzlich gemachten Erbschaft in Höhe von 2500 Dollar, die zusammen mit den mickrigen Zinsen auf dem Bankkonto lagen, und hob die Kohle ab.

Jetzt ging er durch die Schmuddelpinte zu Hound Dog und schlug ihm vor, sofort ein Studio zu belegen und endlich ein Album aufzunehmen. Die Finanzierung, sagte er, sei gesichert. Hound Dog grinste und nickte. Weiße Menschen, besonders junge weiße Bluesfans, waren verrückt. Das wußte er, aber er ließ es sich nicht anmerken.

Sie gaben also 900 von Bruces »Toten Präsidenten« aus, waren zwei Nächte im Studio und spielten Hound Dogs Repertoire ohne Umwege auf ein Zweispurgerät. Iglauer mischte es ab, preßte von den übriggebliebenen Dollars 1000 Alben, tat sie in den Kofferraum seines alten Chevrolet und fuhr von Radiosender zu Radiosender. Er blieb so lange, bis ein Song gespielt wurde, ging dann zum nächstgelegenen Schallplattengroßhändler und belieferte den. Das waren die Anfänge des inzwischen größten Blueslabels der Welt, Alligator: ein ahnungsloser Fan, eine erfolglose Gruppe und grenzenloses Selbstvertrauen.

Hound Dog staunte über das Interesse an seiner Band, als das Album auf den Markt kam. Er ging erstmals auf Tour, von Iglauer organisiert, er trat in Colleges und bei Festivals auf, und sein Beispiel ermunterte andere Blueser, bei Iglauer anzuklopfen. Der hatte ein Dreivierteljahr nach Erscheinen des Taylor-Albums seinen Versandjob aufgegeben und sich ganz seiner »Firma« gewidmet. Die Minifirma belegte in der Ecke seines Schlafzimmers drei Pappkartons, der Nachttisch schob als Versandtisch Doppeldienst, und Iglauer, der am Ende seiner Finanzen angekommen war, konnte nur dann ein neues Album aufnehmen, wenn das aktuelle sich verkaufte. Das machte er einige Jahre mit. In diesen Jahren veränderte sich Radio von Grund auf; waren die Moderatoren bislang recht frei in der Auswahl ihrer Musik gewesen, kam mit dem Formatradio eine McDonaldisierung des Mediums. Blues flog bei den meisten Sendern raus. Bruce schaffte es trotzdem, jedes Jahr ein Album aufzunehmen; »Son« Seals, »Big« Walter Horton und Fenton Robinson verkauften sich so ordentlich, daß keine Unterbrechung in der Produktion eintrat.

Dann kam Koko Taylor in den Stall, und mit ihr ging's bergauf. Denn mit ihrem ersten Album für das Label bekam Alligator auch die erste Grammy-Nominierung. Und die ließ die Fachwelt aufhorchen. Hound Dog starb 1975 an Krebs, aber er hatte noch genügend Material für einige weitere Alben hinterlassen, und die wurden aufgelegt. Altstar Albert Collins kam 1978 zu Alligator. Albert, der Gitarrist aus Texas, war nach einigen großartigen Alben und einer heißen Karriere plötzlich abgestürzt, spielte nur selten und fuhr sogar Lastwagen, um zu überleben. Der machte bei Alligator ein Album, das ihn sofort wieder an die Spitze der amerikanischen Bluesgitarristen hob.

Mit Clifton Chenier und Johnnie Winter, Lonnie Brooks,

Der ahnungslose Fan, aus dem der Besitzer des erfolgreichen Alligator Labels wurde: Bruce Iglauer.

Lonnie Mack und Roy Buchanan kamen eingeführte Leute, Johnny Copeland und Robert Cray machten mit Collins ein Grammy-Album, und 1985 konnte die Firma endlich in ein eigenes, dreistöckiges Haus im Norden Chicagos ziehen. Koryphäen wie Buddy Guy, James Cotton und Katie Webster, Charlie Musselwhite und Luther Allison konnten durch ein Alligator-Album wieder durchstarten und ihre Karrieren ankurbeln. Mitte der Achtziger, immerhin 15 Jahre nach Gründung der Firma, hatte Alligator festen Grund unter den Füßen und wurde auch international ein Hit. Das Label wuchs, behielt jedoch seine Auswahlpolitik bei. Es wurde nur aufgenommen, was den Alligator-Leuten wirklich gefiel. Daß eine gewaltige Bluesrenaissance einsetzte, ist teilweise sicher der rührigen Firma zu verdanken. Daß Blues zu einer eigenständigen Sparte im Popgenre wurde, liegt mit Bestimmtheit an den Bemühungen Alligators, nur die Besten aufzunehmen und ihre Musik flächendeckend unterzubringen. Das Label läßt sich nicht lumpen, wenn es darum geht, Sender zu beliefern und Konzerttourneen zu unterstützen. Radio ist noch immer die Hauptinformationsquelle der Bluesfans, und wer Radiomacher auf seiner Seite hat, wird erfolgreich. So einfach ist das.

Jetzt ist Alligator ein mehr als würdiger Nachfolger der alten Chicago Labels Chess und Vee-Jay. Iglauer ist noch immer der Boß, der die Fäden in der Hand hält, ist täglich viele Stunden im Büro zu finden und hat eine Mannschaft um sich geschart, die vermutlich auch mal umsonst arbeiten würde. Alligator ist personell klein geblieben, aber alle 22 Angestellten sind Idealisten, und es gibt für sie nichts Schöneres, als bei guter Musik über Blues zu reden. Die Firma setzt so viel um, wie Chess nicht einmal zu träumen wagte, aber sie ist penibel in der Abrechnung und fair, wenn's an die Offenlegung der Bücher geht. Das ist eine relativ neue Erfahrung für Bluesspieler, eine, die sich schnell herumspricht. Noch nie waren die »Toten Präsidenten« in so greifbarer Nähe.

Sie drängen sich zum Label, die prominenten Blueser. Und wer mit Alligator liiert ist, kann sich nicht beklagen. Lonnie Brooks und Koko Taylor können das bestätigen.

Lonnie Brooks: Aller guten Dinge sind drei

Lee Baker saß auf der Veranda seines Hauses im texanischen Port Arthur und spielte Gitarre. Das tat er oft, wenn er nach einer langen Schicht in der Gulf-Oil-Raffinerie heimkam. Er war 21 Jahre alt, hatte einen guten Job, Frau und Tochter und konnte sich auf ein halbwegs vorbestimmtes, überschaubares Leben freuen. Und dann bog ein schwarzer Cadillac in die Straße ein und hielt vor Lees Haus. Ein flott angezogener junger Herr stieg aus der chromblitzenden Limousine, straffte die Schultern, stampfte mit den Cowboystiefeln auf, daß die Hosenbeine über die Schäfte fielen, und blickte zur Veranda hinüber. Als er breit lächelte, blitzten und funkelten seine Goldzähne in der Abendsonne.

»Ich war völlig von den Socken; bei uns war noch nie ein Cadillac vorgefahren. Und dann gleich so einer. Mir wurde ganz anders, als ich merkte, daß er wegen mir gekommen war.«

Als Clifton Chenier stellte sich der kleine Mann vor. Clifton Chenier sagte er, als müßte jeder wissen, wer das ist. Lee hatte keine Ahnung. Der Mann mit den Goldzähnen erzählte, er sei Chef einer Band, habe schon einige Schallplatten unter seinem Namen veröffentlicht und suche gerade einen Gitarrenspieler. Er sei hier vorbeigefahren und habe Lee auf seiner Veranda spielen gehört. Nicht übel, gar nicht übel.

Lee war der Auftritt peinlich. Er arbeitete in der Raffinerie auf dem Bau, jeden Tag acht Stunden, am Sonnabend vier, und er hatte noch nie in einer Gruppe gespielt. Chenier wurde ganz sanft. So eine Schande, das unglaubliche Talent so vor die Hunde gehen zu lassen. Er schlug ihm vor, am Sonnabendabend nach Port Acres zu kommen, in die Vorstadt, wo die Musikkneipen waren. Da könnte er mit der Band zusammen spielen, und vielleicht würde ihm das gefallen.

Natürlich war Lee zur Stelle, und er hatte so viel Spaß mit der Band, daß er bis in den frühen Morgen blieb. Als ihn der Bandchef dann zur Seite nahm und ihm einige Dollar in die Hand drückte, da war Lee noch mehr angetan. Er hatte bisher jeden Abend nur für sich und umsonst gespielt, und hier gab's Geld – nicht übel. Außerdem hätte er trinken können, soviel er wollte, aber so ein Angebot ging bei Baker ins Leere. Er rührte keinen Alkohol an.

Lee begann, sich auf die Wochenenden zu freuen, weil er immer besser in die Gruppe paßte und er sich allmählich ein Leben als Musiker vorstellen konnte. Ein gutes Jahr dauerte die Doppelbeschäftigung. Lee wurde immer sicherer auf der Bühne, lernte bei jedem Gig vom King of Zydeco etwas dazu – und wurde auch gnadenlos angetrieben. Er erinnert sich, daß ihm zu Beginn seiner Musikkarriere nach einigen Stunden die Finger bluteten. »Tänzer riefen mir zu, daß ich blute, und ich wollte meine Finger schonen, sobald ich's merkte, aber Clifton zischte immer ›Play, boy, play!‹, und da war an eine Pause gar nicht zu denken; ich hatte furchtbare Angst vor ihm.« Als Lee sich endlich selbst als Profi begriff, sollte Clifton in Los Angeles für das Specialty-Label eine Langspielplatte aufnehmen, und er wollte seinen Gitarristen unbedingt dabeihaben. Aber der Nachwuchsmann mußte passen. »Er konnte mir nicht viel zahlen, und ich hatte immerhin Frau und Kind.« Also blieb er in Texas, während Chenier an die Westküste fuhr. Doch zuvor besorgte der hochgeachtete und beliebte King of Zydeco dem Lee einige Sologigs, damit der nicht aus der Übung kam.

Lee spielte also hier und dort, behielt aber den Job in der Raffinierie, und eines Tages lief ihm Cornelius Green wieder über den Weg. Der war an seiner Stelle mit Clifton nach Los Angeles gegangen und hatte Albumaufnahmen und eine Kalifornientour hinter sich. Aber er hatte Heimweh nach Louisiana bekommen und war nun wieder zu Hause. Die beiden taten sich zusammen. Lee hatte inzwischen einen Schlagzeuger und noch einen Gitarristen eingestellt und sich – Usus in der Branche – einen Bühnennamen zugelegt. »Guitar Junior« nannte er sich, und Cornelius hieß fortan »Lonesome Sundown«.

Der »Einsame Sonnenuntergang« war ein Glückspilz, denn ein halbes Jahr später spielte er dem uns bereits bekannten Jay Miller in Crowley vor, im Studio hinter Millers Radioreparaturbetrieb, und wurde auf der Stelle verpflichtet. Sundown war ein talentierter Bluessänger, während Lee sich nicht traute; er spielte lieber Gitarre. Aber als Sundown wegen seiner Studiosessions bei Miller wegblieb, mußte Guitar Junior doch singen, und er tat's mit Leidenschaft. Daß er immer nur einen Teil der Texte wußte, tat der Sache keinen Abbruch. »Ich sang dann einfach irgend etwas, Hauptsache, es reimte sich, und irgendwann stellte ich fest, daß das ja eigentlich Texten war. Als ich endlich kapierte, daß ich die ganze Zeit auf der Bühne getextet hatte, fing ich an, in jedem freien Augenblick Songs zu schreiben.«

Nur wenige Monate dauerte es, bis Junior eine ganze Palette neuer Lieder hatte. Eines davon, erzählt er, sei ihm im Traum eingefallen. »Als Siebzehnjähriger war ich mal Boxer, aber ich habe damit aufgehört, weil ich keinem wehtun wollte. Jedenfalls träumte ich, daß ich mit Boxhandschuhen Gitarre spielte und dazu einen neuen Song sang. Im Traum schrieb ich den Text auf so eine Versteifungspappe, wie sie in neuen Oberhemden drinsteckt, wenn man sie kauft. Jedenfalls hatte ich Angst, die Worte zu vergessen, aber als ich aufwachte, konnte ich mich genau an den Text erinnern. ›Family Rules‹. Den Titel hatte ich geträumt, und dabei blieb's.«

Er fand den Song so gelungen, daß er hinüber nach Houston fuhr, um den schwarzen Gangster und Labelbesitzer Don Robey dafür zu gewinnen. Der Peacock-Labelchef, der kurz zuvor versucht hatte, den um seinen Verhandlungstisch spurtenden Little Richard einzufangen, war weder von Guitar Junior noch von seinem Song begeistert. »Er sagte, der Song tauge nichts, und ich würde klingen wie ein Weißer.« Robey galt als Experte, also glaubte der naive Junior, was er hörte. Er fand sich damit ab, daß er nicht zum Schreiben und Singen geboren war.

Sein Trio arbeitete in Klubs und Kneipen, in Louisiana und Texas, und eines Tages gastierte es in Lake Charles bei einer Radiosendung. Junior spielte »Family Rules«, weil er

Lonnie Brooks' Voodoo-Blues-Stil hat sich als Publikumserfolg erwiesen.

gegen Ende der Vierstundensendung keine Lieder mehr parat hatte, und »die Telefonleitungen im Studio fingen an zu glühen«. Die Leute bekamen nicht genug davon, also spielten die DJs den auf Band festgehaltenen Song den ganzen Tag – immer wieder, bis Studiobesitzer Eddie Shuler anrief. Guitar Junior ging hinüber ins Studio, nahm mit seinen Mannen das Lied noch mal auf und bekam – statt Honorar – 500 Singles als Bezahlung. »450 davon verkaufte ich in einer Woche von der Bühne herab, das Stück zu einem Dollar. Das war damals ein Haufen Geld.« Die Single wurde noch mal in höherer Auflage gepreßt, und Shuler organisierte die nationale Verbreitung.

»Ich hatte damals kein Telefon«, erzählt Guitar Junior weiter, »und meine Anschrift hatte Shuler nicht. Ich war also nicht zu finden. Jedenfalls gehe ich eines Tages zum Friseur, und BB King sitzt im Sessel und läßt sich gerade rasieren. Na, du weißt, wie Friseure sind, die wollen dir immer schöntun, damit du wiederkommst. Die wußten, daß ich Musiker bin und Guitar Junior heiße, aber die glaubten mir natürlich nicht, als ich erzählte, ich hätte drüben in Lake Charles eine Single aufgenommen, sie taten nur so. Jedenfalls sagt einer der Friseure zu BB, daß ich Guitar Junior sei, auch Musiker, und da staunt BB, schaut mich an und sagt, ich hätte ja einen Riesenhit mit ›Family Rules‹. Ich dachte, der ist nur nett und will mir lügen helfen! Aber es stellte sich raus, daß er recht hatte. Die Scheibe war im *Billboard* auf Platz fünf und stieg noch. Ich bin überall rumgerannt und habe *Billboard*-Hefte gekauft, damit es die Leute glauben.«

Trotz des Plattenerfolges wurde keine größere Tour organisiert, wurde kaum Promotion gemacht, und nachdem Guitar Junior mit »Crawl« eine noch erfolgreichere Single hatte, wollte er vom kleinen Goldstar-Label weg. Sein Vertrag lief ohnehin aus, also ging er von sich aus auf Promotiontour. In Atlanta spielte er auf einer Veranstaltung mit Brook Benton, Jackie Wilson, BB King, Ray Charles und dem Headliner des Abends, Sam Cooke. Das Konzert fand in einem Baseballstadion statt, und als Frauenschwarm Sam Cooke von der Bühne ging und in seine an den Bühnenrand gefahrene Limousine stieg, sprangen einige Mädchen hinterher. Der schnelle Sam stieg auf der anderen Seite wieder aus und warf sich in das neben seinem Auto stehende Taxi, in dem Guitar Junior saß. Sie stellten fest, daß sie beide im gleichen Hotel abgestiegen waren, also setzten sie sich dort noch eine Weile zusammen und spielten Gitarre. Sam war von Juniors Spiel begeistert und bot an, ihn seinem Label Keen Records zu empfehlen. Sobald er wieder zu Hause sei, in Chicago, würde er sich kümmern. Andererseits wäre es aber auch keine schlechte Idee, wenn Junior gleich mitkäme. Dann könnte er für seinen Bruder L. C. Cooke, der als Opener die Tour begleitete, Gitarre spielen.

Junior kam also nach Chicago, durfte bei Cooke Senior wohnen und beim Keen-Label vorspielen, aber dessen Besitzer, Bob Keene, fand keinen Gefallen an Guitar Junior. Was der spielte, war ihm zu *cajun*, zu ländlich. Nun saß er in Chicago, kannte außer den Cookes niemanden und traute sich nicht, auf eigene Faust etwas zu unternehmen. »Ich war völlig verängstigt. Im Süden triffst du immer einen, den du von der Farm her kennst, sogar in den Städten, aber die Leute hier waren was ganz Neues für mich. Ich fühlte mich überhaupt nicht wohl.«

Es sprach sich aber herum, daß einer aus Louisiana mit Sam Cooke eingetrudelt war, und allmählich begannen Barbesitzer anzurufen und ihm Gigs anzubieten. Aber Guitar Junior war kein Bluesspieler. Er hatte zwar die Gitarre gekauft, um Blues zu spielen, aber er hatte Rock, Cajun, Country und Zydeco gelernt. »Was Gatemouth Brown oder BB King spielten, konnte ich nicht, aber ich spielte einen teuflischen Chuck Berry, Elvis Presley oder Fats Domino.« Er wußte, daß er schleunigst lernen mußte. Es ging ums Überleben. So begann seine Bühnenshow. Er spielte einen Song, forderte dann die Leute auf, ihm den Namen eines gerade populären Rockers zuzurufen, und dann spielte er etwas aus dessen Repertoire. Als Showman hielt er sich über Wasser, nicht als Bluesman, obwohl er mit Jimmy Reed auf Tour ging, mit ihm im Studio war und ihn bei seinem Hit »Big Boss Man« begleitete. »Aber das zählte nicht; ein richtiges Bluessolo kriegte ich nicht hin, nur dieses Geschrammel, das Jimmy wollte.« Er lernte erst von Otis Rush; als der sich eines Abends vollaufen ließ, saß Junior vor ihm und merkte sich genau, welche Griffe der sturzbesoffen immer noch genial spielende Otis benutzte. Er ging heim und übte. Sechs Jahre sollte es dauern, bis er sich traute, als Bluesspieler aufzutreten.

Zwischendurch hatte er wieder Gelegenheit, ins Studio

zu gehen und etwas aufzunehmen. Aus den Singles wurde nichts, aber es zeigte sich, daß ein Namenswechsel nottat; einen anderen Guitar Junior gab es schon in Chicago. Unter seinem eigenen Namen wollte Lee auf gar keinen Fall auftreten, denn »es ist unheimlich gefährlich, unter seinem richtigen Namen auf so einem gefährlichen Pflaster wie Chicago berühmt zu werden«. Also nannte er sich »Lonnie Brooks«, und mit der Wahl sollte er Glück haben. Obwohl auch das dauerte.

Lonnie war inzwischen schon lange von seiner ersten Frau in Port Arthur geschieden und hatte sich in Chicago frisch verliebt und verheiratet. Zwei Kinder hatte er aus erster Ehe, und die jetzige war – man sah es schon – auch fruchtbar. Lonnie mußte sich also sputen, wenn er die Familie ernähren wollte.

Die Firma Chess war zu der Zeit das bekannteste Blueslabel Amerikas, wahrscheinlich der Welt, und die Gebrüder Chess hatten den Markt für sich. Ihr Konkurrent Vee-Jay, bei denen Lonnie als Teil der Jimmy-Reed-Session gearbeitet hatte, war seit 1965 pleite, und Chess hatte alles unter Vertrag, was in Chicago Platten verkaufen konnte. Bei denen sprach Lonnie vor, erzählte, wie er als Guitar Junior die beiden Hits hatte, wie er als Lee Baker mit Clifton Chenier gespielt hatte, und er gefiel.

»Let It All Hang Out« hieß der Soul-Blues, den er bei Chess aufnahm, und er konnte das ganze Jahr 1967 damit auf Tournee gehen. Lonnie hatte wieder mal einen Hit, den ersten unter seinem neuen Namen. Eine Band war schnell zusammengestellt, und die nächsten Jahre verbrachte Lonnie im Auto von einem Gig zum nächsten. Zwei Jahre nach seinem Chess-Hit nahm er noch mal bei Columbia ein Bluesalbum auf – blöderweise wieder als Guitar Junior, was ihm kein Glück brachte. Er glitt ab in den Verliererbereich der 25-Dollar-Gigs. Er stand hinter Stripteasetänzerinnen und spielte langsamen, lasziven Blues – vor Gangstern, Nutten und sonstigem Gesindel. Und zu Hause kamen die Kinder, eines nach dem anderen.

Mitte der Siebziger flachte die Bluesbegeisterung ab. Disco war in, und Lonnie dachte schweren Herzens daran, sich einen anderen Job zu suchen. Dann kam aus heiterem Himmel ein Angebot aus Europa: sechs Wochen Tour mit dem Chicago Blues Festival, eine oder zwei Plattenaufnahmen, alles mit Garantiehonorar, und schon saßen er und die Boys im Flugzeug. Die *Lonnie Brooks Band* trat vor riesigem, begeistertem Publikum auf, staunte über den Kenntnisstand der Europäer, sonnte sich im Scheinwerferlicht, nahm bei Black & Blue in Frankreich zwei Alben auf und kehrte mit vollen Taschen nach Chicago zurück. Dort mußten sich die Jungs eingestehen, daß für sie nichts mehr lief, daß das Bluesgeschäft am Boden zerstört war. Lonnie hatte nun insgesamt sechs Kinder. Er suchte sich einen Job und wurde Hilfsarbeiter in einer Spritzgußfabrik.

»Wir saßen bei schönem Wetter draußen, im Fabrikhof, und aßen unser Brot, und manchmal erzählte ich meinen Kollegen, daß ich mal Musiker war. Das war denen ein Riesenvergnügen, die haben mich ausgelacht und Spinner genannt.«

Der Wise Fools Pub meldete sich irgendwann und bot Lonnie jeden zweiten Monat vier Abende die Woche, von Donnerstag bis Sonntag. Sie zahlten wenig, aber er machte wieder Musik, und das war ihm wichtig. Zu einem der Abendgigs lud er seine Spritzgußkollegen ein, und auf einmal war der Fabrikjob viel einfacher. »Ich war wieder wer, hatte mein Selbstwertgefühl zurück, und zu meiner Überraschung war einer der Bosse ein großer Bluesfan. Der holte mich oft in sein Büro, wenn die anderen Chefs nicht da waren, und dann durfte ich bei ihm sitzen, statt am glühendheißen Ofen, und ihm Geschichten von der Musik erzählen. Wenn ein anderer Boß unerwartet auftauchte, schnappte ich einfach einen Papierkorb und nahm ihn mit raus, als sei ich zum Aufräumen dort gewesen.«

Drei Jahre dauerte die Plackerei in der Fabrik. Lonnie war inzwischen 44, und die Aussichten waren gar nicht mehr rosig. Doch dann kam der Alligator-Records-Gründer Bruce Iglauer in den Pub. Lonnie spielte gewöhnlich vom Abend bis nach Mitternacht Hits, und erst wenn sich die richtige Stimmung einstellte, schaltete er auf Blues um. Iglauer hörte den Pop und war zutiefst enttäuscht. Der verzweifelte Lonnie sah schon die letzten Felle seines Lebens davonschwimmen und bat den Blueslabelchef, doch noch einige Stunden zu warten. Bruce ließ sich überreden – und hat's nicht bereut. »Was ich da hörte, war etwas ganz Ungewohntes; dieser easygoing Louisiana-Soul mit einem knallharten Chicago Blues vermengt. Ich nahm ihn sofort mit ins Studio und brachte vier seiner Songs auf meiner grammynominierten Chicago-Living-Blues-Anthologie von 1978 raus. Die Leute waren verrückt nach ihm.«

Das sind sie heute noch. Lonnie Brooks und Alligator Records stiegen zusammen auf. Vorbei waren die Jahre in der Spritzgußanstalt, vorbei die 25-Dollar-Gigs. Er tourt seit seinem ersten Alligator-Album »Bayou Lightning« ohne Pause weltweit; seine Band, eine der besten im Business, nennt seinen aus Rhythm and Blues, Rock, Cajun Boogie und Chicago Blues bestehenden Stil »Voodoo Blues«, und Lonnie Brooks hat mit der modernen Mischung einen publikumswirksamen Sound getroffen. Sein »Bayou«-Album bekam den Grand Prix du Disque in Montreux, die anderen 14 Alben, auf denen er zu hören ist (acht davon bei Alligator), gehören zum Grundstock jeder besseren Bluessammlung.

Sein Sohn Ronnie spielt seit einigen Jahren mit in der Band, natürlich auch Gitarre. Ein jüngerer Sohn, Wayne, schreibt Bluessongs und Werbejingles, besorgte seinem Vater eine Rolle im zweiten Blues-Brothers-Film und führte die Verhandlungen für ein Blueskompendium, an dem Lonnie arbeitet. Der Bluesmann selbst jammt mit Eric Clapton in Buddy-Guy's-Legends-Blueskneipe, lacht mit BB King über die lange zurückliegende Geschichte beim Friseur in Port Arthur, ist Dauergast im Fernsehen und merkt, daß er seinem ersten Hit, dem vor langer Zeit bei Eddie Schuler in Lake Charles erschienenen Swamp-Pop-Song »Family Rules«, einen prophetischen Titel gegeben hat. Family Rules heißt nämlich nicht nur Familienregeln, sondern »Familie ist das Allergrößte«.

»I'm A Woman«: Koko Taylor

Eine der Härten des Landleben war die Schwierigkeit, an Kakao heranzukommen. Die kleine Cora Walton liebte Schokoladengeschmack über alles, aber die Familie war verdammt arm, viel zu arm, um dauernd Schokolade oder Kakao zu kaufen, und dann gab's das begehrte braune Zeug nur in Memphis – und das war einige Kilometer weg. Cora hatte fest vor, sobald sie konnte, abzuhauen und irgendwo hinzuziehen, wo es jederzeit soviel *cocoa* gab, wie sie haben wollte. Kein Wunder, daß sie in der Familie nur »Koko« hieß.

Ihr Vater war Landpächter, einer, der anderer Leute Felder bestellt und dafür den Ertrag mit dem Landbesitzer teilt. Eine moderne Leibeigenschaft ist das, aber auf dem amerikanischen Land oft für arme Menschen die einzige Möglichkeit, sich von einem Jahr zum nächsten hinüberzuhangeln. Mutter Walton starb früh, aber der Vater hielt die drei Söhne und drei Töchter an, zur Seelenrettung ihre Gospellieder zu singen, was sie auch fleißig im Kirchenchor wie zu Hause taten, doch als Koko 15 Jahre alt wurde, hielt der teuflische Blues in Gestalt eines gewissen Beale Street Blues Boy King Einzug in die christliche Walton-Hütte. Der kakaogeile Teeny röhrte zum BB-Blues eine heisere Begleitung, daß es den Geschwistern ganz kalt den Rücken herabrieselte. Der Blues Boy ließ beim Memphissender WDIA täglich eine Viertelstunde knallharte Bluesplatten rotieren. Dann machte er das Mikrophon auf, um mit seiner einschmeichelnden Stimme die Vorzüge eines stark alkoholhaltigen Allheilmittels namens Peptikon zu preisen (»Peptikon sure is good, you can get it in your neighborhood«), denn die Wundermittelmacher zahlten sein kärgliches Moderatorenhonorar. Danach ließ er einfach das Mikro an, setzte sich auf seinen hohen Drehstuhl und spielte Gitarre, immer nur eine Saite, aber der Ton ging einem empfänglichen Mädchen geradewegs in die Seele. Dazu sang er, jeden Tag etwas anderes. Koko war hingerissen, so schön war's. Und sie beschloß, daß es an ihrem zukünftigen Wohnort nicht nur ausreichend Kakao, sondern auch Blues geben müßte.

Ein gewisser Robert Taylor begann, seine ländliche Aufwartung zu machen. Robert war ein gutaussehender Mann, keine Frage, und als er sich bei den Waltons zur Genüge bekanntgemacht hatte, beschlossen er und die inzwischen 18jährige Koko, zu heiraten und nach Chicago zu ziehen. Das waren nun einschneidende Veränderungen. Doch 1953, das erste Jahr der Eisenhower-Präsidentschaft, sollte einen Nachkriegskonjunkturaufschwung einleiten, der auch das Leben städtischer Afroamerikaner erheblich verbessern würde. Der Kriegsheld Eisenhower erwies sich als erstaunlich liberal; seine Politik der gezielten Richterernennung zum Obersten Gerichtshof leitete die Ära der Bürgerrechtsbewegung ein, die mit dem Urteil im Prozeß Brown versus Board of Education of Topeka begann. Die Richter erkannten 1954 erstmals, daß Rassentrennung in Schulen gegen das Grundgesetz verstößt, wodurch Hunderte von Gemeindegesetzen und Verordnungen hinfällig wurden, denn was für Schulen galt, mußte auch auf Arbeitsplätze und offentliche Transportmittel zutreffen. Koko und Robert hatten ein gutes Jahr ausgesucht, um nach Chicago zu ziehen.

Sie fand bald einen Job, die junge Frau aus der Tennesseeprovinz. Sie fuhr jeden Tag mit Bus und Bahn von ihrer Wohnung im Süden Chicagos bis in den noblen Norden und hielt die Wohnung einer wohlhabenden weißen Familie in Ordnung, putzte, buk und kochte, wusch und ging einkaufen. Und abends, nach der langen Rückfahrt ins Ghetto, machten sich die beiden Taylors fein und gingen aus. Am schwarzen Südende der Großstadt stehen noch heute die echten Blueskneipen, die Arbeiterpinten mit Minibühne in der hintersten Ecke, und selbst vor über vierzig Jahren donnerten dort allabendlich die Bässe, kreischten Gitarren und jaulten Saxophone. Das war Kokos Szene, da fühlte sie sich zu Hause. Im Chicken Shack, dem Plantation Club oder Club Georgia, im 708 Club der Gebrüder Chess, dort

Willie Dixon, der Mann, der mit seinem Gespür für Talente das Chess-Label erfolgreich machte.

spielte die richtige Musik, und gelegentlich durfte Koko auf die Bühne und mitsingen. Sie sprach mit angenehmer, ruhig-tiefer Stimme, aber wenn der Klavierspieler in die Tasten griff und sie tief Luft holte, dann preßte sie eine gewaltige Luftsäule über ihre Stimmbänder. Sie hielt sich am Mikrophonständer fest, schloß die Augen und loderte.

In seinem Büro beim Chess-Label hörte Willie Dixon durch den Radiomoderator »Big« Bill Hill davon, und er mußte die Dame in Augenschein nehmen, von deren Stimmgewalt der Blueskenner voll Ehrfurcht sprach. Ohne Dixon lief bei Chess nichts, denn der schwarze Basspieler und Liedermacher besorgte den Chess-Chefs die Musiker aus seinem Kulturkreis, und die beiden Brüder überließen gern ihrem Haushofmeister die musikalische Auswahl. Willie hatte goldene Ohren, konnte mit schlafwandlerischer Sicherheit Hits herstellen und war dazu noch für wenig Geld zu haben. Das allerdings nur, weil er sich Nebenjobs bei anderen Labels besorgte. Er verbrachte einige Nächte und Wochenenden in den Studios von United, Peacock oder Duke, auch wenn deren Produktionen oft an Chess verscherbelt wurden, weil die einfach den besten Verkaufsapparat hatten. Willies Schwarzarbeit kam also den Chess Brothers wieder zugute, wodurch alle zufrieden sein konnten. Außerdem hatte der umtriebige Dixon mit den deutschen Konzertveranstaltern Horst Lippmann und Fritz Rau das American Blues Festival aus der Taufe gehoben und organisierte mit seinem eigenen Ghana Booking Agency Bluestourneen mit Künstlern, die er unter Vertrag hatte.

Willie Dixon tauchte also um 1962 in irgendeiner Kneipe auf, um Koko zu hören, und er staunte nicht schlecht. So ein Organ, und keinem Label verpflichtet! Der Plattenproduzent und Tourmanager legte ihr erst mal einen Vertrag vor, den sie und ihr Mann auch gern unterschrieben, und dann machte sich Willie an die Suche nach einem passenden Song. Ein Jahr darauf meinte er, ihn mit »Honky Tonky« gefunden zu haben, und er produzierte die Aufnahme in seinem Heimstudio. Überhaupt entstanden dort Klassiker des Genres, entweder nach der Arbeit im Chess-Studio oder einfach, wenn jemand zu Besuch kam und eine Idee für einen Song hatte. Das Minilabel USA brachte »Honky Tonky« als Totgeburt auf den gelangweilten Markt, und die bei Chess entstandene Single »I Got What It Takes« war auch ein Versager.

»Ich habe allen Ernstes gedacht, das liegt daran, daß ich die falsche Stimme habe, aber Dixon meinte, ich sei die einzige Frau, die so eine Stimme hat, und die sei für den Blues genau das Richtige«, erzählte Koko.

Zwei Jahre später hatte Willie Dixon endlich den richtigen Song. Er hatte »Wang Dang Doodle« für Howlin' Wolf geschrieben, und der nahm ihn auch auf, aber Phil und Leonard Chess gefiel das Ergebnis überhaupt nicht, und sie weigerten sich, die Scheibe zu pressen. Nun lag der Song da, und Dixon erinnerte sich an Kokos kratzige Stimme. Sie war entsetzt: »Das ist kein Song für eine Frau, habe ich gesagt. Den singe ich nicht. Aber er überredete mich, und er hatte wie üblich recht.« Die junge Frau vom Land konnte nicht verstehen, warum man ein Lied über Menschen wie Schlachtermesser-Annie und Schnellschwätzer-Fanny singen sollte. »Ich habe ihn gefragt, warum er einen Text über solch ein verkommenes Pack geschrieben hat«, erzählt Koko noch heute lachend, »und er sagte ganz schlicht ›Money‹: wegen der Kohle.«

»Wang Dang Doodle«, ein mit sexuellen Anspielungen gespickter Text, schlug wie eine Bombe ein. Damit der zweifelhafte Text den guten Chess-Namen nicht besudelte, kam die Single auf dem Chess-Unterlabel Checker heraus. Der Familie Chess gehörte der Chicagoer Popsender WVON (Voice of the Negro), und deren Ober-DJ bekam eine Testpressung mit der Weisung, sie drei Tage lang so oft wie möglich zu spielen. »Die Leute riefen an und kauften wie verrückt. Das Label produzierte, so schnell es ging, und innerhalb weniger Tage hatten sie 100 000 Singles allein in Chicago verkauft.« Koko erinnert sich gern an den riesigen Erfolg, aber nicht an den Ärger mit der Bezahlung. Vor seinem Tod im Jahr 1992 erzählte Dixon, daß die für ihre Tricks bekannten Chess Brothers der Koko weisgemacht hatten, Willie Dixon habe die für den Hit fälligen Tantiemen kassiert, während sie Dixon sagten, Koko und »Pops« Taylor hätten die Kohle bekommen. Und damit keiner merkte, wie erfolgreich die Platte wirklich war, fehlten in sämtlichen *Billboard*-Wochenzeitungen, die bei Chess auslagen, die Seiten mit den Hitlisten. Jemand hatte den entsprechenden Beweis mit einer Rasierklinge chirurgisch entfernt. Bis auf Platz vier in den Rhythm and Blues Top Ten war »Wang

Das alte Chess-Records-Haus in Chicago.

Dang Doodle« geklettert, verkaufte sich über eine Million Mal, und die Taylors waren noch fast genauso arm wie vorher.

Die Single war der letzte große Blueshit für die Labelgruppe, die durch den Blues großgeworden war. Das schon

Das Gebäude der Alligator Records.

legendäre Gebäude in der 2120 Michigan Avenue, wo Muddy Waters Jahre verbrachte und der als Hausmeister Hilfsdienst schiebende Howlin' Wolf oft erstaunten Bluesfans die Tür aufmachte, wurde verkauft, und man bezog ein neues Gebäude in der 320 East 21st. Street. Das sechsstöckige

Warenhaus in einem Industrieviertel war nicht mehr die Blueszentrale, sondern wurde zu einem Massenlabel wie tausend andere. Soul war angesagt, und weil in den vergangenen vier Jahren einige Chess-Bluesstars wie Elmore James, J. B. Lenoir und Sonny Boy Williamson gestorben waren, entschlief der Chess-Blues sanft. Natürlich waren Muddy und der Wolf noch da, aber die breite Basis fehlte, Abgänge wurden nicht ersetzt.

Willie Dixon machte mit Koko Taylor einige Alben, die trotz der Produktumstellung gut verkauft wurden. Chess war 1969 für zehn Millionen Dollar an den Multi GRT gegangen, und der als Geschäftsführer eingestellte Leonard konnte den Reichtum wohl nicht verkraften; er starb wenige Monate später, und mit ihm starb das Gefühl, trotz allem Ärger einer bevorzugten Organisation anzugehören. Die noch verbliebenen Chess-Stars schauten sich anderweitig um.

Dixon hatte noch immer seine Konzert- und Touringagentur nebenher, und er vermittelte weiterhin Künstler wie Koko. Die wurde inzwischen weißen Collegekids bekannt, weil sie seit einiger Zeit mit Muddy Waters arbeitete, und Muddy war der offizielle Schwarze Bluesgott aus dem Delta. Koko, die in Zeitungsartikeln gelegentlich als »Königin des Blues« bezeichnet wurde, hatte 1967 am American Blues Festival teilgenommen, dieser riesigen Europatour, und sie war begeistert von der Stimmung in Übersee. Sie hatte schon mit Buddy Guy Bühnen geteilt, als in Chicago noch niemand Buddy oder Koko kannte. Sie hatte einen langen, schwierigen Lernprozeß hinter sich, hatte in stinkenden Kneipen hart gearbeitet, um an die Spitze zu kommen, den Domestikenjob noch lange, lange behalten, bis sie durch zwei harte Jobs einfach überfordert war. Jetzt war es Zeit zu kassieren. Jetzt wollte Koko groß rauskommen.

Mit ihrem Mann Pops gründete sie eine Band, mit der sie ständig arbeiten wollte. Die *Blues Machine* bestand aus Musikern, mit denen sie ohnehin schon lange gearbeitet hatte, doch jetzt galt es, stets genug Aufträge zu haben, um acht Familien durchzubringen. Die Organisation dafür übertrug sie ihrem Mann, und Pops erwies sich als talen-

Die mit vielen Ehrungen bedachte Queen of the Blues Koko Taylor.

tierter Road- und Karrieremanager. Das Montreux Jazz Festival 1973 war ein ausgemacht guter Gig, den Pops auftat. Mit Muddy war sie dort, hatte mit ihm für Chess-GRT ein Livealbum eingespielt, und sie tourte mit dem Chicago Blues Festival durch Europa. So durfte es ruhig weitergehen.

So ging's weiter. Die Band kam an, die Rechnungen konnten pünktlich bezahlt werden, Taylors legten am Jahresende sogar noch etwas auf die hohe Kante. Pops wirbelte, und 1974 brachte er seine Frau mit dem jungen Bruce Iglauer zusammen, der drei Jahre zuvor das Alligator-Label in Chicago gegründet hatte, im Bluesaufwind segelte und mit seinen paar Alben recht gut fuhr. Nun kam Koko Taylor an Bord. Der 26jährige Jungunternehmer und die 39jährige Sängerin gingen zusammen ins Mietstudio, blieben wenige Tage und kamen mit dem Album »I Got What It Takes« heraus, das dem Winziglabel die besagte Grammy-Nominierung einbrachte. Zur Feier stellte Bruce seine erste Mitarbeiterin ein. Bis dahin bestand Alligator nur aus Mr. Iglauer: Empfang, Produktion, Werbung, Verkauf, Rechtsabteilung, Buchhaltung und Versand.

»Bruce half mir ebensosehr wie ich ihm«, sagt Koko. »Seine Firma war damals winzig, aber mir hätte nichts Besseres passieren können. Meine Karriere begann mit Alligator.«

Acht Alben hat das Team schon zusammen aufgenommen, und das Ende der Partnerschaft scheint nicht absehbar.

Sie ist die anerkannte Queen of the Blues. Koko Taylor bekam einen Grammy, kassierte 14 W.-C.-Handy-Awards (was mit schnurloser Telefoniererei auf dem Örtchen nichts zu tun hat, sondern die höchste Blueserehre ist). Sie wurde in die Blues Hall of Fame aufgenommen, und wenn Pops nicht 1989 gestorben wäre, hätte er seine Freude daran gehabt, die kleine kakaosüchtige Cora mit Buddy Guy bei der 50. Geburtstagsparty der Präsidentengattin Hillary Clinton »Happy Birthday« singen zu sehen.

Sie hat sich an das Leben auf der Bühne und vor der Kamera gewöhnt. »Ich kann mir keine andere Arbeit vorstellen«, sagt sie, »denn wo sonst kann man die Leute so glücklich machen?« Sie ist immer am Ball geblieben, selbst in dürren Jahren, ist nie verzweifelt. Pops, der einzige Mann in ihrem Leben, hat es ihr so einfach wie möglich gemacht. »Es gibt nicht viele Frauen in diesem Gewerbe«, sagt Koko, »und er hat mir das Geschäft ganz entschieden erleichtert. Er hat sich um alles gekümmert; er war immer für mich da, und er war immer für die Band da.« Den ersetzt man nicht. So einen findet man nicht wieder.

Sie ist eine heimliche Feministin, die Koko Taylor, denn ihr Lieblingslied ist die von ihr geschriebene Antwort auf die Muddy-Waters-Prahlerei »Mannish Boy«. Im brustklopfenden Song behauptete Muddy, er wäre der Liebhaber, der den Mond anhalten und die Sterne zum Leuchten bringen könnte. Das, fand die Bluesröhre vom Dienst, ging dann doch etwas weit, und sie dichtete in ihrer »I'm A Woman«-Antwort, daß sie – wenn Not an der Frau sei – selbst vor Alligatoren weder halt- noch schlappmachen würde. Man glaubt es ihr.

Koko macht ihrem Namen alle Ehre, immer noch. Sie lebt zurückgezogen in Chicago, die Großmutter in einem netten Mittelklassehaushalt. Wenn sie nicht gerade auf Tournee ist, macht sie den Abwasch und kümmert sich ums Mittagessen. Und wenn sie sich unbeobachtet fühlt, greift die Queen of the Blues garantiert zur Halbbittertafel.

Das Ende einer Geschichte und einer Reise

Wir sind am Ende unserer Bluesreise. Wie alle guten Touren hat sich auch diese nicht an genau vorgeschriebene Strecken, Orte und Zeiten gehalten, sondern schlängelte sich von Süden nach Norden, wand sich um den Mississippi und bog unvermittelt irgendwo ab, weil dort das Gras grüner war oder die Sonne heller schien. Und doch verlief sie mindestens ebenso geradlinig wie die Entwicklung des Blues und seiner vielen Seitenarme, seiner Luftwurzeln und Tentakeln. Denn gute Straßen und gute Musik teilen sicher die Eigenschaft, daß sie selbst schon das Ziel sind.

Der Blues und seine Ableger sind weder rassegebunden noch ortsabhängig. Jeder, der will, kann sie spielen und genießen, kann sich in sie hineinsteigern oder sie einfach als hübsche Bereicherung des täglichen Lebens empfinden. Man muß nicht dogmatisch an die Sache herangehen, denn das tun die Kreativen auch nicht. Spaß muß es machen. Das könnte als Lebensmotto manch eines Bluesers gelten, gestern wie heute.

Einfacher heute als gestern, allerdings, denn die Zeiten haben sich zum Besseren gewandelt. Natürlich ist der Idealzustand noch lange nicht erreicht. Die amerikanischen Klassen- und Rassenkämpfe gehören nicht der Vergangenheit an. Nur die Art, wie sie ausgetragen werden, hat sich geändert. Ein Zusammenwachsen bedingt, daß die Menschen unabhängig von Rasse und Klasse offen miteinander umgehen, was am Arbeitsplatz eher der Fall ist als im Privatleben. Sobald sich die Haustür hinter dem Amerikaner schließt, verkehrt er in der Hauptsache mit Seinesgleichen, sei er nun schwarz oder weiß. Die Rassen fürchten einander nach wie vor. Dahinter steckt noch die alte Animosität, seit Generationen anerzogen und deshalb zäh. Daß

Robert Johnson mit dem Teufel paktierte, glaubt jede Mutter eines weißen Rap-Teenies sofort.

Hat sich's für Robert Johnson wenigstens gelohnt, mit dem Teufel auf Du und Du zu sein? Spät, aber auf teuflisch lustige Weise wurde er doch zum unbestritten größten Blueser aller Zeiten. Welcher seiner Zeitgenossen konnte prahlen, alle seine Lieder über eine Million Mal verkauft zu haben? Wessen Bild ziert unzählige Bluesdevotionalien, vom T-Shirt über die Kaffeetasse bis zur Gitarre und seinem eigenen, oft ersetzten Grabstein? Wer kennt die beiden überlieferten Fotos nicht, eines mit Hut und keck, eines kahlköpfig, die Zigarette im Mundwinkel, die Augen voll kaum unterdrücktem Terror. Das Hutporträt ließ er drei Jahre vor seinem Tod im Studio aufnehmen. Als das Selbstporträt mit Zigarette entstand, saß Robert allein in einem öffentlichen Fotoautomaten, hatte fünf Cents in den Schlitz geworfen und wurde fünfmal geblitzt.

Seine Bekannten aus der Musikszene Mississippis zweifelten ja öffentlich daran, obwohl der rationell denkende Mensch natürlich weiß, daß es Legba und seine Straßenkreuzung nur in der Phantasie gibt. Son und Charley hatten Johnson ein gutes Jahr nicht gesehen, und als sie sich wiedertrafen, zog Johnson seine Gitarre aus dem Tuchbeutel, stimmte sie und legte los. »Als er gespielt hatte, schauten wir uns nur gegenseitig an, und ich wußte, daß er es getan hatte.« Das erzählte Son House und auch, daß es natürlich nur eine Art gab, so schnell so gut zu werden – Legba.

Er kam aus der Obskurität und wurde über Nacht zum tonangebenden Deltamusiker. Als er nach seiner nie erklärten Abwesenheit wieder auftrat, handelten seine Songs vom Tod, vom Verderben, wie »Me And The Devil Blues« und von »Höllenhunden, die auf meiner Spur sind«. Er textete Unaussprechliches und trug es fasziniertem schwarzem Publikum vor, zupfte dazu einen Klavierspielern abgeschauten Boogiebaß und schrieb Melodien, die nach 60 Jahren noch modern wirken.

Unstet zog er durch den Süden, traf sich mit Son House und Willie Brown im Church's Park in Memphis und spielte dort seine Songs, ging mit Son wieder hinunter nach Banks,

Mississippi, und trampte meist allein bis nach Arkansas hinüber. Er spielte bei jeder Gelegenheit, und es kam ihm offenbar nicht darauf an, ob vor großem Publikum oder vor wenigen Trinkern in einem Juke Joint. Mit Johnnie Shines ging er auf Holzfällertour und arbeitete in Terpentincamps und Bergwerksdörfern. Bis nach New Jersey kamen sie, immer auf der Flucht vor Unerklärtem.

Robert Johnson spielte anläßlich einer Aufnahmesession in einem Hotelzimmer im texanischen San Antonio seinen Lieblingssong »Terraplane Blues«, und fast wäre es gar nicht zu den Aufnahmen gekommen, denn Robert fürchtete sich vor den beiden Weißen, für die er singen sollte. Erst nachdem er sich zur Wand gedreht hatte, konnte er sein Repertoire vortragen. Er sollte im Jahr darauf, 1937, noch mal einige Tage vor dem Mikrofon sitzen, und insgesamt kamen 45 Songs dabei heraus. Er würde noch in der Automobilstadt Detroit bei der Elder Moten Hour live im Radio auftreten, aber es zog ihn immer wieder nach Mississippi. Und dort spielte der geniale Frauenheld und Streuner im Three Forks Store an einem Samstagabend im August 1938. Honeyboy Edwards trat mit ihm auf und der Mundharmonikaspieler Sonny Boy Williamson. Johnson hatte sich angeblich mit der Wirtin verabredet, sollte sich mit ihr nach seinem Auftritt im Feld treffen und freute sich vermutlich schon darauf. Das Tüpfelchen auf dem i war der nette Wirt, sollte bald gehörnt werden und schleppte mit freundlichem Grinsen noch einen Krug selbstgebrannten Whisky heran, der Trottel.

Robert Johnson trank in langen Zügen, denn er liebte den Whisky. Er spielte und trank, bis der Krug geleert war und Robert schlecht wurde. Er ließ sich von seinen beiden Freunden nach Greenwood bringen, wo er ein Zimmer in einer schwarzen Pension gemietet hatte, und dort lag er einige Tage. Der Whisky war vergiftet, soviel stand fest, aber es schien so, als könne er das Gift ausschwitzen, doch da kam noch eine Lungenentzündung dazu. Der Doppelschlag warf ihn um. Am 16. August 1938 starb Robert Johnson. Sein Mörder wurde nie gefaßt, der Mord von der Polizei nicht verfolgt. Es handelte sich ja nur um einen Neger.

Wie Charley Patton vor ihm wurde auch Robert Johnson ohne Grabstein beerdigt. Er kam auf den Zion Churchyard in Morgan City, behaupteten einige. Andere schworen, er sei nach Quito gebracht worden und liege auf dem Friedhof der Payne Chapel M. B. Church bei Itta Bena. Das Durcheinander war komplett, als der Musikmulti Columbia, der sich an der Wiederveröffentlichung der Robert-Johnson-Songs eine goldene Nase verdient hatte, 1991 gleich zwei Grabsteine stiftete. Der in Morgan City wurde auch aufgestellt, aber in Quito wehrte sich der dortige Preacher gegen das Columbia-Monument, denn Tage zuvor war eine Rockband aus Atlanta angerückt und hatte ihrem Helden einen eigenen Grabstein gesetzt.

Seither steht das Quito-Grabmal in der Scheune neben der Kirche, und kein Mensch vergreift sich an dem Rockbandstein. Auf dem Friedhof von Morgan City dagegen ist der Robert-Johnson-Grabstein schon mehrmals geklaut worden. Die Ersatzsteine stehen nie lange. Auch als die Kirche sich nicht anders zu helfen wußte und Wachen postiert hatte, war das vierseitig beschriftete Monument eines Morgens wieder verschwunden. Spurlos. Der Robert-Johnson-Grabsteinverein hat eine Belohnung ausgeschrieben, aber bis jetzt hat sich keiner gemeldet.

Das muß mit dem Teufel zugehen.

Anhang

Glossar

Barn door guitar, Barn side guitar: In eine Holzwand geschlagene Nägel werden mit verschieden starken Drähten bespannt und gezupft oder gestrichen, wobei das Gebäude als Resonanzkörper fungiert.

Call-and-response-Gesang: Auf die Frage oder Erklärung eines Vorsängers folgt ein Antwort- oder Bestätigungsrefrain der Gemeinde.

Cat House: Umg.: Bordell. Auch **Sporting House.** Nicht zufällig heißt der Beinamputierte in »Porgy and Bess« Sportin' Life.

Dobro: Sechs-, gelegentlich auch achtsaitige Gitarre mit resophonen Metalleinsätzen im Holzkörper, die das Instrument »metallischer« klingen lassen und die Lautstärke erhöhen.

Down-home-Stil: »Down home« bezeichnet die ländliche, meist südliche Herkunft einer Person oder Familie. Der »Down-home-Stil« gilt als ländlich, primitiv und bezieht sich auf Essen, Musik, Mode und Sprachmelodie.

Chicken Shack: Wörtl.: »Hühnerstall«; eine meist abgelegene, von Afroamerikanern betriebene und frequentierte Kneipe, oft mit Live-Musik. Er wird auch **Juke Joint, Juke** oder **Jook** genannt.

Crescent City: Wörtl.: Halbmondstadt; New Orleans wird deshalb so genannt, weil der Fluß sich in Form einer Mondscheinsichel durch die Stadt zieht.

Crossroad: Wörtl.: »Straßenkreuzung«, übertragen auch »Scheideweg«.

Elektronischer Prediger: Meint einen Geistlichen, der seine Botschaften vor allem über die elektronischen Medien wie Rundfunk und Fernsehen an die Gläubigen bringt.

Father of All Rivers: Englische Übersetzung von »missi zippi«, – großer Fluß, Zusammenfluß aller Gewässer – aus der Sprache der Chippewa-Indianer.

Funker: Funk-Fan, ähnlich wie **Jazzbo** oder **Blueser**.

Gospel: Dt.: »Evangelium«. Die religiöse Liedform der Afroamerikaner schlechthin.

Gris-gris: Afrikanisches Zaubermittel, Zauberspruch, Amulett, Fetisch. Erste Erwähnung 1557 als »grigri« in Westafrika.

Hi-Hats: Zwei kleine Becken am Schlagzeug, die mit dem Fuß und mit der Hand bedient werden können; früher als Charleston-Maschine bezeichnet.

Holy Shakes: Dt.: »Heiliges Zittern«. Unkontrolliertes Vibrieren der Glieder; körperliche Begleiterscheinung des **Speaking in Tongues**. Die Holy Shakes gehören wie die Massenhypnose hervorrufende rockende Sakralmusik zu Revivals und sonstigen Sektengebetsveranstaltungen.

Hambone: Volkslied in der Schwarzen Kultur, dessen Text durch rhythmisches Klopfen untermalt wird.

Hooch: Umg.: Selbstgebrannter Schnaps, Fusel.

Jim Crow: Bezeichnung für die Rassengesetze und die daraus resultierenden separaten, schwarzen Einrichtungen; benannt nach dem gleichnamigen Song des Minstrelsängers Thomas Rice (1808 bis 1860).

Mento: Vorläufer des Reggae; Musikrichtung in der jamaikanischen Populärmusik.

Moonshine, Moonshiner: Illegal hergestellter Schnaps. Weil die Heimdestille gern nachts betrieben wird, heißt das Produkt »Moonshine« und der Produzent »Moonshiner«.

Obeah: Voodoozauber, Zaubergegenstand.

Package Show: Eine Anzahl Hitmacher singt jeweils nur den eigenen Hit und wird von einer zusammengewürfelten Band begleitet, die alles spielt.

Piedmont Blues: An der Ostküste der USA entstandene Bluesrichtung, benannt nach der Hügellandschaft Piedmont.

Pie-in-the-sky-religion: Wörtl.: »Kuchen-im-Himmel-Religion«. Eine Religion, die himmlische Freuden als Belohnung für das Erdulden irdischer Fron verspricht.

Plantation: Plantage, großer landwirtschaftlicher Betrieb in den Südstaaten; auch hochtrabende Bezeichnung für eine Farm.

Redneck: Amerikanischer Stereotyp, unter dem man sich Männer vorstellt, bevorzugt Lastwagenfahrer, mit geringem Bildungsstand, sexistischen und rassistischen Haltungen, die Unmengen Bier konsumieren und Gewehre besitzen.

Siebenten-Tags-Adventisten: Christliche Gemeinschaft mit strenger Lebensführung, der Alkohol, Tanz (und alles, was Spaß macht) verboten ist.

Speaking in Tongues: Dt.: »in Zungen reden«. Während des Gottesdienstes fällt der Sprechende in einen ekstatischen Zustand, in dem er sich unverständlich – bis hin zu Tierlauten – äußert. Etliche christliche Strömungen des amerikanischen Südens haben das Zungen-Reden zur besonderen göttlichen Gunst erklärt.

Sporting Lady: »Sportlerin« des horizontalen Gewerbes.

Voodoo: Karibische Zauberreligion. Auch »Hoodoo« genannt. Die vermutete afrikanische Ursprungsbezeichnung heißt »Wodun«.

Restaurants, Musikkneipen, Veranstaltungsorte und andere Tips

Der grünzeugfressende kalifornische Autor jettete asketisch-schlank nach New Orleans ein, griff den bereitgestellten Leihwagen und begab sich blauäugig in einen kulinarischen Urwald voller fetttriefender Strickfallen. Vier Wochen Soul Food, und der Mensch kam zehn Kilo schwerer und um viele Grade heiterer in sein Broccoliparadies zurück. Wer sich auf Dauer gegen Down-home Blues Food wehren kann, der ist ein besserer Mensch als ich.

LOUSIANA

New Orleans

Essen & Trinken:

Jeder Reiseführer nennt Nobelrestaurants. Hier gibt's nur gut, billig, viel:

Central Grocery Co., 923 Decatur Street, (504) 523-1620. French-Quarter-Muffaletta-Spezialist; mit Käse, Aufschnitt und Olivensalat gefüllte Weißbrotlaibe. Ein »Deli« nach alter Art. Das kann man im Lebensmittelladen mit Eßecke: delikat essen.

Christian's, 3835 Iberville Street, (504) 482-4924. Cajunrestaurant in einer alten Kirche; »himmlisch« liegt nahe. Nicht billig, aber super.

Dunbar's Fine Food, 4927 Freret Street, (504) 899-0734. Besseres Soul Food gibt's in New Orleans nicht. Die kleine, etwas riskant aussehende Kneipe ist seit ewigen Zeiten der Geheimtip verfressener Afroamerikaner. Brathuhn, *red beans and rice*, Okra und dergleichen müssen einfach probiert werden. Spottbillig.

Uglesich's Restaurant, 1238 Baronne Street, (504) 523-8571. Unglaublich gute Küche in coltlockernder Lage. Von Mega-Sandwiches über Austern, Krebs, Languste bis Wels (Catfish). Für den, der sich hintraut ...

Popeyes, überall in New Orleans. Der Louisiana-Wienerwald, ein mcdonaldisierter Hühnerbräter, aber gut, reichlich und nicht so fett wie anderswo. Cajun Fast Food.

Streetcar Sandwiches, 1434 S. Carrollton Ave., (504) 866-1146. Der Laden spezialisiert sich auf *smoked duck po' boys* – Poorboy-Sandwiches mit geräucherter Ente.

Musikkneipen:

Mid-City Lanes Rock 'n Bowl, 4133 S. Carrollton Avenue, (504) 482-3133. Die schärfste Musik der Stadt, die einzige Kneipe, in der man auf einer Art-Deco-Bowlingbahn einen Strike bowlen kann, während Nathan and *The Zydeco Cha-Chas* im Hintergrund ein Album aufnehmen und Mick Jagger in der Ecke sitzt. Mieses Essen, aber sagenhafter Fun.

The Palm Court Jazz Cafe, 1204 Decatur Street, (504) 525-0200. New Orleans Jazz im French Quarter. Wer hätte das gedacht?

The Maple Leaf, 8316 Oak Street, (504) 866-9359. James Booker ist schon lange tot, aber seine alte Kneipe swingt noch immer. Zydeco und Blues werden am Wochenende gespielt; Walter »Wolfman« Washington giggt hier.

Tipitina's, 501 Napoleon Avenue, (504) 895-8477. Keiner konnte wie Professor Longhair »Tipitina« jodeln, deshalb heißt die Kneipe auch so. Der Zahn der Zeit hat arg an ihr genagt, aber sie ist noch immer die »typischste« Musikkneipe der Crescent City.

Cafe Brasil, 2100 Chartres Street (in Faubourg Marigny, unmittelbar östlich des French Quarter), (504) 947-9386. Schickes Cafe, grooviger Reggae oder Latin, manchmal Soul und Funk.

Konzerthallen & Stadien:

UNO Lakefront Arena, auf dem Campus der Uni of New Orleans, Karten (wie für die meisten Großveranstaltungen) per Kreditkarte durch Ticketmaster: (504) 522-5555 oder – in den USA, außerhalb Louisianas – kostenlos 1-800-488-5252.

Multi-Purpose Auditorium, Southern University at New Orleans, 6400 Press Drive.

Louisiana Superdome, das Beton-Ufo in der Stadtmitte, Ticketmaster: (504) 522-5555.

Louis Armstrong Park, direkt an der Rampart Street, (504) 589-3882, »Extension 106« verlangen. Oft kostenlose Konzerte, Summer-Jazz-Serie, Veranstaltungen.

Radio & Stadtzeitungen:

Die Heimat des Jazz und weltbekannte Musikhochburg sollte sich schämen, daß ihr Radioangebot derart dürftig ist. Public- oder

Unisender sind immer noch die beste Alternative zum Schemaradio.

WHRB-FM 88.3, **WWNO**-FM 89.9, **WWOZ**-FM 90.7 und **WTUL**-FM 91.5 bringen's, der Rest saugt, wie Beavis selig feststellte.

Gambit Weekly. Amis lieben ihre alternativen Wochenzeitungen, kostenlos überall mitzunehmen. Immer aktuelle Konzert- und Musiknews, meist gute Tips.

Natives' Guide to New Orleans. Hippere Ausführung des Gambit, von den gleichen Leuten gemacht. An der Straßenecke oder im Deli liegt sie aus.

Empfehlenswert:

Matassa's Supermarket, 1001 Dauphine Street, im French Quarter, (504) 525-9494. Das Familiengeschäft des legendären Studiochefs. Sohn Louis Matassa steht an der Kassa, Boß Cosimo erzählt gern von alten Zeiten.

Jazz Museum und **Mardi Gras Museum**, Ecke Esplanade, Decatur Street und North Peters, French Quarter, (504) 568-6968. Die alte Münze beherbergt beide Museen, die sich unbedingt lohnen; zwei Stunden sollte man sich schon Zeit lassen.

Lafayette

Essen & Trinken:

Prejean's, 3480 Highway 167 North, (318) 896-3247. Sagenhafte Cajunspeisekarte, vom Alligatorsteak über Boudin Balls und Crawfish Etouffee bis zum Elchkotelett, dazu allabendlich eine Cajunband.

Evangeline Steakhouse and Seafood, 2633 SE Evangeline Throughway, (318) 233-2658. Ganz toll. Nur im Herzen Acadianas kann man so tolle Gumbos essen. Für Scrabble- und Topwordspieler: Gumbo ist eine Abkürzung des westafrikanischen »Kingumbo«, heißt Okra und bezeichnet somit die Hauptzutat der hiesigen gleichnamigen Nationalspeise.

Sid's One Stop, 803 Martin Luther King Drive, (318) 235-0647. Sidney Williams, Bruder und Manager der *Zydeco Cha-Chas*, macht Kleinigkeiten auf Bestellung. Für echte Fans. Authentischer geht's nicht mehr.

Radio & Stadtzeitung:

KRVS Radio Acadie Stereo 88.7 FM. Uniradio, oft zweisprachig und mit gelungenen Cajun/Zydeco-Shows.

Lafayette Times of Acadiana: What's up in Cajun Country? Qu'est-ce qui ce passe in Cajun Country?

Grand Coteau

Catahoula's Restaurant. Vom Highway 93 zur Church Street, geradeaus bis zur Academy of the Sacred Heart. Direkt gegenüber ist Catahoula's. Die katholische Akademie ist auf Wunderheilung spezialisiert, Catahoula's heilt mit wundersamem Gumbo und milde stimmendem Crawfish, den Ober Floyd Guidry aus der Cajunküche heranschleppt. Unbedingt empfehlenswert; Grand Coteau liegt zwischen Lafayette und Opelousas.

Breaux Bridge

Lee's Cajun Kitchen, Breaux Bridge, (318) 754-5999. Bombige Cajunküche im Cajun Country. Von hier aus ist's ein Katzensprung bis McGee's Landing für einen Bootstrip durch den gewaltigen Atchafalaya: (318) 228-2384.

MISSISSIPPI

Natchez

Essen & Trinken:

Fat Mama's Tamales, 500 S. Canal Street, (601) 442-4548. Die mexikanische Leibspeise ist in Mississippi so verbreitet wie in solchen Breiten sonst nur Hamburger. Ganz Mississippi neidet Natchezern Fat Mama's, denn sie macht die besten Tamales der Welt. Fingerdick, in Maisblätter gewickelt, ist so eine Halbdutzendportion Tamales genau das Richtige zur Margarita unter Fat Mama's Baum auf der schattigen Veranda.

The Pig Out Inn, 116 S. Canal Street, (601) 442-8050. »Swine dining at its finest«, behauptet die Barbecuekneipe, und in der Tat ist die Grillbude ein Hort südländischer Schweineszpezialitäten und einheimischer Biere.

Andrew's, 325 Main Street, (601) 455-0702. Jazzkneipe, wo man immer weiß, wer wo was spielt.

Radio & Stadtzeitung:

An beiden mangelt's in der Flußgegend Mississippis. Die Hauptstadt Jackson sendet mit **WMPN**-FM 91.3 ein nichtkommerzielles Programm, und der Kommerzfunker **WKPG**-AM 1320 in Port Gibson macht auf Gospel und Blues. Das wär's. Die Stadtzeitungen sind Werbeblätter.

Vicksburg

Essen & Trinken:

Beechwood Restaurant and Lounge, 4449 Highway 80 East, (601) 636-3761. Gutbürgerlich, mit Steak, Languste und Po'boy-Sandwich – zum Aussuchen.

Eddie Monsour's, 1903 G Mission 66, (601) 638-1571. Libanesisch-Southern-Style-Mississippi. Aber bombig. Telefonisch reservieren lohnt sich.

Walnut Hills, 1214 Adams Street. Riesige Tische, Mordsportionen, regionale Küche, günstig.

Empfehlenswert:

Margaret's Grocery and Market, 4535 North Washington Street, (601) 638-1163. Selbst Kulturbanausen haben hier ein Ausnahmeerlebnis: lebendige, religiöse Volkskunst, vom Reverend H. D. Dennis täglich verfeinert. Zyniker werden hier wieder zu Gläubigen, Menschheitsverdrossene zu Humanisten. Einmalig. Briefspenden an: Rev. H. D. Dennis, P. O. Box 941, Vicksburg MS 39181, USA. Er hat's verdient.

IM DELTA

Onward Market, Highway 61 North, Onward, MS (601) 873-6804. Teddybär-Geburtsort, Country Store an der Kreuzung, mit Sprit und Bratfisch.

Rolling Fork

Deer Creek Cafe, Highway 61 North, (601) 873-2233. Muddy Waters hat hier seinen Namen bekommen; im Dorf stehen noch das **Afro Inn** und das **Wayside Inn**. Und – der Muddy Waters Pavillon im winzigen Park. Andacht.

Greenville

Essen & Trinken:

Doe's Eat Place, 502 Nelson Street, (601) 334-3315. Gottvertrauen und das Wissen, daß Elvis selig allmonatlich einen Chauffeur herschickte, um Rippchen zu holen, stärken den Fremden. Denn die Bude in der verrufenen Straße macht keinen fröhlichen Eindruck. Doch die Küche – der Weg zum Restaurant führt durch – ist sagenhaft, richtiges Blueser-Futter.

Doe's Too, 1525 C Highway 1 S, (601) 332-2171. Weniger Mutige werden den Doe's-Ableger am State Highway 1 aufsuchen. Die Zweigstelle ist auf Tamales spezialisiert. Natürlich fehlt die Nelson-Street-Stimmung mit ihren Dopern und Luden. You can't always get what you want.

Anna Casey's Steak & Seafood, 2525 Highway 82 East, (601) 332-3799. Favorit ortsansässiger Dickerchen. So richtig gutes Essen, viel, billig, schmackig.

Musikkneipen etc.:

Nelson Street. Unbedingt, weil der Blues in seiner natürlichen Umgebung einfach so ist. Anfang 1998 wurden **Perry's Flowing Fountain**, 816 Nelson Street, (601) 335-9836, und das **Player's Den,** 1105 Nelson Street, (601) 332-0503, empfohlen. Das Mississippi Delta Blues and Heritage Festival, (601) 335-3523, findet Mitte September statt. Dann ist auch die Nelson Street einigermaßen bürgerlich.

Greenville Visitor Center, 915 Washington Avenue, (601) 378-3141.

Indianola

Essen & Trinken:

The Crown Restaurant at the Antique Mall, fünf Meilen nördlich Indianolas am Highway 448, (601) 887-2522. Sagenhafte Mittagsküche in einer unauffälligen Blechbaracke. So gut, daß sich ein Spezialitätenversand aus dem Restaurant entwickelte. Vorher wegen Öffnungszeiten anrufen.

Empfehlenswert:

BB King Homecoming, kostenloses Konzert im Stadtpark am ersten Sonnabend im Juni, (601) 887-4454.

Sunflower, Ruleville, Drew, Tutweiler

keine Empfehlungen.

Clarksdale

Clarksdale ist trotz seines grandiosen Rufes in der Musikwelt ein Kaff am Rande des Nichts, eine staubige Kleinstadt im Baumwollgebiet Mississippis. Doch die Kleinstädter haben etwas aus ihrer Heimat gemacht. Mit sehr ordentlichen Restaurants fängt's an, mit weltbekannten Festivals hört's auf.

Essen & Trinken:

The Ranchero, 1907 State Street, (601) 624-9768. Ausgesprochen gutbürgerlich, mit reichhaltiger Auswahl und annehmbaren Preisen. (Der Highway 61 heißt innerhalb der Stadtgrenzen State Street.)

Chamoun's Rest Haven, 419 State Street, (601) 624-8601. Herr Chamoun stammt aus dem Libanon, weshalb es neben Baklava und frischem Pita auch Kibbie gibt. Natürlich werden auch die üblichen Southern-Fried-Spezialitäten der Gegend serviert, aber seine mediterrane Küche sollte man kosten.

Pink Barrel, 123 Third Street, (601) 627-9008. Tolles Barbecue, hierzulande in einem Atemzug als »Baaahbakju« ausgesprochen, aber auch Frühstück und Mittagskarte.

Abe's Bar-B-Q Drive In, 616 State Street, (601) 624-9947. Die Schreibweise mag verschieden sein, die Zubereitung meist gleich. Abe und Pink Barrel liefern beide ausgezeichnetes Grillfleisch, beide Restaurants machen einen gewöhnungsbedürftigen ersten Eindruck. Nur Mut!

Musikkneipen:

Rivermount Lounge, 911 Sunflower, (601) 627-1971. Der niedrige Bau mit seinen zwei spitz aufragenden falschen Giebeln ist die typische innerstädtische Blueskneipe: einfach, aber am Wochenende kocht ein Weltstar auf der kleinen Bühne. Das alte Thomas Afro-American Hospital, in dessen Zimmer 2 die Bluessängerin Bessie Smith verblutete, liegt auch in der Ghettohauptstraße Sunflower Avenue – jetzt allerdings als Riverside Hotel.

J&J Social Club, 339 Issaquena Avenue, (601) 627-9802. Früher Rotlichtbezirk »New World«, heute verfallender Slum; der Lauf der Welt macht vor der Issaquena Avenue nicht halt. J&J-Chef Jesse Phillips kennt sich mit der Musik aus, ihm gehört auch der benachbarte Plattenladen.

Fleetwoods' World o' Blues, 352 Delta Avenue, (601) 627-3254. Gleichzeitig Restaurant und Blueskneipe; die Delta Avenue heißt noch von früher her »Blues Alley«. Nicht vergessen, daß Lokale dieser Art heute verriegelt und morgen wieder bummvoll sind. Am allerbesten irgendwo nachfragen, wer der momentane Marktführer ist. In Clarksdale ist das einfach, das Delta Blues Museum ist das weltbeste.

Crossroads, 224 Sunflower Avenue, (601) 624-8261. Bar direkt gegenüber des Sunflower River; am Wochenende spielt die Musik.

Konzerthallen, Stadien etc.:

Civic Auditorium, 506 E. Second Street, (601) 627-8431. Oft wird nicht plakatiert, also fragen! Nicht nur das Museum, sondern auch Stackhouse Records neben der Crossroads-Kneipe gibt Auskunft (und ist als Hauptquartier des Rooster-Blues-Labels einmalig qualifiziert, wenn auch nicht über-hilfsbereit).

VFW-Gebäude, Highway 61 South, (601) 624-9161. VFW steht für Veterans of Foreign Wars. Die Veteranen lieben alles, was Freiheit und »The Business of America is Business« stützt. In diesem Sinne lassen sie sogar ab und zu suspekte Blueser auf ihre Bühne. Fragen, wer und wann.

Sunflower River Blues Festival, Yazoo Avenue, beim alten Bahnhof, Downtown Clarksdale. P. O. Box 1562, Clarksdale MS 38614. Das erste Wochenende im August ist Austragungstermin eines der besten Bluesfestivals. Denn hier kennt man jeden Spieler und bucht den, der seine Sache am besten macht, nicht den, der am bekanntesten ist.

Sunflower River Gospel Festival, (601) 627-5319. Ebenfalls im August. Mr. Tillis, der Initiator des Festivals, ist auch Wirt des Rivermount.

King Biscuit Blues Festival, Helena, Arkansas, (501) 338-9144. Eine halbe Stunde nordwestlich Clarksdales, über den Mississippi und immer geradeaus liegt Helena. Seit hier die King Biscuit Flour Hour ausgestrahlt wird (der Name kommt daher, daß die Bluesstunde von der Firma King Biscuit Flour gesponsert wird), ist Blues im Radio vertreten und Helena ein weltweiter Begriff. Das Festival ist Spitzenklasse. Zweites Wochenende im Oktober.

Radio:

KFFA-AM 1360, Helena, Arkansas. Von 12.15 Uhr bis 12.45 Uhr gibt's auf dem Traditionssender täglich Blues – ansonsten kann man's vergessen.

Empfehlenswert:

Delta Blues Museum, 114 Delta Avenue, (601) 627-6820. Im Gebäude und unter Leitung der öffentlichen Bibliothek Clarksdales bemüht sich das Museum, mit kleinem Budget große Ausstellungen zusammenzustellen – und meist gelingt's. Sehenswert und ein idealer Ort, die Bluessouvenirs zu kaufen. Wochentags 10 bis 17 Uhr, Sonnabends 10 bis 14 Uhr. Eintritt frei.

Senatobia

Essen & Trinken:

Barbara Family Restaurant, 501 E. Main Street, (601) 562-0408. Die gesamte East Main Street ist ein gewaltiges Restaurant. Ganz Senatobia scheint verfressen.

Dorothy's Kountry Kitchen, Highway 4 East, (601) 562-9212. Etwas außerhalb Senatobias, Richtung Chulahoma auf Highway 4. Die »niedliche« Schreibweise von Kountry trägt wie *tonite*, *lite* und *brite* zur allgemeinen Erheiterung bei. Aber kochen können sie bei Dorothy's.

Chulahoma

Linker Hand, mitten im Ort, steht ein Lebensmittelladen an der Kreuzung. Das wär's mit der Gastronomie – bis man, etwa eine Meile weiter Richtung Holly Springs, zu einer großen gelbbraunen Bretterbude mit Blechdach und offenem Eingangsvorbau kommt. Das wäre dann **Junior Kimbrough's Juke Joint**, Highway 4, links. Kein Telefon. Der Meister des Hill Country Blues spielt selbst – nur sonntags, nur, wenn ihm danach ist, und nur, wenn Leute kommen. Die tauchen zwar inzwischen schon per Reisebus auf, aber das bedeutet noch lange nicht, daß Junior auch aufmacht. Glück braucht der Mensch.

Holly Springs

Essen & Trinken:

Phillips Grocery, 541 A Van Dorn Avenue, (601) 252-4671. Zwischen 9 und 18 Uhr ist der Lebensmittelladen offen, und nur dann gibt's die Hamburger, die laut der überregionalen Tageszeitung *USA Today* zu den drei besten Burgers in Amerika gehören. Unbedingt hin und die Zwiebelringe nebenher probieren.

Empfehlenswert:

Graceland Too, 200 East Gholson Avenue (Ecke Randolph Street), (601) 252-7954. Paul Macleod und Elvis Aaron Presley Macleod führen durch das Leben des King. Nicht wundern, sondern staunen. So sollte die Mickymausbude in Memphis sein.

Wer einen Abstecher in das Altheidelberg Mississippis machen will, fährt die 40 Kilometer nach ...

Oxford

Essen & Trinken:

Smitty's, 208 S. Lamar, (601) 234-9111. Das Lieblingsrestaurant des alten William Faulkner, der immerhin einen Nobelpreis für seine Stories bekam, die alle von Oxford handelten, denn hier war Bill zuhause. Die Pinte wurde nie umdekoriert, was hier als Traditionspflege gilt. Prima Down-home-Ami-Essen.

Empfehlenswert:

Rowan Oak, Old Taylor Road, zweigt von der South Lamar Avenue ab. Faulkners Dichterklause, unverändert seit dessen Tod 1962. Der Schriftsteller galt in der Heimat nichts, bis er endlich starb. Ist ja immer so.

University of Mississippi Blues Archive, Farley Hall (gegenüber dem Observatorium), (601) 232-7753. Eine fabelhafte Sammlung aller denkbaren Bluesartefakte; enthält unter anderem den Kellerinhalt BB Kings. Platten dürfen nur nach Absprache gehört werden, also Anruf. Und nicht nach James Meredith fragen. Das war der erste Schwarze, der unter Heulen und Zähneklappern der Bevölkerung hier studieren durfte. Auf dem Campus wird per Plakette auf alles mögliche aufmerksam gemacht, nur nicht auf Meredith.

TENNESSEE

Memphis

Essen & Trinken:

Rendezvous, 52 S. Second Street, Downtown, (901) 523-2746. Funky, wie sich's für Memphis gehört. Hier wird Schwein gegrillt – Nathan Williams, »The Zydeco Hog«, würde sich hier wohl fühlen.

Dux, im Peabody Hotel, 149 Union Avenue, Downtown, (901) 529-4199. Sündhaft teuer (für hiesige Verhältnisse), aber fein. Im Peabody beginnt das Delta, und es ist das einzige Hotel weit und breit, das auch von Enten bewohnt wird, ehrlich! Täglich um elf kommen Enten mit dem Fahrstuhl in die Lobby, bleiben bis 17 Uhr dort und fahren dann wieder in ihr Penthouse. Ente fehlt auf der Speisekarte.

Beale Street Barbecue, 205 Beale Street, (901) 525-0880, direkt hinter dem Peabody. Auf der Beale gibt's jede Menge guter Schnellkneipen. BB King's an der Ecke, gegenüber Elvis Presley's. Beale lebt vom Souvenir und Fast Food. Das Barbecue ist wenigstens einigermaßen preiswert.

Java Cabana, 2170 Young Avenue, Cooper-Young District, (901) 272-7210. Hippes Cafe mit Zupfhansl in der Ecke, langbärtig und weltabgewandt; Heimstatt der First Church of Elvis the Impersonator mit eigenem Gebetautomaten und Hochzeitskapelle. Das Cooper-Young-Viertel ist mit Greenwich Village vergleichbar – bei etwas gutem Willen. Aber für Livemusik- und Cafehausliebhaber ist es der Hot Spot des Mittleren Westens.

Musikkneipen:

BB King's, 143 Beale Street, (901) 527-5464. Man muß es dem Beale Street Blues Boy (und seinen Partnern) lassen: Ihr 650 Personen fassender Bluesschuppen bringt gute Acts nach Memphis, mehrmals jährlich sogar den Boß höchstpersönlich.

Rum Boogie Cafe, 182 Beale Street, (901) 528-0150. Täglich Blues von der Hausband, gute Küche, immer gut besucht.

Willie Mitchell's Rhythm and Blues Club, 326 Beale Street, (901) 523-7444. Der ehemalige Hi-Labelchef und Startrompeter bucht solide Unterhaltung in seinem Familienbetrieb. Mittwochs ist Amateurabend.

Green's, 2090 E. Person Avenue, (901) 274-9800. Echt ist hier das Schlagwort, im Gegensatz zur Beale Street. Echter Delta Blues, echte Atmosphäre, echte Drinks und riesige Stimmung. Am Wochenende swingt's besonders.

Konzerthallen & Stadien:

Mid-South Coliseum, 996 Early Maxwell Boulevard, Karten (Ticketmaster): (901) 527-5700. 12 000 Sitzplätze und stimmige Atmosphäre mit guter Sicht von fast allen Plätzen.

Mud Island Amphitheater, Mud Island Road, Karten (Ticketmaster): (901) 527-5700. Kapazität zwischen 5 100 und 12 000, mitten im Mississippi.

Orpheum Theater, 203 South Main, Karten (Ticketmaster): (901) 527-5700. Kleineres Theater (2 371 Sitzplätze) in der Stadtmitte für bombige Konzerte.

The Pyramid, One Auction Avenue, Karten (Ticketmaster): (901) 527-5700. Das kommunale Desaster steht am Wolf River, ist schwarz und leer und soll vielleicht mal ein Grammy-Museum werden. Einstweilen faßt das Monstrum 22 000 Menschen, die auch kommen würden, wenn's bessere Programme gäbe.

Tom Lee Park. Am Mississippi, in der Verlängerung der Beale Street, findet die Konzertreihe »Memphis in May« statt, und auch sonst gibt's im Park kostenloses Open Air.

Radio & Stadtzeitungen:

WUCR-FM 88.1, **WQOX**-FM 88.5, **WYPL**-FM 89.3, **WEVL**-FM 89.9, **WKNO**-FM 91.1, **WUMR**-FM 91.7 sind die Alternativen. 43 Sender in und um Memphis, und sechs davon kann man aufführen, ohne sich allzusehr zu schämen. My, my, my.

Memphis Flyer ist eine gutgemachte, umfassend informative, kostenlos verteilte Stadtzeitung. Alle Konzerte, alle Kneipen, alle Festivals sind drin, und sie kann sogar vor Reiseantritt im Internet gelesen werden. Rundum empfehlenswert.

Empfehlenswert:

Full Gospel Tabernacle, The Reverend Al Green, 787 Hale Road, Whitehaven, (901) 396-9192. Der Soul Man ist im Hauptberuf Preacher, wie man weiß, und sonntags erfreut er im Tabernacle seine Schäfchen (zu 80 Prozent weiblich, viele mit laszivem Blick auf die Kanzel). Das Full Gospel Tabernacle ist eine Kirche im hübschen Vorort, also erwartet man gesittetes Benehmen und verbittet sich Hosenknöpfe in der Kollekte. Es empfiehlt sich, vorher anzurufen, denn der Reverend hat wieder einen vollen Tourplan.

Sun Studios, 706 Union Avenue, (901) 521-0664. Auch wen die Vorstellung unheimlich erheitert, sollte eine Führung durch den winzigen Raum mitmachen. Der Rockbodennullpunkt wurde wegen seiner zunehmend mieseren Lage nie verändert – eine Renovierung lohnte nicht. Also sehen wir Sams Studio, wie Sam, Howlin' Wolf, Elvis, Rufus Thomas, Johnnie Cash, Jerry Lee Lewis, Ike Turner und tausend andere es kannten. Die Kneipe nebenan, früher Ma Taylor's Diner, ist nun Teil des Studios und serviert Cola und Sandwiches. Eine Treppe hoch geht's zur Touranmeldung und in die Souvenirabteilung – richtig wunderschöner Kitsch, der nur noch von den Elvis-Devotionalien einige Kilometer weiter übertroffen wird.

Graceland, 3764 Elvis Presley Boulevard (Highway 51), (901) 332-3322. Für 17 lumpige Dollar erkauft man sich Eintritt in Elvis' der Lächerlichkeit preisgegebenes privates Reich. Why not? Alles andere steht schließlich auch zum Verkauf.

Hi Records, Royal Recording, 1320 S. Lauderdale Street, Memphis, (901) 774-7720. Noch immer macht Mister Mitchell hier Pop, und die alten Hi-Studios, um die Ecke vom Stax-Grundstück (926 E. McLemore), sind noch profitabel. Von der Beale Street die 3rd in südliche Richtung, etwas über eine Meile, dann links auf die McLemore bis zur vierten Kreuzung.

National Civil Rights Museum, 450 Mulberry Street, (901) 521-9699. Wer sich für die amerikanische Bürgerrechtsgeschichte interessiert, ist hier goldrichtig. Seit Martin Luther King hier ermordet wurde, stand das alte Motel unter einer Unglückswolke. Nun ist das einzig Richtige draus geworden, ein Museum der historischen Intoleranz.

Schwabs Dry Goods, 163 Beale Street. Für Mojos und Klamotten. Alt, verehrungswürdig.

Tater Red's, 153 Beale Street, (901) 578-7234. Leo »Red« Allred führt seinen Mojoladen, verkauft Souvenirs und ungefährliches Zauberzeug, aber er spielt auch Blues – und er kennt sie alle, die Blueser. Red freut sich über einen Besuch im »Your One Stop Hoodoo Shop«-Winzigladen mit dem John-The-Conquerer-Öl.

Center for Southern Folklore, 130 Beale Street, (901) 525-3655. Ein Blues- und Rockabilly-Museum im alten Lansky's Kleidungsladen. Sehenswert.

MISSOURI

New Madrid

Essen & Trinken:

Rosie's Colonial Restaurant & Tavern, Highway 61, (573) 748-7783.
Tom's Grill, 457 Main, (573) 748-2049. Beide Restaurants sind recht gut und bieten landestypische Gerichte.

Empfehlenswert:

Mississippi-Aussichtsplattform, Stadtmitte, an der Water Street. Hier begann am 16. Dezember 1811 das wahrscheinlich stärkste Erdbeben Nordamerikas, dessen Gewalt man auf beachtliche 8,6 Richterskalagrade schätzt. Der größte Erdstoß drehte nicht nur den Lauf des Mississippi kurzzeitig um, sondern hinterließ einen gewaltigen See, den man heute noch befahren kann: Reelfoot Lake in Tennessee. Die Aussicht auf den Mississippi ist eine der hübschesten.

Cape Girardeau

Nicht mehr Süden, aber noch nicht kalter Norden; Cape Girardeau ist der ideale Ort, sich vom Laissez-faire zu verabschieden und den etwas asketischen Lebensstil des nördlichen Mittleren Westens einzuüben.

Essen & Trinken:

Zum letzten Mal Cajun? **Broussard's Cajun Cuisine**, 120 North Main, (573) 334-7235, oder vielleicht schon Missouri-Meat-and-Potatoes?
Port Cafe Girardeau, 19 North Water, (573) 334-0954.
Beide kochen ganz prima, und in beiden Restaurants gibt's Alkohol – keine Selbstverständlichkeit im prüden Midwest.

St. Louis

Eine Pause in der einzigen Großstadt zwischen Memphis und Chicago? St. Louis hat eine alte Bluestradition, nicht erst seit Chuck Berry, und es war schon immer bevorzugter Zielort deutscher Auswanderer. Aus Blues und Bier wurde hier ein Lebensstil gemauert, der noch immer Bestand hat.

Essen & Trinken:

Blueberry Hill, 6504 Delmar Boulevard, University City, (314) 727-0880. Bier der Marke »Rock 'n' Roll« wird hier gebraut, ein Restaurant serviert Ami-Futter, Konzerte finden statt, an den Wänden Rock-Ikonen und vor der Tür der Saint Louis Walk of Fame; Sterne für Stars wie Chuck Berry, Miles Davis und Tina Turner. Die Pinte für jeden Bedarf.

Harry's Restaurant & Bar, 2144 Market Street, Downtown St. Louis, (314) 421-6969. Neu, toll, American Food und ein sagenhafter Blick über die Innenstadt der Missourimetropole. Entsprechend wird man zur Kasse gebeten.

Dieckmeyer's, 6201 S. Broadway, South Side St. Louis, (314) 481-8137. Hirnsandwich machen die Dieckmeyers, unter anderem. Eine typische Nachbarschaftskneipe mit gutbürgerlicher, deutsch angehauchter Küche zu angemessenen Preisen.

McMurphy's, 614 N. 11th Street, Downtown St. Louis, (314) 231-3006. Das Tolle an McMurphy's ist die Idee dahinter: Wie im Grateful Bean in Oklahoma City (in »Route 66« beschrieben) werden hier Obdachlose beschäftigt, mit allerschönstem Erfolg für die Betroffenen und die Gesellschaft. Gutes Essen, flotter Service, und jedes Steak bringt einen Arbeitswilligen wieder auf die Füße. Da bestellt man doch gern noch 'ne Portion.

Al's Restaurant, 1200 N. First Street, Downtown St. Louis, (314) 421-6399. »Cholester(in)-Al« kalauern die Einheimischen, weil das Restaurant die besten Steaks östlich des Pecos River macht. Teuer, aber für Fleischfans ein wahres Nirwana.

Hören & Trinken:

The Galaxy, 1221-1227 Washington Avenue, Downtown Saint Louis, (314) 231-2404. Tempest ist der Dance Club in dieser Riesenkneipe, und sie haben noch einen Spielsalon angebaut. Gruppen wie *Ben Folds Five, Everclear, Blur, No Doubt* und die *Spin Doctors* gaben sich im Winter 97/98 hier die Klinke in die Hand.

The Side Door, 2005 Locust, Downtown St. Louis, (314) 231-3666; die Hot Locust Cantina gehört auch dazu, und zusammen mit dem Brauereiausschank nebenan ist die Gegend ein Entertainmentkomplex erster Güte.

Kennedy's 2nd Street Co., 612 N. Second Street, Laclede's Landing, (314) 421-3655.

Mississippi Nights, 914 North First Street, Laclede's Landing, Ticket-Tel.: 534-1111. Beides recht große Konzertkneipen – gutes Programm, gute Getränkeauswahl, zentral gelegen.

Cicero's, 6691 Delmar, University City, Street, (314) 862-0009, 862-8600. Studenten fühlen sich hier zu Hause. Pasta und Pop, Rigatoni und Rap in diesem italienischen Restaurant mit Entertainment. Viel Bluesiges.

Blueberry Hill, Anschrift siehe oben, Karten über Metrotix: (314) 534-1111. Blues und R&B jeder Güte, in erstaunlicher Fülle.

Konzerthallen & Stadien:

Kiel Center, 1401 Clark Avenue, Karten über Dialtix: (314) 969-1800, Metrotix: (314) 534-1111 oder an der Abendkasse. Eigentlich eine Basketballarena mit angeschlossenen Clubs und Sälen. Über 20 000 Fans können Feuerzeuge schwenken. (Dialtix und Metrotix sind Verkaufsorganisationen.)

The Sheldon Concert Hall, 3648 Washington Boulevard, Karten über Metrotix: (314) 534-1111. Intimer Konzertsaal mit angeschlossener kleinerer Halle.

Fox Theatre, 527 North Grand Boulevard, Karten über Metrotix: (314) 534-1111. Hometown Hero Chuck Berry drehte hier die Konzertszenen seiner Autobiographie »Hail, Hail Rock 'n' Roll«. Mordsschuppen im amerikanischen Zuckerbäckerstil, 4278 Plüschsessel, gute Akustik und eine Wahnsinnspfeifenorgel.

The American Theatre, 419 N. 9th Street, Karten über Dialtix: (314) 969-1800. Mit 1700 oft ausverkauften Sitzplätzen ein ordentlicher Saal für mittelgroße Shows.

Riverport Amphitheater, 14141 Riverport Drive, Kasse: (314) 298-9944. Hail, Hail Rock 'n' Roll.

Radio & Stadtzeitungen:

Immer noch **KWUR**-FM 90.3. Upbeat nennt sich die Programmgestaltung, deren oberstes Prinzip ist, daß Radiohören Spaß machen sollte. Klappt auch bei KWUR.

KWMU-FM 90.7. Public Radio; vom Räusperknopf halten die nichts.

KMJM-FM 108 da jam, man; Majic heißt der Beatproduzent, dessen Programm man aus jedem besseren tiefergelegten Altauto rumsen hört. Yo, yo.

Riverfront Times. Eine gut aufgemachte Stadtzeitung: Konzerte, Infos, was eben so reingehört. Die Zeitung gibt's jede Woche kostenlos.

ILLINOIS

Vandalia

Essen & Trinken:

Maries Drive-In, 710 W Orchard Street, (618) 283-2246.
The Chuckwagon Cafe, 170th & Highway 51, (618) 283-2220. Hamburg, Teutopolis und Dieterich heißen die Kaffs in Mittelillinois, und entsprechend wird gekocht. Interessant sind die Friedhöfe in dieser Gegend; die Namen der Verblichenen lesen sich wie ein deutsches Telefonbuch. Im Herbst veranstaltet der Schützenverein ein Oktoberfest, und die Eingeborenen sprechen englisch wie Onkel Hans aus Minneapolis.

Chicago

Endlich. Wer von Süden in die Großstadt kommt, wird verwöhnt; breite Schnellstraßen führen in die Stadtmitte. Unterwegs sollte man vielleicht einen Abstecher nach Südchicago machen und die Blueskneipen erst mal tagsüber beäugen – der Schreck ist dann nicht so groß. Die Restaurantauswahl allerdings auch nicht. Die South Side ist noch immer ein Ghetto, wo die Kohle knapp ist ...

Essen & Trinken:

Wishbone, 1800 W. Grand Avenue, (312) 829-3597, 1001 W. Washington Street, (312) 850-2663. Soul Food, Futter für die Seele. Afroamerikanischer Geheimtip im Multikulti-Restaurantangebot Chicagos. Tolle Küche, anständige Preise.

Leo's Lunchroom, 1809 W. Division Street, (312) 276-6509. Diner nach Ami-Art; solche Läden heißen im Volksmund *greasy spoon*, »Fettiger Löffel«, was alles sagt. Einwandfreie Küche, netter Betrieb.

Gold Coast Dogs, 418 N. State Street, (312) 527-1222, 325 S. Franklin Street, (312) 939-2624. Wer nach Chicago kommt, muß Hot Dogs essen; die Dinger sind hier Nationalspeise, und Gold Coast serviert die besten. Zur Mittagszeit sind die Läden überlaufen.

Healthy Food, 3236 S. Halsted Street, (312) 326-2724. Willie Dixons alte Gegend, aber der Laden spezialisiert sich nicht auf Southern, sondern Litauisch. Die vielen Litauer in Chicago freuen sich über den preiswerten, kleinen South-Side-Schuppen, der authentisch kocht und daher immer gut besucht ist.

Mister Steer Steak House, 4752 S. Ashland Avenue, (312) 773 523-0157. Viel Fleisch in der Nähe der South Side Bluesschuppen.

Manny's Coffee Shop & Deli, 1141 S. Jefferson Street, (312) 939-2855. Jüdisches Deli mit Riesenportionen und Preisen wie dazumal im Schtetl. Politiker lassen sich gern hier fotografieren, denn das beweist Bürgernähe und Bescheidenheit. Kartoffelpuffer, Blintzes und saure Sahne? Hat Manny.

Hören & Trinken:

Cuddle Inn, 5317 S. Ashland, (312) 778-1999. Wohl der »echteste« Bluesclub Chicagos; heimelige Atmosphäre und megatalentierte Unterhalter.

Checkerboard Lounge, 423 E. 43rd Street, (312) 624-3240. Großer, bekanntester South-Side-Bluesschuppen; gute Bands, die man schon ewig vom Album her kennt.

Buddy Guy's Legends, 754 S. Wabash Avenue, (312) 427-0333. Der einzige Bluesstar, dem in Chicago noch eine Blueskneipe gehört, und Legends läuft bestens. Starkes allabendliches Bluesangebot, einige Pooltische, 1a-Lage in der Innenstadt, gleich am Hilton, und der unglaublich nette Buddy Guy, dem das Wohl seiner Gäste wirklich am Herzen liegt, machen den Laden zu einer Goldgrube. Man gönnt es Buddy gern.

Rosa's Lounge, 3420 W. Armitage Street, (312) 342-0452. Rosa und Sohn kneipen nicht nur, sondern veranstalten Blues-Seminare und Blues-Fahrten. Die Lounge bietet oft gute Musik, aber ein Anruf vorher kann nicht schaden.

B. L. U. E. S., 2519 N. Halstead Street, (312) 528-1012. Die North Halstead gilt als Blueshochburg Chicagos, was bestimmt damit zu tun hat, daß weiße Menschen inzwischen Hauptkonsumenten der schwarzen Musik sind. Der Pünktchenladen ist groß, hip und immer voll.

Kingston Mines, 2548 N. Halstead Street, (312) 477-4646. Zwei Bühnen und doppeltes Bluesprogramm, da kann der gestreßte Jungbroker in der gleichen Zeit doppelt erleben.

B-Side Cafe, 959 W. Belmont Avenue, Chicago, (312) 472-3020. Jazz, Blues und Rock dröhnen durch die drei Säle des B-Side, je nachdem, was gerade gebucht wurde. Anruf erspart Enttäuschung.

The Bulls, 1916 N. Lincoln Park West, (312) 337-3000. Jazzkneipe mit drei Vorstellungen pro Abend. Die letzte Show beginnt um eins. Die Programme sämtlicher Musikkneipen der Stadt werden in der Stadtzeitung *Chicago Reader* ausführlich bekanntgemacht, also an einer der 750 Verteilerstellen in der Stadt holen.

Konzertsäle & Stadien:

Alle Eintrittskarten per Kreditkarte. Ticketmaster: (312) 559-1950.

Grant Park, Downtown, (312) 744-0573. Das berühmte dreitägige Chicago Blues Festival findet Anfang Juni hier statt. Über eine halbe Million Fans kommen; der Bluesbär tanzt auf drei Bühnen gleichzeitig.

The Riviera, 4746 N. Racine, (312) 275-6800. Das ehemalige Kino ist seit über zwanzig Jahren eine beliebte Konzerthalle. Über gute Sicht und Akustik freuen sich 2300 Fans.

New Regal Theater, 1645 East 79th Street, (312) 721-9301. Hübsche Rockbühne für 2300 Leutchen. Manchmal größere Bluesshows.

International Amphitheatre, 4220 S. Halstead Street, (312) 254-6900. Zwei Dreitausendersäle und die Hauptarena für 10 500 lassen fast jede Art Show zu.

Radio & Stadtzeitungen:

WUIC-FM 89.7 und **WUOI**-FM 88.9 sind die hiesigen Unisender, die beide soliden Blues programmieren.

WXRT-FM 93.1 ist der kommerzielle Rockfunker, der seit einem Vierteljahrhundert recht feines Programm macht. Mit den gleichen Jocks und den gleichen Songs? Nee, die kennen sogar Jazz und Blues, was einigermaßen verblüfft, wenn man Ami-Radio kennt.

WJMK-FM 104.3. Man sollte endlich einen Alternativausdruck für Oldies haben. Die Typen bei 104.3 zeigen nämlich, daß recycelter Rock durchaus Spaß machen kann, wenn er richtig präsentiert wird.

New City und **Chicago Reader** sind die beiden großen Wochenzeitungen: kostenlos, überall zu haben, informativ und gut gemacht.

Empfehlenswert:

Maxwell Street. Ein abgerissenes, verdrecktes Stück Musikgeschichte. Muß man sehen. Im Film »Blues Brothers« sang Aretha Franklin ihren Song im **Nate's Delicatessen**, 807 N. Maxwell Street, während John Lee Hooker auf dem Bürgersteig boogiete.

Chess Records, 2120 S. Michigan Avenue. Die Erben Willie Dixons haben das Gebäude gekauft und zu einem Bluesmuseum umgebaut. Großartig!

Vee-Jay Records, 1449 S. Michigan Avenue. Im Gegensatz zu Chess ist das Gebäude vergammelt und gerade – Anfang 1998 – zu vermieten. Kaum jemand weiß, daß das schwarze Label das erste amerikanische *Beatles*-Label war.

Chicago Blues Archive, 400 S. State Street, (312) 542-7279. Kostenloser Eintritt ins Archiv, das einige hunderttausend Schallplatten und Artefakte besitzt.

Musik für die Reise

LOUSIANA

Dr. John: »Goin' Back To New Orleans«, Warner Bros.
Wenn auch sonst einiges in der Crescent-City-Abteilung fehlt, dieses Album muß her.

The Neville Brothers: »Yellow Moon«, A&M.
Sagenhafter Pop, großartiger Funk, und Charles bläst Altosax.

Professor Longhair: »New Orleans Piano«, Atlantic Jazz.
Fess 1949 und 1953 – mit Sidemen wie Red Tyler, Lee Allen und Earl Palmer.

Professor Longhair: »Crawfish Fiesta«, Alligator.
Sein letztes Album – live, und Dr. John spielt Gitarre.

James Booker: »Junco Partner«, Rykodisc.
Sagenhaftes Studioalbum vom größten fliegenden Pianisten aller Zeiten.

James Booker: »Resurrection Of The Bayou Maharajah«, Rounder.
Booker am Klavier in der Maple Leaf Bar – live, mit Chopin neben Lloyd Price.

»Crescent City Gold – The Ultimate Session«, High Street Records-BMG USA.
Dr. John, Allen Toussaint, Earl Palmer, Red Tyler, Lee Allen und Edward Frank zusammen.

Little Richard: »The Specialty Sessions«, Disc 1, Specialty.
Seine erste Session bei Cosimo Matassa – mit Demos, Kreischen und Outtakes. Großartig!

Fats Domino: »The Legendary Imperial Recordings«, Imperial-EMI.
Die ganze Box ist stark, Disc 1 ist am lebendigsten.

Lloyd Price: »Legends Of Specialty: His Specialty Recordings«, Specialty-Fantasy.
Endlich in der Rock 'n' Roll Hall of Fame; Mister Personality war einer der ganz Großen.

CJ Chenier: »The Big Squeeze«, Alligator.
Der Kronprinz in Hochform; Zydeco zum Überzeugtwerden.

Boozoo Chavis: »Hey Do Right«, Antones -Warner Discovery.
Altvater Boozoo mit einem erstaunlich modernen, mitreißenden Zydecoalbum.

»Alligator Stomp«, Rhino (R2 70946).
18 starke, typische Zydecosongs, von den Hitmachern gespielt. Großartiges Eintauchen.

Nathan And The Zydeco Cha Chas: »I'm A Zydeco Hog«, Rounder.
Das derzeit Schärfste des Genres. Im Mid-City Bowling in New Orleans live eingespielt.

The Hackberry Ramblers: »Deep Water«, Hot Biscuits Recording.
Die Neue von der ältesten Cajunband im Business. Totaler Kult.

Beausoleil: »Michael Doucet Dit Beausoleil«, Arhoolie.
Cajun vom Feinsten – und vom Besten. Denn Doucet und Arhoolie waren unschlagbar.

Clifton Chenier And His Red Hot Zydeco Band: »I'm Here«, Alligator.
Superalbum vom King of Zydeco; recht poppig.

Clifton Chenier And His Red Hot Zydeco Band: »Bogalusa Boogie«, Arhoolie.
Clifton als Blueser – umwerfend! Jedes seiner Arhoolie-Alben ist hörenswert.

Lonesome Sundown: »I'm A Mojo Man«, Excello Singles/AVI-Excello.
Einer der Urheber des Swamp Rock. Lohnenswert.

Slim Harpo: »Best Of ...«, Excello-Rhino.
Neben Lazy Lester der schärfste Swamp-Harmonikaspieler. Die *Stones* coverten ihn.

MISSISSIPPI

Gründerväter

Robert Johnson: »King Of The Delta Blues«, Sony.
16 der besten Tracks von der überladenen Box; frisch bearbeitet und großartig.

Son House: »Delta Blues«, Biograph.
Die kompletten Lomax-Aufnahmen von 1941–1942. Spitze. Gute Aufnahmen, aber die »Great Delta Blues Singers« Kompilation ist besser.

Charley Patton: »All Time Blues Classics«, Music Memoria.
22 Songs auf der Kompilation; manchem reicht eine Überblick-CD wie die folgenden:

»Masters Of The Delta Blues: the Friends of Charley«, Patton/ Yazoo.

Viel Son House von 1930 – gelungenes, trotz remastering immer noch kratzendes Album.

»Son House & The Great Delta Blues Singers«, Document.
Komplette Session von 1930 mit Willie Brown, Rev. Rubin Lacey und Son. Ganz toll.

Delta

John Lee Hooker: »The Legendary Modern Recordings 1948–1954«, Virgin.
Meist solo, immer mitreißend; mit »Boogie Chillen« geht's los.

John Lee Hooker: »On Vee Jay 1955–1958«, Vee-Jay.
Sagenhaft. Umwerfend. Erstmals ist John Lee mit einer Studioband glücklich. Man hört's.

John Lee Hooker: »Mr. Lucky«, Pointblank.
Wie soll man unter hundert Alben aussuchen? Mr. Lucky ist die »typischste« seiner Neueinspielungen.

Mississippi Fred McDowell: »Mississippi Delta Blues«, Arhoolie.
Das McDowell-Album. Das allerbeste, das ultimative.

James Cotton: »High Compression«, Alligator.
Der Harp-Spieler und Sonny-Boy-Williamson-Protege in selten starker Form.

Albert King: »Born Under A Bad Sign«, Stax-Atlantic.
Alberts erstes und bestes Album. Wenn's offiziell wieder zu haben ist.

B. B. King: »There Must Be A Better World Somewhere«, MCA.
Fast 20 Jahre alt, aber eines seiner besten Alben – wenn nicht gar die Karrierekrönung.

Elmore James: »The Complete Elmore James Story«, Capricorn.
Dusting His Broom bis in alle Ewigkeit, Amen. Der King aller Slidegitarristen.

Roosevelt »Booba« Barnes: »Heartbroken Man«, Rooster.
Der Boß der Nelson Street auf seinem einzigen Album. Fetzig, fast Blues-Punk.

Hill Country

Junior Kimbrough: »All Night Long«, Fat Possum.
Wer Hill Country Blues nicht kennt und John Lee Hooker liebt, der sieht goldenen Zeiten entgegen.

R. L Burnside: »Mr. Wizard«, Fat Possum – epitaph.
R. L ist noch rockiger als Junior; man hört Hound Dog Taylor im Hintergrund kichern.

Jessie Mae Hemphill: »Feelin' Good«, High Water.
Sie trug Fransen an der Cowboyjacke und einen Colt im Gürtel; Jessie Mae voll drauf.
CeDell Davis: »The Best Of CeDell«, Fat Possum-Capricorn.
Ehrenhalber nehmen wir ihn unter die Hill-Country-Leute auf, den Mann aus Arkansas.
Paul »Wine« Jones: »Mule«, Fat Possum.
Der bis vor wenigen Jahren völlig unbekannte Bruder des Bluesdrummers. Casey Jones spielt den härtesten Hill Country Blues.

Gospel

Abyssinian Baptist Gospel Choir: »Shakin' The Rafters«, Columbia-Legacy.
Liveaufnahme, die unübertroffen die tiefe Spiritualität des Gospel zeigt – und rockt.
»The Gospel Sound«, Columbia-Legacy Doppelalbum.
Von Blind Willie Johnson und Mahalia Jackson bis zu den Dixie Hummingbirds. Swingt.
The Soul Stirrers: »The Soul Strirrers«, Specialty.
Die Traditionsgruppe mit Sam Cooke, R. H. Harris und Paul Foster.
The Soul Stirrers: »She's Gone On Home«, Savoy.
Das Album von1990 zeigt, wie konsequent die *Stirrers* ihren Stil verfolgen.
Thomas A. Dorsey: »Precious Lord«, Columbia-Legacy.
Der Schöpfer des Gospelgenres wird von bekannten Gospelkünstlern begleitet.
Mahalia Jackson: »How I Got Over«, Columbia.
Die Queen of Gospel. Unangefochten.

Memphis

Rufus Thomas: »That Woman Is Poison«, Alligator.
Bar-Kays: »Best Of The Bar-Kays«, Volt-Stax-Fantasy.
Von Son of Shaft zum Memphis Sunrise; die Tourband macht Stax-Funk.
Booker T. And The Mgs: »Greatest Hits«, Atlantic.
Die Hausband in voller Action; Rhino bringt auch wieder Booker T. auf CD.
Otis Redding: »Very Best Of Otis Redding«, Atlantic-Rhino.
Ganz starke Soul-Zusammenstellung.
»The Story Of Hi Records«, Hi-Capitol.
Bester 70's-Soul. Ann Peebles, Al Green und Kollegen.

»The Sun Story«, Rhino.
Drei recht komplette Alben; all killer, no filler.
»The Complete Stax-Volt Singles«, Atlantic.
Für totale Fans. Neun CDs, und wer sie hat, der weiß, wie großartig Stax war.

Chicago

Howlin' Wolf: »His Best: Chess 50th Anniversary Collection«, MCA.
Sagenhafte Serie vom Chess-Besitzer. Die erste hundertprozentige Wolf-Kompilation.
Muddy Waters: »His Best: 1956–1964«, MCA.
Seine Klassiker, mit den besten Band- und Studiomusikern, frisch bearbeitet.
Muddy Waters: »Hard Again«, Blue Sky-CBS.
Das Comeback-Album mit Johnny Winter.
Hound Dog Taylor: »Natural Boogie«, Alligator.
Ein völlig entfesselter Hound Dog; das rockigste seiner drei Slidegitarren-Alben.
Koko Taylor: »Queen Of The Blues«, Alligator.
Mit Albert Collins, Lonnie Brooks und James Cotton – ein Jahrhundertalbum.
Lonnie Brooks: »Roadhouse Rules«, Alligator.
Voodoo Blues nennen es die Kritiker. Lonnnie definiert modernen Chicagostil.
Buddy Guy: »Damn Right I've Got The Blues«, Silvertone.
Mit seinem Kumpel Eric Clapton – der von Buddy naßgemacht wird.
Jimmy Reed: »Jimmy Reed At Carnegie Hall«, Vee Jay.
Wahrscheinlich nicht live, aber trotzdem ein großartiges Album des begnadeten Säufers.
A. C. Reed: »I'm In The Wrong Business, Alligator.
Der Saxophonist spielte mit den *Stones*, ist im right business, aber meckert trotzdem gern.
Willie Dixon: »The Chess Box«, Chess-MCA.
Mit der Doppel-Box gibt's ganz Chicago auf 36 Songs; wenn ein Album, dann dieses.
Charlie Musselwhite: »In My Time«, Alligator.
Memphis Charlie erinnert sich seiner Zeit in Muddys Band.
»The Best Of The Chicago Blues«, Vanguard.
JB Hutto, Otis Spann, James Cotton, Buddy Guy, Homesick James und Freunde.

Die dürfen nicht fehlen:

Rising Sons: »Featuring Taj Mahal And Ry Cooder«, Columbia-Legacy.
Ed Cassidy trommelt anonym drauf. Ein Superalbum – das erste für beide Genannten.

Ry Cooder: »Crossroads: Original Motion Picture Soundtrack«, Warner Bros.
Wo und wann hat sich Ry mit Legba getroffen?

Ry Cooder: »Music By Ry Cooder«, Warner Bros.
Ein Radio-Jerewan-Doppelalbum. Im Prinzip gelungen.

John Kay: »Lone Steppenwolf«, MCA Records.
Robert Johnson und Hank Snow auf einem Album; übers Internet bei Steppenwolf bestellen.

The Sparrow: »The Best Of John Kay & The Sparrow«, Columbia-Legacy.
John Lee Hooker, Jimmy Reed, Willie Dixon und Sonny Boy Williamson waren die geistigen Väter von *Steppenwolf*; die werden hier neben Originalen gecovered.

Freebo: »The End Of The Beginning«, Bassline.
Der Superbaß mit Freunden: Bonnie Raitt, Catfish Hodge, Walter Trout, Paul Barrere etc. Unbedingt empfehlenswert – wenn man's findet.

Catfish Hodge: »Adventures At Catfish Pond«, Music for Little People.
Blueser Fish hat hier ein Kinderalbum abgeliefert, das es faustdick hinter den Ohren hat. Sagenhafter Querschnitt durch die amerikanische Musik. Genial.

Bluesbusters: »This Time«, Landslide.
Paul Barrere, Freebo, Catfish, etc.; wenn *Little Feat* eine Bluescombo wäre …

Couldn't have done it without you …

Thanks once again for all the help and understanding. It's rough, researching a project and hermiting or splitting whenever the need is perceived – but Jenny's lived with it for over thirty years, and without her trust and confidence I'd have crashed and burned long ago.

Mike & Pat are always there when they're needed, and although they're very successfully leading their own lives, our whole growing familiy will hopefully retain the strings of love that bound us from the days we first met.

Dank den vielen Freunden in Deutschland, ohne die ein drittes Buch gar nicht denkbar gewesen wäre – dem Verlag, den Sendern, den Kritikern, Buchhändlern und Käufern – ihnen sei von Herzen gedankt, denn von ihrem Urteil hängt alles ab.

Everyone was so cool; beginning with my dear friend Tami Lynn, who gave graciously of her time, as did Nathan and Dennis Williams, Ben Sandmel and Taj Mahal, Koko Taylor and Lonnie Brooks – over a period of almost fifteen years – Matt and Bruce at Alligator, C. J.Chenier, John Kay, Freebo and Catfish. Folks who play the music, folks who put it all together. Red Tyler and Harold Battiste, John Boudreaux, Cyril Neville and Ed Cassidy. The guys at Fat Possum, Sun Studios and MCA, Chris Strachwitz at Arhoolie and Michael Doucet, who spent hours relating the history of his ancestors. Cosimo Matassa, Lee Hershberg, David Lindley and my buddy Richard Berry, who died way too soon.

Johnny »Clyde« Copeland and Albert Collins, Nicky Hopkins, who loved the blues, and »Bumps« Blackwell. Sam Myers, Buddy Guy and Robert Cray, Charlie Musselwhite, Margie Evans, Venetta Fields and Katie Webster, Jessie Mae Hemphill, Charles Brown and LeRoy Crume, James Cotton, Albert King, John Lee Hooker and Tater Red; they and many, many others gave so generously of their experience, shared so many stories over the years. For without that personal bond nothing will be learned, and without understanding, nothing can be shared.

Personenregister

Register der Bands

Ortsregister